Ernst Klee

Irrsinn Ost – Irrsinn West

Psychiatrie
in Deutschland

S. Fischer

Lektorat: Walter H. Pehle
Einbandgestaltung: Katja von Ruville
Umschlagfoto: Behinderte Menschen in der Psychiatrischen Klinik Ueckermünde
Satz: Stahringer, Ebsdorfergrund
Druck und Einband: F. Spiegel Buch GmbH, Ulm
Printed in Germany
ISBN 3-10-039308-2

Inhalt

Irrsinn Ost – Irrsinn West

»Die Hölle von Ueckermünde«
Deutschlands entlegenste Psychiatrie

Behinderte Menschen auf der Station 5c in der psychiatrischen Anstalt Ueckermünde.

Deutschlands entlegenste Psychiatrie steht in Ueckermünde, am Stettiner Haff, nahe der polnischen Grenze. Ich reise mit der Bahn an. In Pasewalk muß man umsteigen. Hier lag Hitler 1918 im Lazarett, nachdem er bei einem Giftgasangriff angeblich erblindet war. Im Pasewalker Lazarett erlebte er das Ende des Ersten Weltkriegs. Heute stehen Neonazis am Bahnsteig, mit Messern bewaffnet.

Ueckermünde nennt sich die östlichste Hafenstadt Deutschlands. Im Hafen liegt ein Hotelschiff ohne Gäste, um den Markt herum drei Kneipen, zwei Bestatter, eine Apotheke, eine Sparkasse. Dort ist der einzige Zebrastreifen. Ich wohne im »Stadtkrug«, dem einzigen Hotel. Auf dem Waschbecken liegt ein Produkt des Seifenwerks Riesa mit der vertraulichen Aufschrift: »Deine Seife!«

In der pommerschen Kreisstadt leben nicht einmal 12000 Menschen. Jeder zweite ist arbeitslos. Größter Arbeitgeber am Ort ist die Psychiatrie, seit Sommer 1992 in Trägerschaft der Christophorus GmbH, die dem Diakonischen Werk angeschlossen ist. Christophorus wird als Patron der Pilger und Schiffer verehrt und soll gegen den »jähen Tod« helfen.

Ein Experten-Bericht hat 1991 die Mängel der Klinik aufgelistet: Extrem ungünstige Lage, bis zu 160 Kilometer lange Anreisewege, miserable Verhältnisse vor Ort und die Schwierigkeit, qualifizierte Mitarbeiter zu gewinnen. Die Experten schlagen vor, »das psychiatrische Krankenhaus Ueckermünde mittelfristig zu schließen«.[1] Daran denkt jedoch niemand mehr.

Ueckermünde, 1875 eröffnet, ist die älteste der pommerschen »Provinzialirrenanstalten«[2] und die einzige, die während der Nazizeit bestehen blieb. In Ueckermünde sterben bis Kriegsende an die 3000 Patienten. 1940 wird eigens ein Krematorium errichtet[3], ein Jahr später eine »Kinderfachabteilung« zur Tötung behinderter Kinder.[4] Fast 900 Kranke werden zur Ermordung abtransportiert.[5] Die zynischen Diagnosen der Abtransportierten: »erotisch«, »rühr mich nicht an«, »romantische Dichterin«.[6]

Im April 1945 trifft die Rote Armee ein. Ein Arzt, Dr. Hermann Plaue, nimmt sich das Leben.[7] Dr. Helmut Lauterwald, der seinen Dienst in SS-Uniform versah und als Günstling des Gauleiters galt, ist zu dieser Zeit bereits in russischer Kriegsgefangenschaft (später arbeitet er als Bezirksmedizinalrat in der bayerischen Heil- und Pflegeanstalt Ansbach).[8] Dr. Hans-Dietrich Hilweg, von April 1940 bis April 1945 Direktor der Anstalt, flieht und eröffnet im Westen[9] eine Praxis, seine Adresse: »Stiller Winkel 10«.

Dr. Richard Lefke bleibt und wird 1950 Anstaltsleiter.[10] Direktor von 1946 bis zu Lefkes Amtsantritt ist Dr. Wilhelm Bender, von 1934 bis 1940 Direktor in Berlin-Buch und einer jener Ärzte, die im Sommer 1939 an der Planung der Nazi-Euthanasie beteiligt gewesen waren.[11] Bender wechselt im August 1950 als Direktor nach Berlin-Wuhlgarten, heute Wilhelm-Griesinger-Krankenhaus.[12]

In Ueckermünde treffe ich eine ehemalige Mitarbeiterin, die ab 1939 in der Anstalt beschäftigt war und heute die Gräber auf dem Friedhof pflegt. Ich möchte wissen, wo die Kinder ermordet wurden. Sie sieht mich erstaunt an: »Hier hat es keine Kindertötungen gegeben«, sagt sie, »schlimm waren die Abtransporte, und es sind auch viele verhungert. Aber Kinder sind keine umgebracht worden, das höre ich zum ersten Mal.«

Auf Ueckermünde war ich durch einen Aufsatz des ehemaligen Direktors Hans Eichhorn aufmerksam geworden, in dem er sein »Ueckermünder Modell« rühmt.[13] Eines der beigegebenen Fotos zeigt einen jungen Patienten, der in ein Fischernetz verpackt im Bett liegt und von einem Weihnachtsmann Besuch bekommt. Ein anderes Foto zeigt Behinderte, die nackt auf einer Station leben. Eichhorn zitiert aus einem 1980 erschienenen Tagebuch eines Erziehers: »Manche drehen sich unaufhörlich im Kreis, stoßen Laute aus. Es riecht fürchterlich nach Exkrementen und Desinfektionsmitteln.«[14] Eichhorns Kommentar: »Diese Menschen waren nicht nur weitgehend nackt, sondern auch durch Fehlernährung, mangelnde Bewegung, u.a. durch Osteoporosen«, d.h. durch Schwund des Knochengewebes, »gefährdet, so daß multiple Frakturen ihre Lebenssituation weiter verschlechterten und zu bizarren Körperhaltungen führten.«[15]

Eichhorn beschreibt die Anstaltsbrutalität, bis mit ihm 1981/82 die »Wende« kommt und sich die Stationen öffnen. Ich habe schon viele menschenunwürdige Stationen gesehen, doch mein Entsetzen läßt sich kaum beschreiben, als ich im Herbst 1992 erstmals die Stationen betrat: kahle Säle, bizarr deformierte Behinderte, Männer wie Frauen teils ganz nackt, teils in Windeln, schreiend, klagend, wimmernd. Es hatte sich kaum etwas verändert.

Mit Oberin Ursula Rosenkranz besuche ich im November 1992 noch einmal das Haus 7. Ein Junge trägt wie ein Unfallopfer einen Kopfverband. Die Oberin: »Er schlägt sich seinen Kopf auf, mit aller Gewalt. Gegen die Wand, gegen die Tischkante. Er benötigte eine Einzelbetreuung. Aber das ist hier nicht gegeben.«

Neben der Tür, an einer Schrankwand, hockt ein Behinderter klein und winzig auf dem Fußboden, Arme und Beine unter seinem Pullover versteckt. Ohne jede Möglichkeit, sich irgendwo und irgendwann zurückziehen zu können, hat er sich in sich selbst verkrochen. In einer anderen Ecke wälzt sich ein Junge auf dem Fußboden, hin und her, tageintagaus. Wo der Kopf aufkantet, fehlen die Haare.

»Wenn das jemand sieht, erschrickt man ja«, sage ich zur Stationsschwester. »Können Sie sagen, warum er so schaukelt?«

Die Antwort der Schwester, seit mehr als 30 Jahren im Dienst: »Er ist am liebsten alleine. ... Ja, warum?« Es mangelt an Pflegepersonal und den wenigen Schwestern fehlen primitivste Kenntnisse.

Ich frage weiter: »Wie viele Kinder haben Sie hier?«

Da schaltet sich die Oberin ein: »Das sind keine Kinder. Es sind alles Erwachsene.«

»Es sind alles Erwachsene?« frage ich ungläubig.

»Es sind alle über 20 Jahre bis 55.«

Wir gehen zusammen zum Bad, denn seit kurzem gibt es neue Toiletten. Die Schüsseln sind in langen Reihen nebeneinander angeordnet, Halter für Klopapier fehlen. Es gibt keine

Schamwände, keine Intimsphäre. »Aber das ist doch ganz neu«, sage ich. »Ja«, lautet die Antwort, »aber trotzdem ist so gebaut worden.«

Wir kommen in einen Schlafsaal. Bett steht an Bett. Es gibt keine Nachtschränkchen, keine Bilder an der Wand, nur den kahlen, nackten Raum.

Ich frage nach dem Tagesablauf.

»Wir haben Tagespläne« sagt die Stationsschwester, »wie wir unsere Patienten beschäftigen ... Am allerbesten ist eben, wenn die große Masse rausgeführt wird.«

»Und wenn's regnet?«

»Dann beschäftigen wir sie, so gut es geht, auf Station. Da kann aber auch nur eine Gruppe rein. Die anderen sitzen zusammen im Tagesraum.«

»Und wie viele sind beschäftigt und wie viele nicht?«

»Im Schnitt nehmen wir immer acht bis zehn.«

»Und wie viele sind dann unbeschäftigt?«

»Im Prinzip 24 dann. Die dann aufgepaßt werden müssen.«

Auf der Station gibt es keinen Arzt, keinen Psychologen, keine Therapeuten, keine Behinderten-Pädagogen, nur zwei, drei Schwestern, die völlig überfordert sind und abstumpfen müssen, wollen sie nicht selbst seelischen Schaden nehmen. Am Ende des Rundgangs schließt uns die Oberin zu einer kleinen Gruppe durch, die beschäftigt wird. Eine junge Pflegerin sitzt hier. Als wir hereinkommen, läßt sie die Gruppe singen: »Wenn ich mein Schatz nicht rufen darf, tu ich ihm winken ...« Danach singen sie: »In die Schule geh' ich gern, alle Tage wieder ...«

Wir gehen zur Station 5c. Hier leben Behinderte, die schlimmer als Tiere gehalten wurden: mit Fischernetzen in die Betten verstaut oder in Zwangsjacken gezwängt. Viele haben die Zwangsjackenhaltung beibehalten. Und die, die früher an Heizkörpern festgebunden waren, verbringen aus Gewohnheit dort noch immer ihren Tag.

Ein Teil der Bewohner bewegt sich fast nur noch auf dem Fußboden. Ein Ergebnis ihrer Verwahrung: Wo Bewegung fehlt, verkümmern die Beine. Auf der ganzen Station sehe ich nur eine Bewohnerin, die noch immer, wenn auch vergeblich, Kontakte zu knüpfen sucht. Da es nicht einmal Spielzeug gibt, bleiben ihr zur Beschäftigung nur die eigenen Hände.

Da die Behinderten auf dieser Station jahrein jahraus gefangen sitzen, sich nicht ausleben und abreagieren können, reißen sie sich die Haare aus oder bekommen sie von anderen ausgerissen. Noch nirgends habe ich so viele Behinderte mit ausgerissenen Haaren gesehen. Ihre stereotypen Schaukelbewegungen, ihre absurd wirkenden Verrenkungen haben jedoch nichts mit der Behinderung zu tun: Eingesperrt, ohne Außenkontakte, auf sich selbst reduziert, produziert jeder Mensch solche Symptome, »Hospitalismus« genannt. Das heißt: Die Ursache der Schädigung ist die Hospitalisierung, nicht die Behinderung.

Nach dem Mittagessen kriechen und schieben sich die Behinderten zum Klo. Männer und Frauen, viele nackt, sitzen sich in zwei Reihen auf Kackstühlen gegenüber. Die Krüppel und Kleinwüchsigen haben in der Mitte auf alten Nachttöpfen ihren Platz. Die Bewohner werden »getopft«, wie es im Anstaltsjargon heißt.

Nach dem »Topfen« muß einer der Verkrüppelten mit nacktem Po einer jungen Schwester nachkriechen. Sie läßt ihn die ganze Länge des Saales kriechen, ehe sie ihn anzieht. Fast beiläufig höre ich, daß der Sozialminister von Mecklenburg-Vorpommern dieses Elend schon gesehen hat. Die Oberin: »Der Minister war schon in unserer Einrichtung, und wir verbergen vor niemand etwas.«

»Der war hier auf der Station«, frage ich verblüfft, »hat das gesehen?«

»Ich weiß nicht hundertprozentig, ob er auf dieser Station war«, sagt die Oberin, die schon etliche Psychiatrie-Direktoren erlebt hat, »aber eine von diesen Pflegeheimstationen haben wir auf alle Fälle gezeigt.«

Nachmittags besuche ich noch einmal die Station 5c, ohne Oberin. Die Stimmung ist aggressiver geworden. Nach einem

Tag ohne jede Beschäftigung und ohne jeden Zuspruch ist das kein Wunder. Ein Verwachsener wird von einem Patientenkapo quer durch den Saal geschleift und auf einen Stuhl verfrachtet, ein anderer, der sich am liebsten in seinem Pullover verkriecht und stundenlang in der Zwangsjackenhaltung verharrt, an den Haaren über den Fußboden gezogen.

Die Schwestern sehen zu, reden aber nicht mit den Bewohnern. Sie kommandieren nur. Erst spät fällt mir auf, daß ich auf 5c nicht einen Behinderten mit einem anderen reden höre. Sie artikulieren sich nur noch durch Schreie. Vielleicht haben einige nie sprechen gelernt, doch die anderen wurden offenbar sprachlos gemacht. Denn ohne jede Ansprache geht die Sprache verloren. Und noch etwas fällt mir auf, während den Bewohnern das Abendessen hingeklatscht wird: Alles Wimmern, Klagen, Schreien hat aufgehört. Die zur Untätigkeit Verurteilten sind endlich einmal beschäftigt.

Abends, kurz nach 18 Uhr, ehe es zum letzten mal zum »Topfen« geht, werden die Behinderten abgefüttert und mit Medikamenten abgefüllt, ohne Zuspruch und Zuwendung einfach abgefertigt. Unwillkürlich denke ich: »Wie im Zoo!« Doch würde ein Tierpfleger seine Tiere behandeln, wie in Ueckermünde Menschen behandelt werden, er würde entlassen.

Die meisten Bewohner sitzen noch bei Tisch, da beginnt eine Behinderte, sich auszuziehen. Ich sehe, wie eine der Schwestern eine Plastikwanne als Wäschekorb hinstellt. Dies ist das Signal, daß sich alle ihrer Kleider entledigen. Niemand hat ein Kommando gegeben, sie sind auch darauf dressiert.

Einige der Nackten sitzen stereotyp schaukelnd auf Stühlen, andere wippen im Stehen, wieder andere drehen auf dem Fußboden irrwitzige Pirouetten. Eine irrsinnige Szene: Fleisch, nur Fleisch. So haben Maler früher die Hölle gemalt.

Wie Tiere zusammengetrieben, ziehen die Deformierten zum Waschraum. Dort sitzen sie auf den Klos und warten, im Schnellwaschgang abgefertigt zu werden. Ein Waschlappen reicht für eine ganze Station. Ein einziges Handtuch ist im Gebrauch.

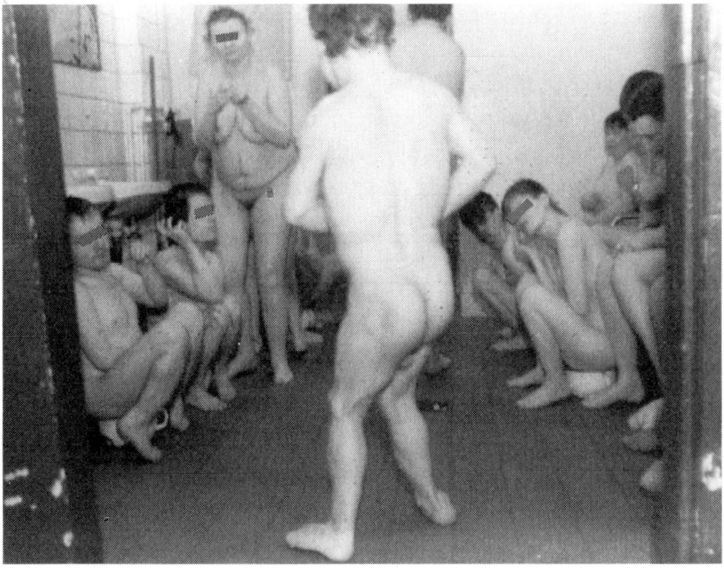

Psychiatrie in Ueckermünde: Behinderte werden »getopft«.

Ückermünde: Ein Handtuch reicht für die ganze Station.

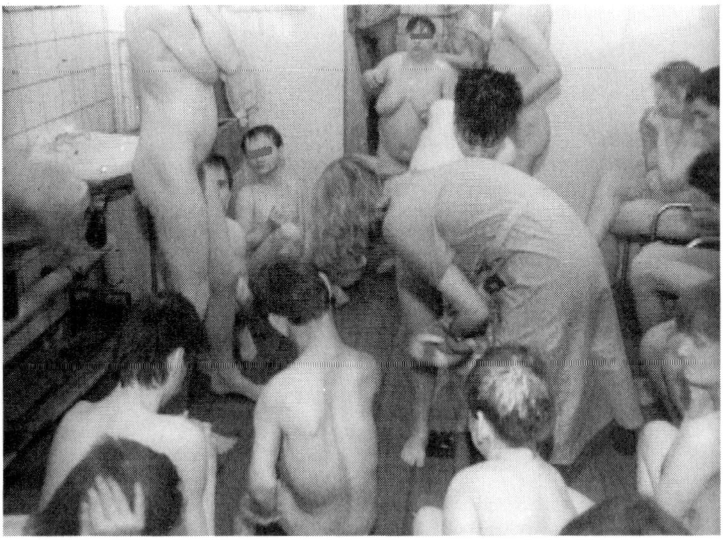

Ein kleinwüchsiger Behinderter kriecht langsam aus dem Bad. Sein massiger nackter Körper hinterläßt eine sichtbare Schleifspur. Man hat ihn nicht einmal richtig abgetrocknet. Es ist quälend, mitansehen zu müssen, wie er minutenlang versucht, ins Bett zu kommen. Einmal rutscht er ab, schlägt mit dem Hinterkopf gegen ein Bettgestell. Ein Bewohner will ihm helfen, will ihn aufrichten. Er wehrt sich, kann aber seinen eigenen Willen nur durch Schreien ausdrücken. Ein Mensch, nackt und bloß, jeder Würde beraubt, versucht schmerzhaft, sich einen Rest an Selbständigkeit zu bewahren.

Nach und nach kommen alle aus dem Waschraum. Einer ist glücklich, denn er hat sich irgend etwas ergattert. Er hat seinen Besitz bis ins Bett gerettet. In Ueckermünde haben Bewohner schon Steine mit ins Bett genommen, um wenigstens etwas Eigenes zu besitzen.

Schlafen, Essen, Scheißen, Schlafen, das ist der Alltag auf Station 5c, wo Menschen schlechter behandelt werden als vielerorts Tiere.

Für alle endet, wie all die Jahre zuvor, wieder ein Tag ohne jede Anregung. So schaukeln sie sich, mangels Zuwendung, mangels Zärtlichkeit, selbst in den Schlaf. Von jeder Zuwendung abgeschnitten, besitzen sie nur den eigenen Körper als Ziel ihrer Sehnsucht. Im Jahre 3 nach der Wiedervereinigung.

Ich habe einen Film über Ueckermünde gemacht und alles Szene für Szene belegt. Der Film wurde am 14. April 1993 im Ersten Fernsehprogramm gesendet, am 20. April tagte deshalb der Sozialausschuß des Landtags von Mecklenburg-Vorpommern in Schwerin. Eigentlich sollen die Parlamentarier den Sozialminister kontrollieren. Eigentlich. Doch der Sozialausschuß wie der Minister hatten Ueckermünde besichtigt. Und so kommt es zu einer großen Koalition von CDU bis PDS: Die Darstellung der Behinderten im Film sei entwürdigend (nicht die gefilmten Lebensumstände), erinnere an Nazi-Filme.

Ein Psychiater erklärt, die Behinderten seien gar nicht zu fördern gewesen. Das seien Gehirndefekte, Cerebralgeschädigte, basta. »Wenn man Sie 20 Jahre unters Fischernetz oder in eine

Zwangsjacke gesteckt hätte«, sage ich ihm, »wären Sie heute auch kein Mitglied des Landtags.« Er meint, ich müsse mal zum Psychiater. Die Leipziger Volkszeitung am 16. April 1993: »Offensichtlich bereitete Ihm (gemeint ist der Verf.) sein Voyeurismus (...) satanisches Vergnügen.«

Horrorbilder von Psychiatrie zu zeichnen, wird mir gesagt, sei Stil der Nazis. Das Diakonische Werk in der Kirchenprovinz Sachsen, Evangelischer Fachverband für Behindertenhilfe, protestierte »auf das äußerste« gegen die Sendung »Hölle von Ueckermark« (sic!) und meinte: »Mit Interimslösungen muß gelebt und gearbeitet werden. In Mittelpunkt aller Bemühung und Bestrebung um Veränderung steht für uns der behinderte Mensch. (...)«

In der Bergpredigt sagt Jesus: »An ihren Früchten werdet ihr sie erkennen.« (Matthäus 7, 16)

»Das nannten wir Schizo-Treff«
Die Leipziger Schizeria

Isolierzelle im »Park-Krankenhaus« in Leipzig-Dösen.

»Früher«, sagt Rosemarie Hahn, Leiterin der Neuropsychiatrischen Abteilung der Beratungsstelle Süd-West, »hatten wir bessere Bedingungen als im Westen.« Früher, das heißt zu Zeiten der DDR.

»Es war eine andere innere Bereitschaft«, meint sie, »sich um chronisch Kranke und Alterspatienten zu kümmern, weil es uns nicht darum ging, aus einem Krankenschein so viel wie möglich herauszuschlagen.«

Leipzig hat ein Modell psychiatrischer Versorgung entwikkelt, das beispiellos ist: Sieben Stadtbezirken sind sieben »Behandlungsstellen« zugeordnet, in denen im Idealfall Ärzte, Psychologen, Therapeuten und Sozialarbeiter zusammenarbeiten. Ich habe Ursula Rennert, eine gelernte Krankenschwester und Sozialfürsorgerin, begleitet. Sie nimmt Patienten Behördengänge ab, besorgt Krankenscheine, bringt Medikamente. Und da sie seit 30 Jahren im Stadtbezirk arbeitet, kennt sie ihre Patienten. Die Vorteile, ebenfalls im Idealfall: In Leipzig finden Patienten dort Hilfe, wo sie wohnen. Die Psychiatrie kommt zu den Menschen. Selbstbewußt erklärte Rosemarie Hahn auch 1991: »Im Vergleich mit den Ländern der bisherigen BRD können wir überzeugend nachweisen, daß unsere Behandlungsstrategie dazu geführt hat, daß deutlich weniger Psychotiker stationär behandelt werden müssen.«[1] Da gleichen Psychiater-Ost jenen Westkollegen, die auch nicht Menschen behandeln, sondern »Psychosen«.

Als Folge der Vereinigung von Deutschland-Ost mit Deutschland-West kommen Menschen zur Beratung, die noch nie mit der Psychiatrie Kontakt hatten. In der Beschäftigungstherapie der Behandlungsstelle Süd-West schneidet ein ehemaliger Reichsbahner Lederteile aus. Er hat sich wegen »Überforderung« erst krankschreiben lassen, dann Urlaub genommen und ist nun seit vier Wochen in der Tagesklinik: »Wir haben uns umzustellen. Ich war überzeugt, das packst du nicht, und habe die Notbremse gezogen.«

Eine Frau, geschieden, alleinstehend, zwei Kinder, ist gerade angekommen. Sie hat als Kassiererin in der Kaufhalle gearbeitet, von früh bis spät, hatte nur noch den Sonntag als freien Tag und dazu noch Haushalt und Kinder zu versorgen: »Ich wurde mit der ganzen Umstellung nicht fertig. Ich habe panische Angst vor der Zukunft.«

Christine Martin, Leiterin der Behandlungsstelle West: »Es ist auffällig, daß die subdepressiven Bilder zunehmen, das heißt: traurige Verstimmung als Reaktion auf die neuen Gegebenheiten.« Christina Wuckel, Leiterin im Stadtteil Grünau: »Verunsicherung und Identitätsverlust spielen eine große Rolle. Unsere Psychosen«, sie korrigiert sich: »also: Patienten mit Psychosen, leiden unter den Folgen der Wende besonders.« Wendekrank ist auch eine Frau, die für das Ministerium des Inneren in der Paß- und Meldebehörde arbeitete: »Sobald ich Menschen sehe, kriege ich Angst.«

Einige erkranken an ihrer Vergangenheit, andere an der plötzlichen Nutzlosigkeit. Eine Sozialarbeiterin in der Behandlungsstelle Grünau: »Wenn eine Kindergärtnerin mit 42 Jahren arbeitslos wird und gesagt bekommt, sie sei fehl am Platz, dann wirkt sich das aus.« Der Patient neben ihr: »Das Arbeitsamt hat gesagt, ich wäre zu alt mit 51 Jahren. Nun machen Sie mal was dagegen.« Die Psychiatrie in Leipzig-Dösen hat ihn auf Psychopharmaka »eingestellt«: »Ich schlucke am Tag 20 Tabletten. Der Magen rebelliert gelegentlich.«

Rosemarie Hahn ist verbittert: »Ich bin oft verzweifelt, wenn ich die Probleme der Patienten sehe. Wenn einer Arbeit gebraucht hat, da gab's immer eine Möglichkeit und wenn es nur ein paar Stunden waren. Wir sind es einfach nicht gewohnt, daß man auch arbeitslos werden kann.«

> »Die DDR war aus unserem Blickwinkel praktisch eine verordnete geschützte Werkstatt für jedermann, wo nur Regimetreue, nicht berufliche Fähigkeiten gefordert waren.«
> Helmut Uhlig, Mitglied der Leipziger Betroffenen-Initiative Durchblick e.V.[2]

Die Neuropsychiaterin hat in einem Vortrag (»Verantwortlich fühlen wir uns für alle psychiatrischen und neurologischen Krankheitsbilder«) die Vorzüge der DDR-Versorgung am Beispiel der Suchtkranken geschildert: Die Sozialfürsorger pflegten engen Kontakt zum Betriebsgesundheitswesen und »konnten dadurch gefährdete Patienten im Bereich der Sucht an Ort und Stelle erfassen, Beratungsgespräche führen (...) und auch dafür sorgen, daß Patienten in spezielle Brigaden eingegliedert wurden, die keinem Leistungszwang unterlagen.«[3]

Viele verdrängen, wie selbstverständlich (nicht nur) Patienten bevormundet und überwacht wurden. Dem Psychiater mag es gefallen, Patienten lückenlos »erfassen« zu können, spezielle Sucht- oder Invalidenbrigaden sind aber gewiß kein sozialpsychiatrischer Fortschritt, denn sie stigmatisieren den Menschen. Eine überzeugende Errungenschaft der DDR-Versorgung war dagegen die »Invalidenrente«, die Behinderten grundsätzlich zustand. Von einer Grundrente, die ohne demütigende Bittgänge zum Sozialamt gezahlt wird, können West-Behinderte nur träumen.

Die kommunale Versorgung in Leipzig ist das Beste, was die DDR-Psychiatrie hervorgebracht hat. Die Klinik für Psychiatrie der Karl-Marx-Universität hat auch bei Patienten einen guten Ruf. In Leipzig sitzt, salopp gesagt, die Schickeria der DDR-Psychiatrie. Professoren wie Klaus Weise (Uni-Psychiatrie) und Achim Thom, Direktor des Karl-Sudhoff-Instituts für Geschichte der Medizin und der Naturwissenschaften, sind auch im Westen bekannt. »Weise«, so eine Psychiaterin, »konnte am besten die kommunistischen Ideale und die psychiatrische Praxis theoretisch verbinden. Das konnte sonst kein anderer. Und der Thom hat ihm den Rücken gestärkt.«

Einzigartig ist die Leipziger »Schizeria«, die sich seit der Eintragung ins Vereinsregister 1991 »Interessengemeinschaft für Psychiatriebetroffene ›Durchblick‹ e.V.« nennt und eine eigene Zeitschrift herausgibt: »Symptom. Leipziger Beiträge zu Psychiatrie & Verrücktheit«. Die Anfänge liegen im Oktober 1984. Damals begann die Diplom-Grafikerin Rosi Haase mit Malzirkeln in der Psychiatrie in Leipzig-Dösen.

Im Überwachungsstaat waren Selbsthilfegruppen unerwünscht, durften sich Behinderte – mit Ausnahme der Blinden und Tauben – nicht in eigenen Verbänden organisieren. Die Leipziger Schizeria, ein Kreis von 15 Leuten, die sich aus Rosis Malzirkeln kannten, trafen sich ab 1985 dennoch, privat in Wohnungen oder im Café Corso in der Innenstadt. Wolfram, ein Gründungsmitglied: »Das nannten wir Schizo-Treff.«[4]

Ich besuche den »Durchblick«, der sich anfänglich auch mal »Lichtblick« nannte. Margit, die in einer Anwandlung von Übermut den Begriff »Schizeria« prägte, berichtet vom Beginn ihrer Psychose. Als Lehrerin sollte sie ihren Schülern in 12 Unterrichtsstunden die »Arbeitsproduktivität im Vergleich Kapitalismus und Sozialismus« beibringen. Das hat sie nicht gepackt: »Ich konnt ja nicht sagen, daß im Sozialismus eine höhere Arbeitsproduktivität ist.« In ihrer Kader-, d.h. Personalakte hat sie später gelesen, daß sie die sozialistische Zielstellung nicht umsetzen konnte. In der DDR gab es nicht nur ein Recht auf Arbeit, wie heute gerne erinnert wird, sondern auch eine Arbeitspflicht. Wer nicht arbeitete, galt als asozial. Auch Margit hat das zu spüren bekommen. Finanziell war sie nach ihrer Krankheit allerdings nicht schlecht gestellt: Als Lehrerin stand ihr eine »Intelligenzrente« (70 Prozent des Nettolohnes) zu, sozusagen eine Ideologie-Prämie des Arbeiter- und Bauernstaates. Nun ist der Sozialismus zu Ende und Margit ist »perspektivlos ohne Arbeit«.

In der Klinik Leipzig-Dösen hat sie Otto kennengelernt, der ihr erzählte, daß er auf der Rennbahn Pferdeäpfel zusammenkehren müsse: »Das war die erste Person, die ich in der Psychiatrie näher kennengelernt habe. Später hab ich dann erfahren, daß er Bau-Ingenieur ist. Und für mich war er damals so ein Blöder, der Pferdeäpfel zusammenkehrt.«

Christine, drei Jahre war sie in Altscherbitz, fünf lange Jahre in Dösen: »Ein Jahr vor der Wende wurde mir noch die Arbeit weggenommen. Ich mußte vor eine Reha-Kommission, da haben sie gesagt: ›Sie sind zu krank zum Arbeiten, das müssen Sie einsehen.‹« Sie sieht es heute noch nicht ein: »Gut«, sagt sie, »ich war viel krank geschrieben, aber wenn du nur eine Reinigungskraft bist, das kotzt dich an. Da hast du auch keine

Lust. Da mußte ich vor der Reha-Kommission eine Unterschrift leisten, daß ich zu krank bin zum Arbeiten. Das war für mich so ein Hammer, daß ich dann nur noch im Bett lag auf der B1.«

Christina, eine ehemalige Lehrerin, die im »Durchblick« arbeitet, wird wütend, wenn sie an die Anstalt Dösen erinnert wird: »Oben in der Männerstation denkst du, du bist noch im Mittelalter. Da ist nicht mal ein Bild an der Wand. Wenn du so ein ›Dummchen‹ besuchen willst, kuckt dich das Personal an, als ob du 'ne Meise hättest.« Die Frauenstation ist auch nicht besser: »Das ist schlimmer, als du dir es jemals aus irgendwelchen Filmen vorstellen konntest. Da war ein Schieber. Der war völlig voll. Und eine Frau saß auf diesem Schieber, hatte nur ein Hemd an, das war so dreckig, entsetzlich.«

Martin, nach eigenen Angaben 1990 »in Abwesenheit entlassen«, ist zuletzt nur noch nach Dösen gegangen, um sich »eine Spritze abzuholen«: »Einmal die Woche kriegte man eine Spritze und ist hingegangen, weil man jemanden gesehen hat. Das war die einzige Betreuungsmaßnahme.«

Christine graust es noch heute: »Wenn eine Frau ausgerissen ist und wieder eingefangen wurde, dann bekam eine Patientin von der Schwester den Auftrag, die kalt abzuduschen. Das schlimmste Erlebnis war kurz vor meiner Entlassung: Andrea, meine Freundin, kam abends betrunken zurück. Da hat die Schwester gesagt, sie soll sich ausziehen und ins Bett gehen. Andrea wollte aber nicht. Da sagt die Schwester: ›Wenn du das nicht machst, dann kommst du auf die Zelle.‹ Andrea ist abgewandert in die Zelle und dort gestorben. Mit 22 Jahren gestorben! Und es war nicht die einzige, die gestorben ist.«

Christine erinnert sich an eine Mitpatientin, die sich die Freiheit nahm, ohne Erlaubnis die Station zu verlassen: »Die hatte das Bedürfnis, mal einen Mann zu haben, wir waren ja nur Frauen auf Station. Dafür hat sie ein Jahr Ausgangssperre bekommen, Isolierzelle, dann Strafzimmer, nur vorgeholt zum Baden, den ganzen Tag drinnen. Das erste Jahr, 1984, wo ich auf der B1 war, da waren wir alle 54 im Tagesraum eingesperrt. Da wurdest du nur rausgeholt zum Schlafen.«

> »Früher wurde man ins Bett geschleift und gespritzt, und irgendwann ist man aus dem Dämmerschlaf wieder erwacht und war vor vollendete Tatsachen gestellt.«
> Wolfram, Mitglied der Leipziger Betroffenen-Initiative Durchblick e.V.

Alte Verwundungen brechen auf: »Als ich das erste Mal in die Psychiatrie kam, bin ich nackt ausgezogen worden, Spritze in die Vene, fort in die ›Isolierung‹.« Ich frage Christine: »Du bist nackt in die Isolierzelle gekommen?« An ihrer Stelle antwortet Wolfram: »Das ist normal, ich bin drei-, viermal in die Isolierzelle gekommen und immer ausgezogen worden.«

»Warum?« frage ich.

»Wenn du so einen ›Cocktail‹ bekommst, dann machst du unter dich und die Wäsche muß gewaschen werden.« Es gibt viele sarkastische Begriffe für Neuroleptika, »Cocktail« ist einer davon.

Menschenverachtende Behandlung der Patienten hat in Sachsen eine böse Tradition. Während der Nazizeit wurde hier schon 1938, weit früher als anderswo, eine sogenannte Hungerkost verabreicht, die zu qualvollem Tod führte. 1941 war bereits die Hälfte der sächsischen Patienten verhungert oder vergast.[5] In Leipzig gab es gleich zwei Kliniken, in denen behinderte Kinder ermordet wurden.[6] In Leipzig-Dösen ließ Professor Hermann Paul Nitsche 1940 eine Mordmethode erproben, der später Zehntausende von Patienten zum Opfer fielen: Ohnehin unterernährte Patienten wurden mit leichten Überdosierungen von Luminal getötet.[7]

In Dösen »sterben« während des Krieges 1354 Kranke.[8] Ende November 1992 habe ich die Anstalt besucht, die seit kurzem »Park-Krankenhaus« heißt. Auf der Fahrt nach Dösen passiert man das Völkerschlachtdenkmal, dann geht es Richtung Propstheida-Meusdorf. Die Anstaltsgebäude stammen aus dem Jahre 1902, stehen unter Denkmalschutz. Dr. Angelika Strauß, schon lange in Dösen, ist die neue Leiterin. Sie empfängt mich in Begleitung von Oberarzt Dr. Christoph Straube.

Von der mörderischen Vergangenheit wissen beide nichts.

Die trostlose Gegenwart bringen sie selbst zur Sprache: »Wir standen vor der Situation der Landeskrankenhäuser mit bis zu tausend Betten«, sagt Frau Dr. Strauß in einem Einführungsreferat. »Wir hatten ein Gemisch aus akut behandlungsbedürftigen Patienten mit psychiatrischen Pflegefällen und auch mehrfach Behinderten, die uns einfach nicht wieder abgenommen wurden. Es gab über Jahrzehnte keine Heime, auch keine regulären Altersheime. Wir liefen voll.«

Frau Dr. Strauß spricht, wie die meisten Psychiater in Ost und West, die Sprache des Unmenschen, die Menschen in »Pflege-« oder »Behandlungsbetten« verwandelt. In den letzten Monaten, referiert sie, habe man die Pflege- von den Behandlungsfällen getrennt (»ganz schlicht und einfach«). Dr. Straube leite ein Haus für »psychiatrische Regelbehandlung«, »wo die Patienten stadtbezirksweise hingelegt werden«. Wir besichtigen die Häuser, wo Menschen nicht behandelt, sondern »hingelegt« werden. Auf einer Frauenstation bleibe ich an einer Isolierzelle mit Sehschlitz stehen, das Bett ist bezogen. »Das ist Uralt-Psychiatrie«, entschuldigt Frau Dr. Strauß, »wo man früher hochgradig erregte Patienten unterbrachte, einfach, weil man ihrer medikamentös noch nicht Herr wurde.« Ausdrücklich fügt sie hinzu: »Die sind nicht mehr in Aktion.« Ich gehe zur nächsten Zelle, werfe einen Blick durch den Fensterschlitz und starre eine Frau an, derer man offenbar immer noch nicht »Herr« wird.

Auf unserem Rundgang kommen wir auf eine Station, wo die sogenannten geisteskranken Kriminellen untergebracht sind. Der Stationspfleger läßt den Besuch über sich ergehen, drängt uns aber bald in Richtung Ausgang. Ich bin schon fast draußen, da fällt mir die Frage ein: »Sind auch Patienten aus Waldheim da?« Waldheim, nach Presseberichten ein Psychoknast mit Schwerverbrechern und besonders gewalttätigen Patienten, gilt als die einzige Skandalklinik der ehemaligen DDR. Die Anstalt, so hatte ich gelesen, war deshalb 1991 geschlossen, die Patienten waren auf andere Anstalten verteilt worden. Auch nach Dösen.

Renovierter Speisesaal in Leipzig-Dösen.

Ein »Krankenzimmer« in Leipzig-Dösen.

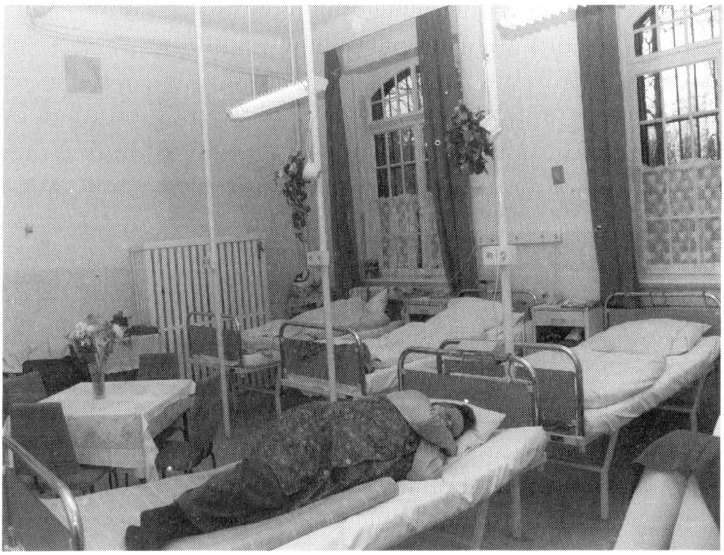

Wir gehen zu einem Kranken, der in einem Zimmer hinter dem Schlafsaal liegt. Ich hatte die Tür beim Rundgang übersehen, aber für die Zukunft gelernt, auf solche Türen zu achten. Im Bett liegt ein aufgeschwemmter Junge, eine Hand am Bettrahmen festgebunden. Ein Fernseher läuft auf voller Lautstärke. Neben seinem Bett steht ein Eßtisch, im unteren Fach sind Bettpfanne und Urinflasche eingestellt. Der Junge, er wirkt geistig behindert, ist 27 Jahre alt, wie er sagt. Wir verstehen ihn kaum, weil seine Sprache durch die Neuroleptika völlig verwaschen klingt. Die naheliegende Frage, warum er gefesselt ist, beantwortet er ungefragt: »Weil ich manchmal angreife.« Sofort fügt er erklärend hinzu: »Aber ich war in Waldheim, 12 Jahre und einen Monat. Zwei Pfleger haben geschlagen, in Magen«, mehr verstehe ich nicht. Er ist der erste Waldheim-Patient, den ich treffe, und er entspricht keineswegs dem Bild vom Schwerverbrecher.

»... bekannte sich die Schizo-Armee-Fraktion zum Anschlag«
Helmut Uhlig über neuroleptische Attentate in Leipzig

Die Oktobertage brachten im Bezirkskrankenhaus für Psychiatrie Dösen unerhörte Ereignisse. Noch sind Patienten wie Personal überrascht vom unerhörten Tempo der Geschehnisse. Ich als Patient der Station A3/2 wurde Zeuge und möchte einen kurzen Bericht über dieses Geschehen und seine dramatische Zuspitzung geben.

Es war am 9. Oktober, als der Chefarzt Dr. Hau nach einem arbeitsreichen Tag nach Hause ging. Als er den Park von Dösen durchquerte, fiel ein Schuß. Mit einem Gewehr, wie es afrikanische Tierfänger benutzen, wurde ihm eine Injektion ins Gesäß beigebracht, exakt im 4. Quadranten. Zunächst zeigte sich keine Sofortwirkung, aber als er zu Hause war, konnte er nicht still sitzen. Es stellt sich ein merkwürdiges Zucken des Gesichts ein, er bemerkte ein starkes Parkinsonsyndrom, und beim Abendessen wäre er fast an einem Schlundkrampf erstickt.

Am nächsten Morgen bekannte sich die SchAF (Schizo-Armee-Fraktion) zu dem Anschlag. Dr. Hau hatte einen neuroleptischen Schuß von 30 mg Haloperidol i.m. erhalten. Die SchAF drohte mit weiteren Anschlägen auf medizinisches Personal. Die Chefärzte aller Stationen erhielten ausnahmslos Drohbriefe. Man forderte die Öffnung der Station B1.

Am nächsten Morgen war der dialektrische [sic!] Sozialpädagoge Oberarzt Dr. Hans Schock spurlos verschwunden. Der »Aktuellen Kamera« wurde von der SchAF ein Video zugespielt. Darin gab Dr. Schock in Parkinsonhaltung seine Entführung bekannt. Er bat seine Kollegen im Interesse seines Lebens, sofort die Elektrokrampfbehandlung einzustellen.

Aber auch jetzt war die SchAF noch nicht zufrieden. Am Freitag, den 13. 10., wurde der D-Bus auf der Fahrt von Propstheida nach Dösen entführt. Die darin sitzenden Tagespatienten ließ man frei, nur medizinisches Personal wurde als Geiseln genommen. Es wurden 32 Personen gekidnappt, 11 Hilfsschwestern, 5 Schwestern, 3 Oberschwestern, 2 Pfleger, 3 Therapeuten, 2 Ärzte und der Busfahrer.

Am nächsten Morgen brachte man den Busfahrer mit verbundenen Augen in die Kirche von Meusdorf und ließ ihn hier frei. Er übermittelte die Forderung der SchAF zur Freilassung aller Patienten der Station B1. Bis zur Erfüllung dieser Forderung wurden die Geiseln auf Betten fixiert und erhielten dreimal täglich 20 mg Haloperidol i. m.

Nun sah sich der Staat zu außerordentlichen Maßnahmen gezwungen. Ein neues Gesetz stellte neuroleptische Attentate und Anschläge unter schwere Freiheitsstrafen. Wie man sich auch bei der Formulierung mühte, man konnte die Kriminalisierung der somatischen Praxis der Psychiatrie nicht vermeiden.

Nach Annahme dieses Gesetzes berief der Patientenrat der Station A3/2 nach der Montagsvisite eine außerordentliche Patientenvollversammlung ein. Erschüttert vernahm Chefarzt Dr. Hau den Sprechchor: »Alle Macht den Räten, brecht dem Hau die Gräten!« Dann formierten sich die Patienten zur Demonstration durch das Klinikgelände. Spontan schlossen sich die Insassen der anderen Stationen an.

Rudi Richtscheid stimmte die Schizolaise an, und der ganze Demonstrationszug fiel ein. Dann erschollen Sprechchöre gegen Elektroschock und Neuroleptika. Man forderte die strafrechtliche Verfolgung der Täter und die Beschränkung auf Psycho-, Sozio- und regulative Musiktherapie. Nun fand jeden Montag eine Demonstration statt. Nach und nach setzte man Teilforderungen durch. Schließlich wurde das Gesetz gegen neuroleptische Attentate und Anschläge auch auf Ärzte angewandt und eine Untersuchungskommission unter Patientenbeteiligung gebildet. Wenig später wurde auch der Elektrokrampf verboten.

Chefarzt Dr. Hau sitzt nun [in der U-Haft] in der Kästnerstraße gemeinsam mit den ergriffenen Mitgliedern der SchAF. Nicht ein mal hier hat er Ruhe, die Terroristen vergiften heimlich sein Essen mit Leponex. Trotz der strengen Kontrollen hat er immer wieder Haloperidol im Trinkwasser. Wie sehr hat er diesen feinherben Geschmack hassen gelernt. Aber das ist schon wieder eine andere Geschichte.[9]

»Fertig machen zum Duschen, Zyklon B ist eingetroffen«

Der Psychoknast Waldheim

Matratze, Decke und Nachttopf: Isolierzelle in der Nervenklinik Waldheim.

1. Ein Ort mit finsteren Kontinuitäten

Im mittelsächsischen Hügelland, auf halbem Wege zwischen Leipzig und Dresden, liegt Waldheim. Zwei Einrichtungen haben die Stadt in Verruf gebracht: die Psychiatrie und das Zuchthaus. Im Zuchthaus fanden zwischen dem 24. April und dem 14. Juli 1950 die »Waldheimer Prozesse« statt. Im Schnellverfahren produzierten von der SED gesteuerte Sondergerichte 3324 rechtskräftige Urteile. Von 32 Todesurteilen wurden 24 in der Nacht zum 4. November 1950 im Zuchthaus vollstreckt. Einer der Hingerichteten war Dr. Gerhard Wischer, verurteilt »wegen Teilnahme an Tötungen in der Heil- und Pflegeanstalt Waldheim«.[1]

Waldheim ist die älteste staatliche Irrenanstalt Sachsens, mal als Zuchthaus, mal als »Klapsmühle« oder als beides zusammen genutzt. Während der Nazizeit waren in der Landes-Heil- und Pflegeanstalt »kriminelle Geisteskranke« untergebracht. Einer von ihnen ist der landwirtschaftliche Arbeiter Georg Franke. Er wird am 6. Januar 1938 von Bautzen nach Waldheim überstellt. In seiner Krankenakte steht als »vorläufige Diagnose«: »Angeborener leichter Schwachsinn«. Die Rubrik »endgültige Diagnose« wird offenbleiben.

Das Landgericht Chemnitz hatte Franke 1937 wegen versuchter Notzucht und Exhibitionismus zu 1 Jahr und 4 Monaten Gefängnis verurteilt und gemäß § 42b Strafgesetzbuch die anschließende Unterbringung in der Psychiatrie angeordnet.[2] Er hatte die Tat bei der Polizei gestanden, als man ihn wegen eines harmlosen Kirschendiebstahls vernahm.

Frankes erste Strafsache datiert aus dem Jahre 1935. In der Krankenakte heißt es dazu: »Wegen Blumenabpflücken (Himmelsschlüsselchen, was verboten war)«. Die zweite Strafsache ereilt ihn, als er mit anderen Holz aus dem Wald holt. Die dritte Strafsache bringt ihn nach Bautzen. In Waldheim gilt er als fleißiger Arbeiter, als verträglich und folgsam. Die drittletzte Eintragung in seiner Krankenakte stammt vom 23. Mai 1939: »Macht seine Arbeit als Tütenvorarbeiter auf A2 recht gut.«

Der vorletzte Eintrag bezieht sich auf ein Gesuch der Mutter, ihren Jungen zu entlassen: »Unter Berücksichtigung der (...) Minderwertigkeit des Fr. wird der Zweck der Unterbringung als noch nicht erreicht bezeichnet (...).« Die letzte Eintragung, von Dr. Wischer gezeichnet, erfolgt am 15. Februar 1940: »Immer willig und fleißig«. Eine Zeile darunter heißt es abrupt: »Wird heute mit Sammeltransport in eine noch unbekannte Anstalt verlegt.« Der Transport endet im Zuchthaus Brandenburg, seit kurzem zur Vergasungsanstalt umgebaut.

Zu dieser Zeit bekommt Dr. Walter Geller, Stationsarzt der Provinzial-Heilanstalt Düren, von seiner vorgesetzten Dienststelle in Düsseldorf den Auftrag, 150 der gefährlichsten, nach § 42b Strafgesetzbuch verurteilten Insassen nach Waldheim zu überführen. In Düren werden alle Mörder, Totschläger, Einbrecher und Sittlichkeitstäter herausgesucht. Doch es kommen keine 150 zusammen. So nimmt man auch »harmlose« Patienten hinzu.

Die 150 Männer werden in zwei Transporten mit der Reichsbahn nach Waldheim befördert. Der erste Transport erreicht nach 41 Stunden Fahrzeit sein Ziel. Dr. Geller: »Mitten in der Nacht kamen wir in Waldheim an. Dort wurden wir von einer Rotte großer Männer begrüßt, die mir nicht den Eindruck machten, daß sie Pfleger seien (...).« Am nächsten Morgen begegnet Geller dem dortigen Kollegen: »Wir gingen durch das Haus, und in Käfigen hinter Gittern traf ich alle meine Leute wieder.«[3]

Geller wundert sich, daß die Anstalt leer steht, und fragt den Kollegen, wo die bisherigen Patienten geblieben seien. Die Antwort: »Die haben wir nach Pommern gebracht; dann sind sie in einen Steinbruch marschiert und nicht mehr rausgekommen.« Der Dürener Arzt ist kaum zurück, da treffen die ersten Todesnachrichten ein. Monate später erreicht ihn eine Mitteilung aus Brandenburg-Görden, man habe einen Patienten aus Düren, ob der zurück solle. Der Patient kehrt Ende 1940 in die rheinische Klinik zurück und berichtet, man habe alle nach Brandenburg transportiert und in einem alten Haus »kaputtgemacht«. Er sei als einziger zurückgestellt und in die Anstalt Brandenburg-Görden gebracht worden.

Anstaltsleiter Dr. Gerhard Wischer.

Waldheim dient ab 1940 als Zwischenstation für Transporte in Vergasungsanstalten. Leiter der Anstalt ist Gerhard Wischer, der 1933 in Rostock über »Das Problem der Vernichtung lebensunwerten Lebens im Schrifttum« promoviert hatte. Von August 1941 und bis Mai 1943 ist er Mitarbeiter der Berliner Mordzentrale, selektiert Kranke und sucht KZ-Häftlinge für die Gaskammer aus.[4]

Von November 1941 bis Januar 1942 wird Wischer in Waldheim von Dr. Ernst Schmorl vertreten, einem Musterschüler Nitsches (gemeinsam mit seinem Lehrer am 1. Mai 1933 in die NSDAP eingetreten). Wischers Stellvertreter im Jahre 1942 ist Regierungsmedizinalrat Johannes Kuniß, wie sein Chef aus Arnsdorf gekommen. Kuniß wechselt anschließend nach Zschadrass bei Colditz[5], wo ein Dr. Laemmerhirt auf der Lungenstation »in Einzelfällen Lungenpatienten Tabletten hat verabreichen lassen. Ob allerdings nur zur Linderung ihrer Todesqual«, so Regierungsinspektor Erich Hellwig 1946 in einer Aussage, »oder aber zur Beschleunigung ihres Ablebens, vermag ich nicht zu sagen.«[6]

1943 ist Wischer mit der Vergiftung der Waldheim-Patienten beschäftigt.[7] Die notwendigen Medikamente (z. B. Luminal) beordert er an seine Privatadresse Niedermarkt 15. Als Gegenleistung erbittet er November 1943 von der Berliner Mordzentrale eine »kleine Sonderzuteilung«: Süßigkeiten für die eigenen Kinder und »etwas Alkohol und Zigaretten« für sich selbst.[8] Am 15. Oktober 1945 wird er von der sowjetischen Besatzungsmacht verhaftet, in Buchenwald interniert und im Februar 1950 den DDR-Stellen zur Aburteilung in Waldheim übergeben.

Wischers Nachfolger in Waldheim ist zunächst Dr. Herbert Schulze, von seinem ehemaligen Chef Nitsche beschuldigt,

Dösener Kranken tödliche Luminal-Dosierungen verabreicht zu haben.[9] In der Nachkriegszeit wechseln die Ärzte häufig (unter ihnen auch Dr. Laemmerhirt), bis spätestens 1954 Johannes Kuniß Direktor wird.[10] Vielleicht ist er dankbar, nicht verfolgt zu werden, jedenfalls bleibt er bis 1969 in der Einrichtung, die gewiß nicht das Traumziel einer Psychiater-Karriere darstellt.

Waldheim ist ein Ort mit finsteren Kontinuitäten, wie der folgende Bericht von Frank Leupolt zeigt.

2. Ein Bericht über Waldheim von Frank Leupolt

Erste Zwangseinweisung und erster Versuch, aus der Republik zu fliehen

Als mein Bruder vor dem Mauerbau nach Westdeutschland ging, brach für meine Eltern eine Welt zusammen. Als meine Jugendzeit begann, stand das Monster von Mauer und keiner konnte mehr weg. Sicher wäre ich drüben auch mal auf die Nase gefallen, doch so grausig wie hier hätte es mich nicht getroffen.

Ich sollte Schlosser werden, doch das lag mir nicht. Ich schwänzte die Berufsschule, blieb der Arbeit fern. So wurde der Lehrvertrag gekündigt. Arbeit hatte ich zwar immer, doch ohne Beruf ist man nur Handlanger, Frust entsteht, Bummeltage folgen, man kündigt und läßt sich Zeit, eine neue Stelle zu suchen. Das reicht für eine sozialistische Arbeitserziehung oder eine Zwangseinweisung in die Psychiatrie. Zwangseingewiesen wurde ich das erstemal im Juli 1964. Ich war gerade 19 Jahre alt.

Ich hatte Arbeit Arbeit sein lassen und eine DDR-Rundfahrt unternommen. So kam ich in das Bezirkskrankenhaus Leipzig-Dösen. Das Etikett war schon fertig: Psychopath mit abnormer Persönlichkeitsentwicklung; später kam noch der Alkoholismus hinzu. Dösen war zu dieser Zeit dunkle, finstere Verwahrpsychiatrie: alles vergittert, verschlossen, jedes Haus umzäunt. An der Stationstür hing ein großes Schild: »Das Mitbringen von (...) ist verboten. Bei Zuwiderhandlung erfolgt (...).« An Patienten war alles durcheinander gewürfelt. Das Personal bestand aus breitschultrigen Pflegern, die nicht den geringsten Widerspruch duldeten. Der geringste Verstoß gegen die Stationsordnung, z.B. heimliches Kaffeekochen oder Einstellen eines Westsenders, wurde extrem hochgespielt.

Von Behandlung konnte keine Rede sein. Es gab keine Untersuchung, keine Psychologen oder Therapeuten. Arbeiten konnte man zum Nulltarif. Ich war in der Kohlenkolonne, das heißt, ich mußte den ganzen Tag Kohle schippen, ohne die geringste Vergünstigung. Es gab keine passende Arbeitskleidung, und nach der Arbeit konnte man nicht einmal duschen. Den Arzt sah man sehr selten und wenn, dann lief er an einem vorbei, als sei man ein Papierkorb. Es gab weder ein aufmunterndes Wort noch eine menschliche Geste. Doch was sollte es, ich war noch jung. Nach sieben Monaten, im Februar 1965, wurde ich entlassen.

Ich bekam die Arbeit wieder, vor der ich davongelaufen war. So entdeckte ich den Alkohol und machte öfters blau. Ende August 1965 wurde ich erneut nach Dösen zwangseingewiesen. Nach vier Wochen gab mir ein Pfleger meine Zivilsachen, ich solle mich anziehen, wir müßten aufs Gericht. Ein glatter Rechtsbruch des Arztes war im übrigen, daß mir weder die Gerichtsladung noch die Anklageschrift und später nicht einmal das Urteil gezeigt oder ausgehändigt wurde. Alles marschierte in meine Krankenakte.

Nach DDR-Recht hatte ich mich strafbar gemacht, weil ich unregelmäßig gearbeitet hatte. Das Gericht beantragte »Arbeitserziehung« und forderte ein psychiatrisches Gutachten an, das mein Stationsarzt erstellen sollte. Er ließ sich ein halbes Jahr Zeit, unterhielt sich nur ein paar Minuten mit mir. Im Januar 1966 wurde ich vom Kreisgericht Leipzig-Land verurteilt. Das Gutachten war entsprechend ausgefallen. Die Verhandlung dauerte etwa 20 Minuten, der Stationsarzt war nicht zugegen.

Natürlich ging ich in Berufung. Im März 1966 wurde vor dem Bezirksgericht Leipzig verhandelt. Diesmal war der Stationsarzt anwesend. Er behauptete, Arbeitserziehung sei in meinem Fall unbedingt erforderlich. Meinen in München lebenden Bruder bezeichnete er ebenfalls als Psychopathen, denn er habe mich schriftlich aufgefordert, die DDR zu verlassen. Er wußte das aus Briefen, die ihm meine Mutter arglos gezeigt hatte.

Drei Wochen blieb ich noch in Dösen, dann kam ich in den Strafvollzug zur Arbeitserziehung. Wieder konnte ich eineinhalb Jahre streichen. Im Spätsommer 1967 war ich wieder frei (oder das, was man als DDR-Bürger unter Freiheit verstand): Arbeitsplatzbindung, unzumutbare Arbeit, Melden auf der Abteilung Inneres. Die Tyrannei hörte nicht auf. Ich begann, diese DDR, diesen stacheldrahtumzäunten Polizeistaat, zu hassen, vor allem die Menschen, diese Doppelzüngler, Mitläufer und Denunzianten. Manchmal hätte ich sie alle anspucken können. Ich sah mich schon in der Arbeitserziehung wieder, doch es kam anders.

Mein Vater, Haupttechnologe in einem Rüstungsbetrieb, hatte seinen Einfluß geltend gemacht und hinter meinem Rücken eine Zwangseinweisung nach Dösen erwirkt. Ich kam wieder auf dieselbe Station. Nichts hatte sich geändert: Kein Gespräch, keine Therapie, kein Ausgang, keine Perspektive, statt dessen Kohleschippen. Wieder und wieder riß ich aus, obwohl ich wußte, daß es sinnlos war. Weder hatte ich Geld, noch einen Ausweis, noch eine Anlaufadresse. Es war nur eine Frage der Zeit, bis die Polizei mich aufgriff und zurückbrachte. Manchmal kam ich auch von selbst wieder. Die Bestrafung war immer gleich: totale Ausgangssperre mit Arbeitsverbot. Schon kamen die ersten Drohungen: Die nächste Station ist Waldheim!

In meinem Transistorradio höre ich im Sommer 1968 über den Deutschlandfunk vom Prager Frühling und daß man dort den Stacheldraht nach Bayern und Österreich wegreißt. Das beflügelt meine Phantasie, ein Fluchtplan reift. Ende Juli 1968 ist es soweit: Ich fliehe aus Dösen und mache illegal in die CSSR. Doch ich habe die Rechnung ohne den Wirt gemacht, und dieser heißt Alkohol, mein Unvermögen, konsequent etwas durchzuziehen, meine Laschheit. Weil ich die Zeche in einer Gaststätte nicht bezahlen kann, werde ich von der tschechischen Miliz aufgegriffen. Es geht zurück nach Dösen.

Für Waldheim bin ich nun überfällig. Durch einen Zufall erhalte ich jedoch eine Galgenfrist. Der Stationsarzt erleidet einen Schlaganfall, scheidet aus dem Dienst. Ein junger Arzt namens Hahn übernimmt die Station. Er spricht mit mir, erklärt, daß meine Verlegung nach Waldheim schon beantragt sei und gibt mir noch eine Chance. Auch sonst führt Dr. Hahn viel Neues ein: Es gibt mehr Ausgang und Urlaub, Theater- und Kinobesuche, manchmal geht's auch zum Schwimmen. Mir persönlich nutzt das wenig: Ich kann meine Ausreißerei nicht mehr steuern. Im Juni 1969, inzwischen bin ich 24 Jahre alt, ist es soweit: Unter Einwirkung von starken Psychopharmaka werde ich zur Nervenklinik Waldheim gebracht.

Der erste Aufenthalt in Waldheim

Das erste, was ich von dieser sogenannten Klinik wahrnehme, ist ein düsterer, vergitterter Ziegelbau, der von einer hohen Mauer umgeben ist. Ich werde durch schwere Holz- und Gittertüren geschlossen, dann stehe ich als Neuzugang auf der Station »MI«. An der Stirnseite ist das Dienstzimmer, vor dessen Schwelle ich stehenbleiben muß. Außer den weißbekittelten Pflegern befindet sich ein hagerer, brutal aussehender Typ im Dienstzimmer. Wie ich später erfahre, ist dies der Chefkalfaktor, ein Patient, der wegen mehrfachen Mordes einsitzt. Er hat ein eigenes Zimmer mit Radio und allen möglichen Vergünstigungen. »Ausziehen!«, herrscht er mich an, »alle persönlichen Sachen dorthin!« Er wirft mir ein Nachthemd zu, das ich überstreife. Ein Pfleger schließt eine schwere und mit zwei Riegeln versehene Tür zu einem Schlafsaal auf.

Ich betrachte den Raum: acht Betten, zwei Waschbecken, hinten an der Wand ein Kackstuhl für die Notdurft. Kein Nachttisch, nichts. Ich selbst habe auch nichts, nicht einmal einen Kamm oder ein Taschentuch. Zum Glück wirken die Psychopharmaka noch, so schlafe ich ein. Munter werde ich, als die Tür geschlossen wird: Der Chefkalfaktor befördert einen Blechteller über den Fußboden, dazu eine Plastetasse mit Wald- und Wiesentee. So esse ich mein Abendbrot wie ein Hund vom Fußboden und weiß genau, daß ich hier noch ganz, ganz andere Sachen erleben werde.

Bald darauf öffnet sich erneut die Tür. Meine Mitpatienten kommen herein. Die meisten wirken völlig abgestumpft, wie scheintot. Nur einer macht mich mit dem Tagesablauf vertraut: Einschluß auf Zelle von abends halb sechs bis früh um sieben, nach dem Frühstück Arbeitstherapie (Tütenkleben) bis 11 Uhr, dann noch einmal von 13 bis 15 Uhr, danach Gartengang, Abendbrot, Einschluß. Auf den anderen Stationen sei es besser, tröstet er mich: »Da kommst Du sicher bald hin.«

Am nächsten Tag komme ich zum Aufnahmegespräch beim Chefarzt Dr. Kuniß. Dieser Kuniß ist ein kleiner, alter, runzliger Mann, der nach dem Krieg wegen Euthanasieverbrechen gesessen hat. Die Russen haben ihn dann rausgeholt, da sie einen Chefarzt für diese Anstalt brauchten. Kuniß wirkt gar nicht unnahbar und unmenschlich, eher väterlich. »Ihr Begleitschreiben von Dösen ist ja hanebüchen«, sagt er, »ich werde mit Ihren Eltern sprechen, dann sehen wir weiter.«

Ich bekomme Anstaltskleidung, dann geht es in den sogenannten Tagesraum. An der einen Seite stehen Tische und Stühle, an der anderen Seite befinden sich Einzelzellen. Später sehe ich, daß es auf der anderen Seite noch einen zweiten Tagesraum gibt, mit Clubsesseln und Fernseher, der den Kalfaktoren und bessergestellten Patienten vorbehalten ist. Dahinter sind die Kalfaktorenzimmer und diesen gegenüber die eigentlichen Isolierzellen, Bunker genannt. Das sind häßliche, kahle Zellen, mit Holzladen versehen, so daß sie jederzeit zu Dunkelzellen umfunktioniert werden können. Gesichert sind sie durch eine Doppeltür, die mit mehreren Riegeln versehen ist. Drinnen befindet sich eine Matratze mit Decke, ein Nachttopf, sonst nichts. Der Patient muß nackt in die Zelle. Das sind die Folterkammern von Waldheim, doch später mehr davon.

Anfangs dachte ich, in solche Verliese stecke man nur den,

der Vater und Mutter erschlagen hat, doch dem war nicht so. Manche Patienten waren wegen Bagatellen drin, andere hatten sich allerdings der schlimmsten Verbrechen schuldig gemacht, bis hin zu Mord.

Eine besondere Prozedur war der Gartengang. Die Anstalt war von einer Mauer umgeben, und das Stück, in dem der Gartengang stattfand, war nochmals von einem hohen Metallgitterzaun umgrenzt. Eine Eskorte von Pflegern begleitete uns in den Drahtkäfig. Man war für eine halbe Stunde an der Luft und lernte die Patienten der anderen Stationen kennen, viele Dösener darunter, überhaupt war Dösen der Hauptlieferant für diese Anstalt.

Mißhandlungen, Psychoterror, Diebstähle von Patienteneigentum gab es unter Kuniß noch nicht. Sicher war es barbarisch hart, doch das Personal blieb einigermaßen berechenbar. Noch ein Wort zu diesem Kuniß: Er sah sich gerne als Ziehvater der Patienten. Mal schaute er beim Kartenspiel zu, mal gab er einem Patienten einen Klaps auf die Schulter, sagte: »Ich geb'

Pforte in Waldheim.

Dir noch eine Chance, bekommst eine Außenarbeit, mach aber keinen Blödsinn mehr.« Kuniß bot den Patienten viel Abwechslung: Busfahrten, Waldspaziergänge, Tanzveranstaltungen außerhalb der Anstalt. Ich habe ihn nur ein paar Monate erlebt, denn er ging Oktober 1969 in Pension. Viele vom Personal sagten damals: »Ihr werdet euch alle umgucken, wenn Kuniß weg ist.« Und ganz genau so kam es auch.

Doch ich habe vorgegriffen. Bald bekam ich den ersten Besuch meiner Eltern. Es gab dafür ein Besuchszimmer, ein Pfleger saß dabei und hörte alles mit. Meine Eltern hatten mit Kuniß geredet, sahen alles gar nicht so verbissen, schließlich war ich nicht schuldlos an dieser Verlegung, was ich auch einsah. Am nächsten Tag wurde ich auf eine andere Station verlegt.

Die Station »M IV«, auf der ich nun mein Dasein fristete, hatte einen großen hellen Tagesraum, von drei Seiten mit Fenstern umgeben. In diesem Raum waren jedoch 64 Patienten. Alles, ob Skat oder Fernsehen, spielte sich hier ab. Samstags und sonntags durfte Kaffee oder Schwarztee gekocht werden. Manche waren nahezu gierig auf das Zeug, kochten sich den Satz mehrmals auf. Waren sie dann aufgeputscht, kam es zu Streitereien, mitunter auch zu Schlägereien.

Der Patient hatte nichts, alles war weggeschlossen. Brauchte man ein frisches Taschentuch aus seinem Wäscheschrank, mußte man beim Pfleger »bitte, bitte« machen. Lächerlich war es auch mit dem Schreiben. Nur sonntagsvormittags durfte geschrieben werden. Die Briefe mußten offen im Dienstzimmer abgegeben werden und gingen zum Oberpfleger zur Zensur. Meistens dauerte es eine Woche, bis die Post ihren Empfänger erreichte. Stand ein falsches Wort drin, kam der Brief niemals an. Natürlich wurde auch die eingehende Post kontrolliert und nach Ermessen des Oberpflegers ausgehändigt oder nicht. Das Verbot von Schreibzeugbesitz war im übrigen ein großer Quatsch. Zum einen konnte ein großer Teil der Patienten gar nicht richtig schreiben und zum anderen: Wohin hätte man in diesem totalitären Regime schreiben sollen?

Auch Bargeld war strengstens verboten. Es gab 60 Zigaretten

pro Woche und alle 14 Tage Großeinkauf für 15 Mark: Lebensmittel, Süßigkeiten, Tee oder Kaffee. Mir konnte das egal sein, ich bekam ständig Pakete und Besuch von zu Hause. Arbeit hatte ich in der Anstaltswäscherei, die sich im Kellergeschoß befand und wie alles vergittert und verschlossen war. In der Wäscherei arbeiteten Patientinnen und weibliche Angestellte, die uns von der Station holten und nach der Arbeit zurückbrachten. Sie behandelten uns mitunter sogar kameradschaftlich.

Weihnachten 1969 naht. Ich erhalte Besuchsausgang mit meinen Eltern, muß nicht mehr im Besucherzimmer sitzen. Waldheim ist ein romantisches Städtchen, im Zschopautal gelegen, umgeben von Hügeln und Wald. Ich unternehme Ausflüge mit meinen Eltern, vermeide aber, über das Dasein in diesem Bau zu erzählen. Sie hätten es vielleicht gar nicht geglaubt. Außerdem lebe ich in der Gewißheit, daß ab Frühjahr 1970 Beurlaubungen folgen und im September die Entlassung vorgesehen ist. Doch es sollte anders kommen.

Das Untereinander unter uns Patienten ist zu dieser Zeit erträglich. Wir würfeln um Zigaretten, spielen Schach und Skat. Ich lese viel, habe fast alle Bücher von Fallada gelesen. Einmal werde ich ins Dienstzimmer gerufen. Der Stationspfleger, in unseren Augen ein bornierter Idiot, belehrt mich: »Sie wollen doch bald entlassen werden, dann halten Sie gefälligst Ihr Mundwerk. Neulich haben Sie im Schlafsaal geäußert: ›Und es kommen doch noch welche über die Grenze!‹« Solche Äußerungen kamen zu DDR-Zeiten einem Verbrechen gleich.

Eigentumssiegel.

Das schlimmste war der Fernseher im Tagesraum. Am Wochenende lief er den ganzen Tag. Das Ostfernsehen mit seiner Parteipropaganda war schon widerlich. Besonders schlimm war es an Tagen wie dem 1. Mai oder dem 7. Oktober: diese Paraden und kein Ende! Es war ein Greuel, schließlich erlebte ich den real existierenden Sozialismus ja tagtäglich. Da konnte ich meinen Mund nie halten. So stieß ich auf Werner, einen Mitpatienten, der sich eigentlich mit niemandem abgab, in seiner Ecke saß und las.

Immer, wenn ich Bemerkungen bezüglich der DDR losließ, schmunzelte er. So kamen wir ins Gespräch. Er war ein ehemaliger Oberleutnant der Staatssicherheit, der eines Tages nicht mehr wollte. Deshalb drang er in die Militärmission der USA ein und übergab Namen von Leuten, die in der BRD für das Ministerium für Staatssicherheit (MfS) arbeiteten. Nach Verlassen der Militärmission wurde er verhaftet und in das berüchtigte Zuchthaus Bautzen II gebracht, wo ihn ein Psychiater für geistesgestört erklärte. So landete er in Waldheim.

Seiner Meinung nach mußte das Regime geschädigt werden, wo es nur ging. So schaltete er tagsüber das Licht in den Schlafsälen ein, schmiß Waschpulver oder Seife zum Fenster hinaus. Seinen Angehörigen schrieb er, daß er nicht mehr nach Hause kommen werde, es sei denn mit einem amerikanischen Panzer. Auf der Arbeitstherapie baute er schließlich in Ankerwicklungen für Elektromotoren Kurzschlüsse ein. Da wurde er in den richtigen Knast verlegt. Viele Jahre später sah ich ihn wieder: ein gebrochener Mann, durch Medikamente fertig gemacht.

Postkarten-Idylle Waldheim.

Ostern 1970 bekomme ich den ersten Urlaub, im Mai wieder, im Juli passiert es dann: Ich lerne ein Mädchen kennen und überschreite den Urlaub. Ja, das war's dann vorläufig: Ich bekomme Urlaub und Ausgang gestrichen. Der Aufenthalt verlängert sich, die Leier beginnt von vorn. Ein Jahr später, Ostern 1971, überschreite ich erneut den Urlaub. Im Sommer laufe ich bei Außenarbeiten davon, halt's einfach nicht mehr aus, für nichts und wieder nichts eingesperrt zu sein. Wieder einmal wird der Freiheitsentzug ausgedehnt.

Mittlerweile ist Waldheim der Nervenklinik Hochweitzschen angeschlossen. Schirmherr ist Dr. Poppe, Chefarzt von Waldheim Dr. Karl-Heinz Richter. Ihn zu Gesicht zu bekommen, ist eine Rarität. Visiten gibt es nicht. Einmal liege ich mit einem fiebrigen Infekt im Bett. Die Tür geht auf, Richter kommt mit einem Pfleger herein. Schon denke ich, jetzt wirst du untersucht, doch weit gefehlt: Richter schaut nur nach den Deckenlampen, da demnächst neue kommen sollen. Als er an meinem Bett vorbeigeht, sagt er zum Pfleger: »Was ist mit ihm?« Der Pfleger: »Er ist krank.« »Ach so«, sagt Richter, und schon ist er zur Tür hinaus.

Anfang 1972 verlange ich, Herrn Richter zu sprechen, denn ich bin aufgrund einer Zwangseinweisung in Waldheim, die nur sechs Wochen Gültigkeit hat. Nach sechs Wochen hätte sie gerichtlich überprüft werden müssen. Endlich werde ich zu Herrn Richter vorgelassen. Gönnerhaft sitzt er hinter seinem Schreibtisch. Mein Vater, sagt er, habe ihm geschrieben, daß ich seit Wochen ein Gespräch wünschte. Er könne gar nicht verstehen, daß dies so lange gedauert habe, er sei doch stets für die Patienten da. Er schlägt sogar eine kameradschaftliche Tonart an, spricht mich mit »Frank« an. Er könne meinen Ärger verstehen, noch drei bis vier längere Beurlaubungen, dann würde ich entlassen.

Zufrieden verlasse ich das Chefzimmer. Eine Woche später erfolgt prompt die erste Beurlaubung und das gleich 14 Tage. Ich reiße mich zusammen, will endlich raus aus diesem Stall. 1972 bin ich mehr zu Hause auf Urlaub als in Waldheim. Doch die Entlassung läßt auf sich warten, bürokratische Hemmnisse bauen sich auf. Da gibt es eine psychiatrische Fürsorgerin beim Rat des Kreises Leipzig, die bis November braucht, um einen Rehabilitations-Arbeitsvertrag für mich auszumachen. Aber was soll's: Am 17. November 1972 stehe ich in Waldheim auf dem Marktplatz und steige in den Leipziger Bus. Ich bin inzwischen 28 Jahre alt und will zukünftig alles ganz, ganz anders machen.

Der zweite Versuch, aus der Republik zu fliehen und zum zweiten Mal in Waldheim

Bei aller Freude vergesse ich, daß mein ohnedies angeschlagenes Selbstwertgefühl durch das 40monatige Eingesperrtsein einen noch größeren Knacks bekommen hat. Waldheim hat die Weichen gestellt: Ständig sich anpassen zu müssen, die hautnah erlebte Menschenverachtung, du bist ein Nichts, andere können mit dir machen, was sie wollen, das alles ist nicht spurlos vorübergegangen. Auch habe ich mich mit allen Bekannten und Freunden auseinandergelebt. Mit meinen Eltern wird es nur noch ein Nebeneinander und kein Miteinander mehr geben. Vielleicht kann ich überhaupt nur noch neben, aber nicht mehr mit jemandem leben.

Als ich am 17. November meiner Heimatstadt Leipzig entgegenfahre, denke ich an all dies natürlich nicht. Ich denke auch nicht daran, daß der Feind auf Leute wie mich schon lauert: Und dieser Feind heißt Alkohol. Arbeit bekomme ich in einer Lederwarenfabrik im Leipziger Osten, mache dort eine Art Haus- und Hofpampel. Infolge der langen Hospitalisierung gelte ich jetzt als Invalidenrentner, bekomme eine Rente und darf höchstens 400 Mark dazuverdienen. Kein Tag vergeht ohne ein paar Bierchen und Schnäpschen. Auch während der Arbeitszeit trinke ich. Ich leide zusehends an neurotischen Störungen wie Höhenangst, hypochondrischen Befürchtungen, Katastrophendenken.

Im Frühjahr 1973 kündige ich meine Arbeit, weil sie zu primitiv ist (ohnedies habe ich ja als Existenzgrundlage meine Invalidenrente). Die Fürsorgerin hat nichts dagegen. Ich arbeite erst in einer kleinen Druckerei, dann in einer Gärtnerei. Es folgt eine schöne Zeit, ich habe viele Frauenbekanntschaften. Zu einer ernsthaften Partnerschaft kommt es aber nicht, denn ich traue mich nicht, über meine Vergangenheit, Klapsmühle und Invalidenrente, zu reden. Zu den Hausleuten und Nachbarn gehe ich auf Distanz. Für sie bin ich sowieso nur Mister Macke. Ich versuche, den Alkoholspiegel so niedrig wie möglich zu halten: keinen Schnaps, nur Bier.

Völlig unerwartet stirbt Ende November 1974 meine Mutter, eine herzensgute Frau. Mein Bruder aus München, der die Eltern zwanzig Jahre nicht gesehen hatte, kommt nicht zum Begräbnis. Er traut sich nicht, in die DDR einzureisen. Im März 1976 stirbt auch mein Vater. Nun stehe ich alleine da. Ich erbe eine größere Summe, könnte eine solide Zukunft aufbauen, wenn da nicht der Alkohol wäre. Schon längst bin ich auf Schnaps umgestiegen, brauche mitunter zwei große Flaschen am Tag. Ich reagiere meinen Reisetrieb ab, fahre überall hin, wo ein DDR-Bürger hin darf: in die Tschechoslowakei, nach Ungarn, Rumänien, Bulgarien, Polen. Eine Flugreise in die Sowjetunion ist auch geplant. Dazu kommt es aber nicht mehr, denn ich kann kaum noch etwas essen, gerate in deliriumähnliche Zustände.

Im Herbst 1976 gehe ich für ein paar Tage zur Entgiftung nach Dösen. Die Stationen sind renoviert, von den alten Pflegern ist niemand mehr da. Dr. Hahn ist jetzt Chef. Er kennt mich noch, doch ich Idiot lasse mir nicht helfen. Im Januar 1977 stoße ich auf eine christliche Selbsthilfegruppe und komme zu einer sechswöchigen Entwöhnung in einem kirchlichen Heim in der Altmark. Nach drei Wochen breche ich die Kur ab. Zu Hause angekommen, erwartet mich eine Ladung aufs Gericht.

Die Fürsorgerin hat einen Antrag auf gerichtliche Unterbringung gestellt. Bei der Verhandlung macht sie jedoch Minus. Der Richter ist sehr sachlich, ebenso der als Sachverständiger anwesende Arzt. Doch ich trinke weiter und so kommt, was kommen muß: Im April 1977 schlage ich, halb im Delirium, die ganze Wohnungseinrichtung zusammen. Ich werde nach Dösen zwangseingewiesen. Es folgen gräßliche Tage im Entzug, doch danach komme ich auf eine offene Station und mache den Patientenrats-Vorsitzenden.

Im Juni 1977 sticht mich der Hafer. An einem Sonntag, nach ein paar Gläsern Bier, befinde ich mich auf dem Leipziger Hauptbahnhof. Gedacht, geplant, getan, besteige ich den Schnellzug Dresden-Zittau. In der Zittauer Ecke habe ich bei meinen Großeltern meine Kindheit verlebt, kenne dort jeden Weg. Am nächsten Tag wechsle ich ins Tschechische, ein Waldspaziergang, mehr nicht. Per Anhalter mache ich nach Prag, tausche ein paar DDR-Mark schwarz. Tagelang streife ich durch die Stadt. Ohne Papiere, ohne Geld, ohne Quartier, gerate ich eines Nachts auf einem Bahnhof in eine Ausweiskontrolle, und das war's dann wieder.

Über die tschechische Abschiebehaft und das MfS komme ich nach Dösen zurück, auf eine geschlossene Station, die gerichtlich eingewiesenen Patienten vorbehalten ist. Hier hat eine Oberärztin das Sagen. Im Eingangsgespräch eröffnet sie mir, daß der Bezirksstaatsanwalt Anweisung gegeben habe, mich vorerst nicht rauszulassen. Ich solle auch nicht vergessen, daß ich schon einmal in Waldheim war.

Die Station ist der Abschiebebahnhof für Waldheim, doch ich bin nicht in der Lage, das Ausreißen in den Griff zu kriegen. So säge ich nachts die Gitter durch, knacke auch eine Gartenlaube, da ich kein Quartier habe. Der Ärger mit der Polizei folgt. Am Ende beteilige ich mich noch an einer Randale. So bin ich am 5. Januar 1978 wieder in Waldheim, als Neuzugang auf der Aufnahmestation »M I«.

Ich staune, wie viele von den alten Patienten noch da sind und merke sofort, daß ein anderer Wind pfeift. War die Tonlage der Pfleger früher schon bissig, müssen die Patienten jetzt Beschimpfungen und Gebrüll über sich ergehen lassen. Einige der Pfleger sind ständig angetrunken.

Die Arbeitstherapie besteht im Einschachteln von Rasiercreme für den VEB Florena Waldheim. Werden die Rasiercreme-

Kartons angeliefert, steht im Hof ein Hänger, der entladen werden muß. Ein, zwei Pfleger kommen in den Tagesraum und brüllen: »Transport!« Wer nicht zur Tür eilt, bekommt den Stuhl weggezogen, es hagelt Fußtritte und Beschimpfungen. Patienten in Anstaltsdrillich und ausgetretenen Pantoffeln schleppen die Kartons über eine Eisentreppe ins Haus. Sind Schwächere oder Ältere darunter, die schon mit zwei Kartons Mühe haben, wirft ihnen der Pfleger noch einen dritten Karton drauf. Geht einer in die Knie, schreit der Pfleger: »Du arbeitsscheue Drecksau, nur fressen könnt ihr, mehr nicht!« Einige Patienten sind so verängstigt, daß sie noch demutsvoll dazu lächeln.

Einer der Kalfaktoren vertraut mir an: »Es ist schlimm geworden. Im Bunker hat man schon Leute halbtot geschlagen.« Er erzählt von einem Patienten, der blutüberströmt seine Zelle säubern mußte. Chefarzt Richter nehme keine Notiz davon, nur Oberarzt Zinke sei human. Beim Aufnahmegespräch sagt mir

Der Hinterhof von Waldheim.

Oberarzt Zinke, die staatlichen Organe legten keinen Wert auf meine Wiederkehr. Er gibt mir jedoch eine Perspektive: eine andere Station, dann sehen wir weiter. Es liege an mir, wie lange ich bleibe.

Die Station »M I« ist eine Horrorabteilung geworden. Nicht nur die Pfleger sind gewalttätig und bösartig, auch die Patienten untereinander. Es finden sich immer einige, die Schwächere schlagen, bestehlen, Terror machen. So wurde einem alten Mann Kot auf die Glatze geschmiert, andere zwang man, ihren eigenen Urin zu trinken. Besonders der Chefkalfaktor tut sich hervor, einmal drückt er einem Patienten eine Schüssel heißer Suppe ins Gesicht. Ein beliebtes Spielchen ist auch, einen Patienten den Flur wischen zu lassen. Ist er fertig, wird der Wassereimer umgeworfen, und er muß von vorne anfangen. Zum Abschluß gibt's eine Tracht Prügel.

Vom Personal hatten manche den Fachpfleger für Psychiatrie, die meisten waren Hilfspfleger. Als ich einen ansprach, entgegnete er: »Wozu brauche ich eine Ausbildung, so einem Arschloch vor die Schnauze zu hauen, das mache ich noch mit siebzig.« Viele waren auch strafversetzt. Ein Stationsleiter organisierte die Mißhandlungen. Sein Handlanger war vorher selbst Stationsleiter gewesen, hatte aber die Patienten derart bestohlen, daß nichts mehr zu vertuschen ging. Die SED-Zugehörigkeit bewahrte ihn vor dem Rausschmiß. Seine Frau ist auf der Frauenseite tätig, heißt dort »KZ-Eule«.

Beschwerte sich ein Patient bei Oberarzt Zinke, hieß es: »Mal sehen, was der Kerl für Wasser in sich hat.« Dies ist eine Anspielung auf das sogenannte Auspumpen. Die Folterungen liefen so ab: Der Patient wird in die Bunkerzelle gezerrt, dort völlig entblößt und auf den Bauch geworfen. Dann werden Arme und Beine nach hinten gedreht, was wahnsinnige Schmerzen verursacht, so daß der Betreffende laut aufschreit und vor Todesangst unter sich macht. Der Chefkalfaktor beteiligt sich daran und übernimmt die »Nachbetreuung«. Oft bekommen die Opfer tagelang nichts zu essen. Gibt es etwas zu trinken, pinkelt der Chefkalfaktor vorher rein.

Schlimm war es mit Diebstählen. Geklaut wurde alles, von Zigaretten und Kaffee bis zu Jeans oder Lederjacken. Sogar untereinander bestahlen sich Pfleger. Hinzu kam der psychische Terror. An Isolierzellen wurden Zettel angebracht »Ist in Buchenwald« oder »Stern von Auschwitz«. Gerne hänselte man Patienten, die leicht erregbar waren. Stotterte einer, äffte man ihn nach. Der menschenverachtende Umgangston war Alltag, zum Beispiel: »Zeig' Charakter, häng dich auf!« Ein Stationsleiter schreit in den Tagesraum: »Fertig machen zum Duschen, Zyklon B ist eingetroffen.« Unter den Patienten herrschte ständig Angst, die sich wie Gift auf die Seele setzte.

> »Die Aufgaben der Nervenklinik ergeben sich aus den Beschlüssen der Partei der Arbeiterklasse, der Verfassung der DDR, (...) den gemeinsamen Beschlüssen des ZK der SED, des Ministerrates der DDR sowie des Bundesvorstandes des FDGB.«
> Arbeitsordnung der sächsischen Nervenklinik Hochweitzschen von 1981

Nun aber weiter zu mir: Im April 1978 komme ich auf die Station »M IV« und gehe in die Wäscherei. Ende Oktober bin ich Transportarbeiter beim VEB Florena. Laufe dies ein halbes Jahr, meint Dr. Zinke, werde die Entlassung beantragt. Die Arbeit geht. Aber ich habe nie einen Lohnstreifen gesehen, und was auf mein Konto gebucht wurde, erfuhr ich nie.

Es folgt Weihnachten 1978. Weihnachten bedeutet besseres Essen, Tannenbaum, Weihnachtslieder tönen durch den Tagesraum. Selbst die größten Tyrannen unter den Pflegern machen einen auf guten Onkel. 1979 beginnt, treu und brav gehe ich zur Florena arbeiten. Das halbe Jahr ist vorbei, die Entlassung läßt auf sich warten. So wächst meine Unzufriedenheit, Fluchtpläne reifen. Ich spreche bei Dr. Zinke vor und erfahre das Ungeheuerliche: Die Stadt Taucha hat im Einvernehmen mit der Anstalt meine Wohnung aufgelöst, sich aber bereit erklärt, mir bei Entlassung neuen Wohnraum zu stellen. Alles, was sich in meiner Wohnung befunden hat, ist verschwunden, auch alle Schriftstücke. Nicht einmal ein Erinnerungsfoto meiner Eltern ist mir geblieben.

Ich sehe kein Vorwärtskommen, betrinke mich sinnlos bei einem Leipzig-Urlaub. »Jetzt haben Sie bewiesen, daß Sie nicht stabil genug sind«, tönt es. Das Wechselspiel zwischen Ursache und Wirkung läßt man außer acht. Meine Außenarbeit wird gestrichen. Dennoch habe ich Glück im Unglück: Ich werde auf die Station »M III« verlegt, eine Human-Oase in Waldheim. Die meisten Pfleger, angeführt von Stationspfleger Enno, sind von der milden Sorte. Im Sommer 1979 arbeite ich in der Gärtnerei am Stadtrand. Manchmal hauen Patienten ab. Dann wird in der Anstalt Großalarm gegeben. Pfleger rücken mit Auto und Moped an und suchen die Gegend ab. Wer einen Flüchtenden ergreift, erhält eine Prämie, eine Art Kopfgeld.

Ich wechsle zu den Anstaltshandwerkern als Maler. Wir schreiben inzwischen das Jahr 1980. Da passiert es: Zwei Pfleger haben im Nachtdienst auf der »M I« einen geistig- und körperbehinderten Rollstuhlfahrer bis zur Unkenntlichkeit zusammengeschlagen. Die Staatsanwaltschaft ermittelt, beide Pfleger werden entlassen. Eine Untersuchungskommission aus Berlin rückt an. August 1980 kommt es zur Verhandlung beim Kreisgericht Döbeln. Die Pfleger erhalten eine Freiheitsstrafe auf Bewährung und eine Geldstrafe. Der eine kann weiterhin in einem Pflegeheim arbeiten. Mit körperlicher Gewalt ist nun aber in Waldheim erst einmal Schluß.

Im Juli hatte ich eine Arbeit beim Straßen- und Tiefbau Döbeln bekommen. Alles wiederholt sich: Noch ein halbes Jahr, dann Entlassung, die Fürsorgerin wird sich um Wohnung und Arbeit bemühen. Aber mein größter Feind, das bin nun mal ich selber. Noch immer habe ich den Kopf voller abenteuerlicher Ideen: Ich will über den Eisernen Vorhang raus aus diesem Ghetto. Bald ist es soweit: Ein bißchen Alkohol, ein Streit mit dem Meister, schon ist es geschehen. Über Chemnitz und Aue mache ich nach Klingenthal und dort über die grüne Grenze in die Tschechoslowakei. Doch wieder einmal geht die Rechnung nicht auf. An der bayerischen Grenze werde ich gefaßt. Das übliche: Die Tschechen schieben mich ab, das MfS nimmt mich in Empfang, ich ende wieder auf der »M I«.

Meine Freiheit habe ich vorerst verspielt, obwohl ich kein Schuldgefühl entwickeln kann, habe ich doch nichts verbrochen. Chefarzt Richter legt los, das habe sich noch kein Patient erlaubt, sowas könne sogar zu diplomatischen Verwicklungen führen. Drei Monate muß ich den widerwärtigen Alltag auf der »M I« über mich ergehen lassen, Januar 1981 werde ich auf die »M II« verlegt. Diese Abteilung hat Zwei-Mann-Zellen, die etwas wohnlich eingerichtet sind. Der Stationer Albrecht ist zwar sehr kleinlich, mitunter auch eklig, gehört aber nicht zur Sorte der übelsten Schurken.

Auch unser Malermeister, bei dem ich ab Mitte 1981 wieder arbeite, ist nicht schlecht. Ein Vorteil ist auch, daß wir innerhalb der Anstalt viel herumkommen. Als wir im Sekretärinnenzimmer zu tun haben, stoßen wir auf Schriftstücke: Leitlinien zur Einschätzung der Patienten (z.B. Ja-Sager, Hetzer, Aufwiegler), Belobigungen und Prämien für Pfleger, ein Dankschreiben an Herrn Richter, wegen Abnahme eines renitenten Patienten aus einer anderen Klinik. Dann fällt uns eine Liste von allen Patienten in die Hand. Hinter den Namen steht die Straftat, falls vorhanden, und die Diagnose. Hinter meinem Namen steht: Republikflucht, Psychopath mit gefährlicher Trunksucht. Jetzt weiß ich, daß ich kein gewöhnlicher, sondern ein gefährlicher Trinker bin, der nicht einmal weiß, wo die DDR zu Ende ist.

Anfang 1983 hört Richter auf. Dr. Petermann übernimmt die Anstalt. Er war Offizier im Justizvollzug und soll, so das Gerede, wegen Trunkenheit versetzt worden sein. Im Frühjahr 1983 kündigt er mir die Rückverlegung nach Dösen an. Woche um Woche zieht ins Land, weil Dösen meine Wiederaufnahme ablehnt. Es kommt sogar zu einer Verstimmung zwischen Dösen und Waldheim, nicht der Person, sondern der Sache wegen. Waldheim sagt: Nehmt ihr unsere Patienten nicht mehr ab, nehmen wir auch die euren nicht mehr. Langsam verzweifle ich, werde immer ungenießbarer und aggressiver. Da ertönt Anfang 1984 mein Name: Sachen packen, es geht los!

Zwei Stunden später bin ich Patient in Leipzig-Dösen. Arbeiten muß ich in der Krankenhauswäscherei. Es ist körperliche Schwerstarbeit, mit der Entlohnung sieht es dagegen schlecht aus. Eines Tages fragt uns ein Patient, der in der Großküche arbeitet, wie uns heute unsere Zusatzverpflegung geschmeckt habe. Doch wir wissen nichts von einer Zusatzverpflegung, wozu auch: Das Stationspersonal benötigt sein Frühstück, was ausführlich und reichlich ist. Auch von der Ärztin kann man nicht verlangen, daß sie mit der Brotbüchse zum Dienst kommt. An derartige Dinge habe ich mich in der Psychiatrie längst gewöhnt.

Ich bekomme im Alten- und Pflegeheim in der Riebeckstraße eine Arbeit als Stationshilfe. Das ist schön und gut, nur sehe ich wieder kein Geld. Irgendwie ist mir alles egal, an eine Zukunft glaube ich schon lange nicht mehr. Im Sommer 1985 stelle ich einen Ausreiseantrag beim Stadtbezirk Südost. Keine Reaktion. So besteige ich, natürlich nicht ganz nüchtern, den Schnellzug nach München, um meinem Ausreiseantrag Nachdruck zu verleihen.

Zum letzten Mal in Waldheim und der letzte Versuch, aus der Republik zu fliehen

Ich lande beim MfS in Chemnitz, bleibe zwei Tage dort. Dann bringt man mich zurück nach Dösen. Die Ärztin fällt aus allen Wolken: Republikflucht! Dafür sind Sie voll verantwortlich! Gefängnis und Waldheim, am besten beides auf einmal! Die Weichen für Waldheim sind gestellt. Es folgen noch ein paar unerlaubte Ausflüge, und das war's dann: Wenige Tage vor Weihnachten 1985, inzwischen bin ich vierzig Jahre alt, stehe ich wieder als Neuzugang in Waldheim.

Nichts hat sich verändert. Ich bin ein alter Bekannter, den man in Ruhe läßt. Inzwischen hat Dr. Poppe das Sagen, vor ihm kuscht alles. Eine neue Psychologin hat auch angefangen, wir nennen sie nur »Ilse Koch«. Da ist ein Patient, der einen Schlaganfall erlitten hat. Als sie eines Morgens durchkommt, sagt sie zum Pfleger: »Der ist ja immer noch nicht im Krematorium.« Zuletzt war sie Parteisekretärin.

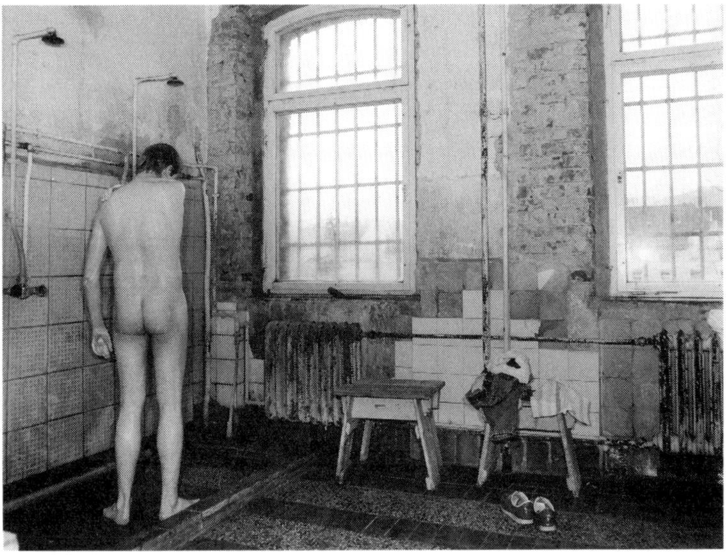

Dusche in der Psychiatrie Waldheim.

Beim dritten Mal in Waldheim weiß ich, daß ich nichts mehr zu verlieren habe. Zunächst wende ich mich an das Kreisgericht Döbeln, bezeichne die Rückverlegung als Willkürakt und stelle einen Aufhebungsantrag meiner Einweisung. Nun muß ich zu Poppe, der mich abkanzelt. Von mir bekommt er aber auch Töne zu hören, die er nicht alle Tage von Patienten hört. Schon am nächsten Tag komme ich auf eine andere Station, erhalte meine alte Arbeit als Maler wieder. Ich sitze nun des öfteren bei Poppe, da ich unentwegt Behörden anschreibe, um meine Rehabilitierung zu erreichen.

Von den SED-Behörden erhoffe ich mir nichts, doch es kommen Rückfragen, und Poppe muß sich damit beschäftigen. Eines Tages verkündet er mir: noch ein halbes Jahr Arbeit, dann Entlassung. Mittlerweile ist es Mitte 1987. Gespannt lausche ich den Medien, denn mit »Gorbi« (d.i. der damalige sowjetische Staatspräsident Gorbatschow) kommt ein frischer Wind aus dem Osten. Unter Patienten und Pflegern wird viel darüber diskutiert.

Inzwischen schreiben wir 1988, und nur schleppend kommt meine Entlassung in Gang. In meiner Phantasie habe ich für größere Unternehmungen eine Tarnbezeichnung, nur für mich allein. Schon in Leipzig war der Plan »Aktion Rösselsprung« entstanden. Mir schwebte vor, eine bundesdeutsche Botschaft im Ausland aufzusuchen, um meine Ausreise zu erwirken. Im Juni ist ein zehntägiger Aufenthalt bei Adventisten in Mecklenburg geplant. Am 9. Juni fahre ich dorthin, finde aber das erwünschte Stück Freiheit nicht. So starte ich »Rösselsprung« am 13. Juni 1988.

Abends bin ich in Dresden, im Morgengrauen überquere ich die grüne Grenze. Dienstagabend bin ich in Prag. Am nächsten Tag begebe ich mich zur Botschaft. Als ich den Bundesadler an der Toreinfahrt sehe, fühle ich mich am Ziel. Vom Pförtner höre ich, ich solle in zwei Stunden wiederkommen. Da bin ich erst einmal sauer, weil der Toreinfahrt gegenüber die Miliz steht, und ich nicht einmal einen Ausweis habe.

Zwei Stunden später sitze ich einem elegant gekleideten Herren gegenüber und erzähle in wenigen Minuten von den vielen Jahren Psychiatrie in der DDR, von der Horrorklinik Waldheim und von meinen Ausreiseversuchen. In die DDR wolle ich nicht mehr zurück. Der elegant Gekleidete entgegnet, von der DDR-Psychiatrie habe er noch nichts Schlechtes gehört, und daß ich illegal in der CSSR bin, empört ihn förmlich. Am Ende verspricht er, mein Anliegen nach Bonn weiterzuleiten. Auf der Straße beruhige ich mich: Die westdeutschen Behörden sind nun über deinen Fall informiert, die DDR-Behörden werden dich abschieben.

Übernächtigt, ohne Geld, melde ich mich am nächsten Tag auf der DDR-Botschaft. Man ist höflich, bewirtet mich. Dann holt mich der tschechische Sicherheitsdienst, vernimmt mich. Daß ich auf der Botschaft war, wissen sie schon. Als ich von dem Unrecht in der DDR-Psychiatrie erzähle, erwidern die Tschechen, das solle ich in der DDR vorbringen. Ich marschiere in ein Kellergefängnis in der Prager Altstadt, sitze dort zwölf Tage in einer Kellerzelle. Dann kommt jemand vom MfS und vernimmt mich. Noch einmal bringe ich mein Ausreiseersuchen vor, klage die DDR-Psychiatrie an, insbesondere Waldheim. Also einfach nach drüben, meint er, das gehe nicht: »Stellen Sie sich die Westmedien vor, Schlagzeile: ›DDR schiebt psychisch Kranke ab‹.« Das mit der Psychiatrie könne er sich nicht vorstellen. Die Ärzte seien doch alles Spezialisten, ich solle mal mit meinem Arzt sprechen.

Am selben Tag geht es in die DDR zurück. Ich erlebe dies nun zum dritten Mal. Am Flughafen steht die TU 134, Stasi-Leute nehmen mich in Empfang. Die Maschine wird der »Lumpensammler« genannt, denn sie nimmt DDR-Bürger auf, die abhauen wollten und aufgegriffen wurden. Diesmal sind wir wesentlich mehr als früher, und trotz der Handschellen genieße ich den Flug. Eine knappe halbe Stunde, dann landen wir in Berlin-Schönefeld. Eine Knastminna wartet. Natürlich weiß ich, daß es nach Leipzig geht.

Zu meinem Erstaunen geht es diesmal nicht zur Stasi, sondern zur Kriminalpolizei. Ich gebe noch einmal zu Protokoll, was längst bekannt ist, und bekräftige, daß ich auf keinen Fall nach Waldheim will. Die Kripobeamten meinen, ich brauchte mir keine Sorgen zu machen und bringen mich in die U-Haft in der Kästnerstraße. Der Schließer sagt: »Was wollen Sie denn drüben, denken Sie an die vielen Arbeitslosen!«

Am nächsten Morgen staune ich über die gründliche Aufnahmeuntersuchung. So etwas kenne ich von der Psychiatrie nicht. Innerlich bin ich ruhig. Die westdeutschen Beamten wissen jetzt von meinem Fall, denke ich, nach ein paar Monaten Knast wird man mich abschieben. Bei der Kripo bekomme ich Kaffee, Zigaretten und belegte Brötchen. Der Genosse vom Vorabend eiert herum. Ich sage: »Ihr müßt mich nach Waldheim zurückbringen, stimmt's?« Naja, meinen sie, der Staatsanwalt und so: »Du brauchst aber keine Angst zu haben, es passiert dir nichts. Ein Gutachten wird angefordert, mach uns bitte keinen Ärger. Wir machen eine schöne Autofahrt und du siehst was von der Landschaft.«

In Waldheim werde ich auf der »M I« im Schlafsaal eingeschlossen, dann erscheint Poppe. Das befürchtete Donnerwetter bleibt aus: »Da wollten wir Sie entlassen! Was machen wir nun mit Ihnen? Naja, den Kopf wird's nicht kosten.« Es ist das letzte Mal, daß ich mit ihm spreche. Die nächsten Wochen bin ich meistens in den Kalfaktorenzimmern, sehe fern oder spiele mit den Pflegern Skat. (...) Eines Tages bekomme ich meine Anklageschrift: Ich habe gegen den Paragraphen 213, sogenannte Republikflucht, verstoßen. Laut Poppes Gutachten bin ich voll verantwortlich. Am 31. August 1988 werde ich vom Kreisgericht Döbeln zu einer Freiheitsstrafe von sechs Monaten verurteilt. Die Verhandlung dauert nicht einmal eine halbe Stunde.

Am nächsten Tag wird meine gerichtliche Einweisung aufgehoben. Ich staune, wie schnell das geht: Wenn die Leute wollen, ist man schlagartig gesund. Ein Pfleger sagt mir: »Wie viele Jahre warst du hier, und jetzt bist du auf einmal gesund.« Am 3. Oktober 1988 werde ich aus Waldheim entlassen, um meine Freiheitsstrafe anzutreten. Die sechs Monate verbüße ich in Halle, einem Vorzeigeknast für Kurzstrafige und nicht Vorbestrafte. Es herrscht straffe Ordnung und Disziplin, aber gegen Waldheim ist es ein Kurhotel.

Das halbe Jahr ist schneller vorbei, als ich denke. So sitze ich mit meinen Habseligkeiten März 1989 im Zug Halle-Leipzig. Die Abteilung Inneres in Taucha weist mir eine Wohnung zu, ein Loch, nur ein Zimmer einigermaßen bewohnbar. Als ich meinen Ausweis abholen will, bekomme ich einen, der mich vom visafreien Verkehr zur CSSR ausschließt. »Das ist gerichtlich nicht festgelegt«, sage ich. »Das machen wir von uns aus«, lautet die schnippische Antwort. Im Herbst wird mir die Genossin meinen richtigen Ausweis wiedergeben, kleinlaut.

Herbst 1989! Ein ganzes Leben habe ich davon geträumt: diese Demonstrationen, Transparente, Sprechchöre, die ganze Stimmung. Dann fällt die Mauer. In Berlin sehe ich das Schild: »Sie betreten den amerikanischen Sektor!« Da stehen mir die Tränen in den Augen. Ich denke an die Vielen, mit denen ich eingesperrt war, die dies nicht mehr erleben dürfen. Januar 1990, wie oft hatte ich das in meiner Phantasie ausgemalt, treffe ich meinen Bruder in München wieder.

Was ist geblieben? Die Euphorie ist verflogen. Die jetzige Freiheit ist zur Selbstverständlichkeit geworden. Kann ich mit der Freiheit überhaupt noch etwas anfangen? Insgesamt war ich mehr als 11 Jahre in Waldheim, das sitzt tief in mir drin. Soziales Elend umgibt mich. Dann ist der Alkohol, dem ich verfallen bin. Konflikte sind vorprogrammiert, von den Wohnverhältnissen ganz zu schweigen. Wann widerfährt den Opfern von Waldheim eine angemessene Wiedergutmachung?

3. »Beschütztes Wohnen« auf sächsisch

Am 9. März 1990 sucht ein Leipziger Staatsanwalt den Psychiater Klaus Weise in der Klinik auf.[11] Das Ergebnis der Besprechung hält er in einem Aktenvermerk fest: An der Gesetzlichkeit wie der Notwendigkeit der Einweisungen in Waldheim bestehe kein Zweifel. Es sei wenig sinnvoll, wegen der Mißhandlungen ermitteln zu wollen. Die Pfleger hätten in Notwehr gehandelt.[12] Weise kann dies so gesagt haben, muß aber nicht: Es besteht der Verdacht, daß Staatsanwälte am Werk sind, die zuvor im politischen Strafrecht[13], sozusagen auf Bestellschein des Ministeriums für Staatssicherheit (MfS), gearbeitet hatten.

Am 27. April 1990 versammeln sich die Leiter der psychiatrischen Krankenhäuser aus West und Ost zur Bundesdirektorenkonferenz in Freiburg. Etwa zeitgleich berichtet die Illustrierte »Stern« über die sächsische Skandalklinik («Wo die Stasi foltern ließ«). Die Ost-Direktoren bestätigen in Freiburg, daß es in den DDR-Anstalten, was die bauliche Substanz und die Ausstattung der Einrichtungen angehe, Mißstände gebe. Ein systematischer Mißbrauch der Psychiatrie durch das MfS sei aber nicht erfolgt.[14]

Auf der Bundesdirektorenkonferenz schildert Vera Schumann, eine Psychiaterin aus Eickelborn, was sie kurz zuvor bei einem Besuch in Waldheim erlebt hat: »Wir kamen durch riesige Flure, in denen der Karbolgeruch fast Übelkeit verursachte. Es ging weiter durch einen riesigen Tagesraum voller Frauen, die prima vista eher schwer geistig behindert wirkten. (...) Auf der Männerstation ergab sich bezüglich der Patienten ein ähnliches Bild, so daß ich schließlich Herrn Dr. Poppe fragte, wo denn die forensischen Patienten zu finden seien.« Die Eickelborner Ärztin will einem Patienten die Hand geben, wird aber von Poppe zurückgehalten: »Nein nicht (...), gehen Sie nicht an ihn dran, der schlägt!« Poppes Begründung: »Das ist ein Hirntrauma, nach einem Unfall; ich habe den schon zweimal stereotaktisch operieren lassen, es hat aber jedes Mal nur ein paar Wochen geholfen.« Die Bundesdirektorenkonferenz nimmt Frau Schumanns Bericht »weitgehend unkommentiert« auf.[15]

»Mit therapeutischem Personal konnten wir nicht sprechen, weil es für die 180 Patienten keines gab. (...)«
Dr. med. Vera Schumann über ihren Besuch in Waldheim

Die Psychiatrie-Direktoren gehen zur Tagesordnung über. DDR-Gesundheitsminister Kleditzsch setzt dagegen am 27. April 1990 eine Untersuchungskommission ein[16] und beurlaubt den Waldheimer Direktor. Am 9. Mai 1990, nach zwei Besuchen in Waldheim, Gesprächen mit dem Personal (nicht mit Patienten!) und Einblick in Krankenunterlagen, verfaßt die Staatsanwaltschaft eine »Zusammenfassende Einschätzung«: Einige Patienten hätten bis zu vier Wochen, weit über ein medizinisch vertretbares Maß, in Isolierhaft gesessen. Strafrechtlich relevante Handlungen seien aus den Unterlagen jedoch nicht ablesbar.[17]

Die vom DDR-Gesundheitsminister eingesetzte Kommission besteht aus drei Experten. Der eine ist Michael Seidel, Oberarzt an der Charité. Der zweite ist Poppes Lehrer, Professor Ehrig Lange, emeritierter Ordinarius der Hochschulnervenklinik Dresden und Vorsitzender der Gesellschaft für Forensische Psychiatrie der DDR. Der dritte Experte ist Obermedizinalrat Siegfried Schirmer, Direktor der Bezirksnervenklinik Brandenburg, stellvertretender Vorsitzender der Gesellschaft der Gerichtspsychiater. Er ist vielleicht froh, daß nicht die völlig heruntergekommene Gerichtspsychiatrie (»Haus 23«) in Brandenburg untersucht wird.[18]

Der abschließende Bericht[19] der DDR-Experten bestätigt, daß in Waldheim die Patienten zwölf Stunden in ihren Schlafräumen eingesperrt waren und »die Notdurft zwischen 18.00 und 6.00 Uhr auf Nachttöpfen, bzw. einem Fahrschieber erledigen« mußten. Viele Insassen seien ausschließlich zur Bestrafung bei unangepaßtem Verhalten wie Arbeitsverweigerung oder »Ablehnung einer Aussprache mit dem Ärztlichen Direktor« eingebunkert worden.

Über die Einbunkerung heißt es: »Die (...) Patienten mußten sich generell – unabhängig von der Zimmertemperatur – nackt in der Zelle aufhalten, tagelang, auch über Wochen.« Wer sich gegen die Isolierung gesträubt oder nach der Einbunkerung an die Zellentür gepocht habe, sei »gepumpt« worden. Bestätigt wird auch ein Ausspruch Poppes: »Bringen Sie den Mann auf M I in ein Isolierzimmer. Dort bekommt er solange nichts zu essen und zu trinken, bis er vertrocknet ist. Und dann kehren Sie ihn aus dem Zimmer.«

Die Untersuchungskommission kommt zu dem Ergebnis, daß Mitarbeiter der Kreisdienststelle des MfS »relativ häufig in Hochweitzschen bzw. in Waldheim gesehen wurden.« Es werden auch Beispiele für den Mißbrauch der Psychiatrie aufgezeigt. So wurde eines Tages Dr. Petermann, selbst politisch unter Druck, ins Rathaus bestellt. Dort hatte man Werner J. festgesetzt, der mit »altruistisch gefärbten Befriedungsgedanken« verschiedenen Dienststellen auf den Wecker fiel. Petermann bringt den Friedensbewegten nach Waldheim.

Das »Pumpen« von Waldheim

»Vier Pfleger wurden zusammengerufen. Sie legten den Patienten mit dem Gesicht zum Fußboden. (...) Je einer hielt einen Arm fest, die beiden anderen drückten die Unterschenkel nach hinten und oben neben das Becken und drückten solange auf den Körper des Patienten ein, bis dessen Kräfte erlahmten. Diese Methode hatte den Vorteil, daß mit Herbeiführung des gewünschten Effektes keine Haematome zurückblieben.«

Bericht der Untersuchungskommission von Juli 1990.

Ein »Krankenzimmer« in Waldheim.

Lokaltermin 1992. Im Drahtkäfig für die Freistunde (V. l. n. r.): Christine und Rosi Haase (Betroffenen-Initiative »Durchblick« e.V.), die Heimleiterin, Ernst Klee, Frank Leupolt, Ben (»Durchblick«).

Winfried K., Alkoholiker, sollte eigentlich einer vornehmlich psychotherapeutischen Behandlung zugeführt werden. Der Patient wird jedoch »mit einem Pkw von seinem MfS-Betreuer Major Franke nach Waldheim gebracht« und dort acht Monate eingesperrt: »Es muß daraus geschlossen werden, daß vom MfS über den Kreisarzt Erfurt die Zwangssicherung (...) festgelegt worden ist.«

Hans-Joachim B., ein Bürger aus der nahen Kreisstadt Döbeln, war im Gespräch, »harmlose gleichgeschlechtliche Handlungen mit einem Jugendlichen ausgeübt zu haben«. Ein Kriminalbeamter und ein MfS-Angestellter bringen ihn auf das Volkspolizeikreisamt. Sie setzen ihn solange unter Druck, bis er mit zittriger Handschrift eine Selbstbezichtigung unterschreibt. Der vermeintliche Sittenstrolch wird durch das MfS in Waldheim abgeliefert, drei Tage später in der Klinik erneut verhört, nach zwei Wochen noch einmal zur Vernehmung abgeholt und am Ende »den Genossen der Kreisdienststelle MfS« ganz überlassen. Eine Begutachtung, notiert Poppe am nächsten Tag im Krankenblatt, sei nicht erforderlich gewesen, »weil die Beweisführung für eine Anklageerhebung nicht ausreichend ist (Auskunft der Kreisdienststelle Ministerium für Staatssicherheit).«

Der erste Waldheim-Bericht wird am 2. Juli 1990 dem DDR-Gesundheitsminister Kleditzsch mündlich vorgetragen. Drei Tage später beschließt die Volkskammer die Einsetzung eines Parlamentarischen Sonderausschusses.[20] Minister Kleditzsch: »Die Klinik muß geschlossen werden. (...) Und sie muß sofort geschlossen werden.«[21] Einen Tag später diktiert Prof. Wilfried Rasch, Direktor des Instituts für forensische Psychiatrie der Freien Universität Berlin, ein ergänzendes Gutachten. Rasch ist zweimal in Waldheim gewesen und kommt zu der überraschenden Feststellung: »In Waldheim herrscht im Vergleich zu Maßregelvollzugseinrichtungen der Bundesrepublik ein eher ruhiges Klima vor.«[22]

In der Folgezeit werden weitere Untersuchungskommissionen tätig, die von Ausschuß zu Ausschuß immer weniger ermitteln.[23] Am 10. September 1990 gibt die Staatsanwaltschaft Leipzig in Waldheim eine Pressekonferenz. Auf der Veranstaltung tritt u.a. ein Staatsanwalt auf, der 1989 selbst 28 Patienten in den Psychoknast geschickt hatte.[24] Aufgeboten ist ebenso der frühere SED-Funktionär Dr. Strähnz, als Abteilungsleiter im DDR-Gesundheitsministerium für die Zustände in Waldheim und nun für die Aufdeckung dieser Zustände zuständig.

Auf der 37. Volkskammersitzung am 28. September 1990 referiert Dr. Bernhard Opitz, Vorsitzender eines von der Volkskammer eingesetzten Sonderausschusses.[25] Wenige Tage vor dem »Beitritt« der DDR zur Bundesrepublik beruhigt er die Öffentlichkeit, nachweisbar sei »kein psychisch normaler Bürger« wegen seiner politischen Überzeugung zwangsweise psychiatrisiert worden. Die einzige, ohnedies naheliegende Neuigkeit: »Nach den Ermittlungen des Sonderausschusses zur Auflösung des MfS ist Dr. Poppe selbst Mitarbeiter des MfS gewesen.« Der peinliche Höhepunkt der Volkskammersitzung: Opitz wird beschuldigt, selbst Inoffizieller Mitarbeiter (IM) der Stasi gewesen zu sein.[26]

Am 11. Dezember 1990 beschließt das Sächsische Staatsministerium für Soziales, Gesundheit und Familie, eine weitere Untersuchungskommission einzusetzen. Berufen wird u.a. Professor Harrer vom Institut für Psychiatrie der Universität Salzburg. Harrer scheidet einige Monate später wieder aus, da ihn ein anderes Ausschußmitglied, die Vertreterin der »Kommission für Verstöße der Psychiatrie gegen Menschenrechte e.V.«, als ehemaliges SS-Mitglied enttarnt. Kurze Zeit später muß auch dieses Ausschußmitglied ausscheiden, weil der Ausschuß endlich merkt, daß die Kommission für Verstöße der Psychiatrie gegen Menschenrechte eine Hilfstruppe der Scientology Church ist.[27]

Der Untersuchungsausschuß tagt dreimal und legt den Abschlußbericht November 1992 vor: Waldheim sei ein »Synonym für politisch belastete Behandlungsweise in der DDR«. Die Anstalt werde geschlossen, die Patienten würden auf andere Anstalten verteilt. 18 bis 20 Patienten sollten als »Wohnpatienten«

bleiben. Das Schließungsdatum liege noch nicht fest, aber: »Als äußerlich sichtbares Symbol wurde am 30. 3. 1992 das Krankenhausschild entfernt.« Der Kernsatz des letzten Waldheim-Reports lautet: »Im Unterschied zu den Vorgängen in der Psychiatrie des Nationalsozialismus läßt sich in Waldheim ein bewußter politischer Mißbrauch der Psychiatrie durch das DDR-Regime (...) nicht eindeutig feststellen und beweisen.«[28] Ein Satz, der vieles offen läßt.

»Ich (...) erkläre hiermit (...), mich einer fachärztlichen stationären Untersuchung freiwillig zu unterziehen. Ich schätze ein, daß mein sexuelles Verhalten abnormal ist und bei mir die Gefahr besteht, daß ich weiter mit Kindern und Jugendlichen sexuelle Handlungen vornehme.«

»Freiwilligkeitserklärung« eines Waldheim-Internierten

Am 23. November 1992 – zu diesem Zeitpunkt ist der Untersuchungs-Bericht noch nicht bekannt – besuche ich mit einer Gruppe der Betroffenen-Initiative »Durchblick« die Anstalt. Frank und Ben, ehemalige Waldheim-Internierte, wollen uns führen. Ihre erste Überraschung: Die schmuddelige Außenfassade wurde zu Wendezeiten noch schnell renoviert.

Unser Besuch stockt gleich am Eingang, weil die Knastpforte weiterhin in Funktion ist. Im ehemaligen Festsaal liegt noch ein Transparent: »Hohe Leistung zum Wohle des Volkes und für den Frieden. Alles für die Verwirklichung des 11. Parteitages der SED.« Wir laufen durch die Stationen. Die Zellentüren mit schweren Riegeln stehen offen. In einer der Zellen wird Christine von Erinnerungen an die Anstalt Altscherbitz überfallen:

»Gespritzt, nackisch und da reingesperrt«, sagt sie, schreit sie. »Ich wußte nicht mehr, was los war. Da habe ich mit letzter Kraft noch gebrüllt: ›Ich denke, wir leben im Sozialismus, das ist ja eine Zelle wie in Buchenwald!‹ Dann war ich weg durch die Spritze. Das wirkte wirklich auf mich wie eine Zelle in Buchenwald. Und dann kommst du zu dir und siehst auf so'n Auge, so einen Spion.« Christines bittere Feststellung: »Eigentlich bin ich erst 22 Jahre alt, ich bin keine 32. Zehn Jahre hab ich nicht gelebt, jedenfalls nicht, wie ich hätte leben können.«

Wir besuchen die Abteilung, in der nach offiziellen Angaben heute »Beschütztes Wohnen« praktiziert wird. Maler sind auf der Station. Die »Wohnpatienten« leben in Knastzellen, schwere Riegel an der Tür.

»Das ist ja alles nur neu gestrichen«, sage ich zur Heimleiterin. »Das ist ja einfach Knast.«

»Das ist ein Frauengefängnis gewesen«, antwortet sie, »das ist Zellenform, das können Sie nicht verleugnen.«

»Und da kann man streichen, soviel wie man will«, sage ich. Die Heimleiterin: »Da können Sie die schönste Tapete drankleben.« »Normalerweise«, verteidigt sie die Situation, »hätten Sie uns hier nicht mehr finden dürfen. Im Herbst hätten wir in ein neues Gebäude einziehen sollen.« Gemeint ist das »Haus 5«, ebenfalls ein Knastbau, der auf dem Anstaltsgelände steht.

»Das finden Sie aber auch nicht sinnvoll, oder?« frage ich.

Ihre Antwort kommt leise: »Nicht so sehr, muß ich Ihnen sagen, nicht so sehr sinnvoll. Obwohl, es ist für einige ein Stück Heimat geworden.«

Waldheim: »Beschütztes Wohnen«.

»Das ist klar«, sage ich. »Das ist wie mit dem Karnickelstall. Wenn Sie ein Karnickel immer einsperren, kann es sich draußen auch nicht mehr bewegen. Das spricht für die Form der Hospitalisierung, die stattgefunden hat.«

»Ja«, meint sie, »man muß die Dauer sehen, 20, 30, 35 Jahre.«

Vorsichtig erkundigt sich die Heimleiterin nach einem Pfleger, der Frank und Ben als Schläger in Erinnerung ist und heute mit den »Wohnpatienten« arbeitet. Die Heimleiterin: »Ich hab' die Sache hier angetreten, ohne daß ich vorher irgend jemand kannte.«

Die Waldheimer Pfleger sind untergekommen, sei es beim »betreuten Wohnen« oder in anderen Einrichtungen.

Chefarzt Dr. Richter hat in Waldheim seine Praxis.

Klinikleiter Dr. Poppe wohnt unbehelligt am Ort.

Die Opfer leben weiterhin in Knastzellen, frisch gestrichen auch die schweren Riegel. »Beschütztes Wohnen« auf sächsisch.

»Wehrlose Patienten als Versuchskaninchen«

Psychiatrie in Brandenburg

Das alte Zuchthaus in Brandenburg, 1940 Vergasungsanstalt.

1. Brandenburg/Havel – wo die Endlösung begann

Brandenburg an der Havel ist eine Stadt mit drei Vernichtungszentren. Im alten Zuchthaus wurden die Opfer vergast, in der Psychiatrie mit Medikamenten vergiftet und im neuen Zuchthaus mittels Fallbeil enthauptet. Wo derart Schreckliches passierte, wird aller Erfahrung nach heftig verdrängt.

In Brandenburg hat es zu Wendezeiten eine »Nationale Mahn- und Gedenkstätte« gegeben. Davon existieren nur noch Briefbögen. Im Oktober 1990 sollte in Potsdam eine zentrale Gedenkveranstaltung für die Opfer der NS-Euthanasie stattfinden. Sie wurde mangels Interessenten abgesagt.[1] Folkert Schröder, Mitarbeiter der Mahn- und Gedenkstätte, befragte 1989 Brandenburger Bürger nach der Vergasungsanstalt. Selbst Leute, die der Mordstätte gegenüber gewohnt hatten, wollten nichts geahnt haben. Schröder über eine Anwohnerin: »Von den Krankenmorden hat sie erstmalig vor einem halben Jahr in einem Gespräch mit einer Freundin aus Plaue gehört.«[2]

Das alte Zuchthaus in der Neuendorfer Straße[3] stand mitten in der Stadt. In den zwanziger Jahren häuften sich die Klagen über Meutereien und Ausbrüche. Deshalb entschloß sich das Preußische Justizministerium 1925 zu einem Neubau. Der erste Spatenstich erfolgte 1927, draußen auf dem Görden, inmitten märkischer Kiefernwälder und in unmittelbarer Nachbarschaft zur Psychiatrie.[4]

Während des Krieges sind im neuen Zuchthaus in Brandenburg-Görden Regimegegner wie Erich Honecker oder Robert Havemann inhaftiert. Seine Einstellung zu den Häftlingen im Gördener Zuchthaus hat Strafanstaltsmedizinalrat Dr. Werner Eberhardt im Zentralblatt für den gesamten Kliniken- und Anstaltsbetrieb publiziert: »Wenn nach meinem Vorschlage Gewohnheitsverbrecher hingerichtet werden sollen, dann müssen alle diejenigen, bei welchen diese Diagnose schon vermutet (...) werden kann, vorsorglich sterilisiert werden.« Wer etwas erreichen wolle, müsse auch den Mut aufbringen, »einmal vorbeizuhauen«. Der Strafanstaltsmedizinalrat: »In dem gleichen

Zeitaufwande, den ich benötige, um einen solchen komplizierten Antrag auf Unfruchtbarmachung zu stellen, kann ich allein schon zehn Unfruchtbarmachungen und als Dreingabe noch gut fünf Entmannungen ausführen.«[5]

Zahlreiche Männer des Widerstandes läßt die Justiz in Brandenburg-Görden ermorden. Unter ihnen sind der Ringer Werner Seelenbinder (KPD), Dr. Georg Groscurth, Dozent für Innere Medizin an der Medizinischen Fakultät der Berliner Universität, und der katholische Theologieprofessor Alois Grimm. Am 28. Februar 1942 endet in Görden das Leben des gerade 20jährigen Wolfgang Kusserow unter dem Fallbeil. Er hatte als Zeuge Jehovas den Kriegsdienst verweigert: »Der Krieg, der heute auf dieser Erde tobt, ist ein Krieg Satans (...). Es wird nicht mehr lange dauern, dann wird dem Satan die Macht genommen werden.«[6]

Insgesamt werden 1722 Menschen hingerichtet, davon 1691 durch das Fallbeil.[7] Dr. Rudolf Bimler, SS-Mitglied, chirurgischer Oberarzt am Städtischen Krankenhaus, beginnt ab August 1944, das Blut der Hingerichteten für Transfusionen zu nutzen. Krankenhaus-Oberwärter Willi Pantring: »(...) neben dem Hinrichtungsraum warteten Dr. Bimler und ich, bis die

Das neue Zuchthaus in Brandenburg-Görden.

Personen, deren Blut für geeignet befunden war, hereingebracht wurden. Dr. Bimler kam dann zu mir und sagte: ›Jetzt sind wir dran.‹« Pantring weiter: »Ich hielt die Schale und fing das Blut auf.«[8]

Das alte Zuchthaus in der Neuendorfer Straße wird Ende 1939 zur Vergasungsanstalt umgerüstet. »Die Einrichtung war ganz primitiv«, so der Wachmann Erich Sporleder.«[9] Die Ermordung der Geisteskranken beginnt im Februar 1940. Mit Gefangenentransportern der Polizei und Bussen der Reichspost werden die Opfer herangeschafft. Drei Pfleger, Paul Kollruß, Werner Schmalz (SA-Sturmmann), Willy Wuttke (SA-Scharführer) sowie Oberpfleger Karl Dremel kommen aus der Psychiatrie in Brandenburg-Görden.[10] Die Leichen werden in fahrbaren Verbrennungsöfen verbrannt. Da der Schornstein zu niedrig ist, schlagen Flammen heraus. Nach Protesten der Anwohner[11] wird die Verbrennungsanlage auf ein Grundstück in Paterdamm bei Brandenburg verlegt. Ein Brandenburger Bürger: »Die Verbrennungen wurden eingestellt, wenn Flieger die Reichsgrenze überquerten. Die Bewohner von Schmerzke haben dadurch immer schon etwas eher gewußt, daß ein Fliegeralarm kommt.«[12]

Die Anwohner müssen sich gewundert haben, als sich das Zuchthaus 1940 in die »Landes-Pflegeanstalt Brandenburg« verwandelte: Tausende wurden an-, aber niemand abtransportiert. Das Hauptgebäude existiert nicht mehr, es wurde 1944 bei einem Luftangriff zerstört. Der nicht zerstörte Teil dient heute als Rathaus.

Die systematische Vergasung der Juden beginnt, soweit feststellbar, im Juni 1940 in Brandenburg mit einem Transport aus Berlin. Transportbegleiter Kalisch: »Mit 6 großen Reichsbahnomnibussen fuhren wir zu der Irrenanstalt Buch bei Berlin und holten etwa 100 Frauen und Kinder und etwa 100 Männer, alles Angehörige der jüdischen Rasse.«[13] Im Juli folgen weitere Transporte, die der Direktor der Anstalt, Dr. Irmfried Eberl, in seinem Taschenkalender mit einem »J« kennzeichnet. Die »arischen« Opfer der NS-Euthanasie wurden nach ihrer Arbeitsfähigkeit selektiert, bei den nichtarischen Patienten genügte die Diagnose »Jude«.

Am 27. September geht ein »Judentransport« mit niedersächsischen Patienten nach Brandenburg. Unter ihnen ist der 13jährige Heinz Mohn. Die Reichsvereinigung der Juden protestiert später, der Junge sei als »Mischling ersten Grades« im Sinne der Nürnberger Gesetze nicht als Jude anzusehen. Mit auf Transport gekommen ist auch Michael de Samos. Ein Rechtsvertreter der Familie, Mitglied des Nationalsozialistischen Anwaltsvereins, schaltet sich ein: »Er ist (...) irrtümlich als Nichtarier geführt.«[14] Es sind sinnlose Proteste, denn die Menschen sterben noch am selben Tag in der Gaskammer.

Elvira Hempel ist eine der wenigen, die dem Vergasungstod in Brandenburg entkamen. Sie hat mir im Sommer 1991 auf der Jahrestagung des Bundes der »Euthanasie«-Geschädigten eine Kopie ihrer Krankenakte übergeben.

Elvira war mit vier Jahren als Tochter eines »Asozialen« in das Reichswaisenhaus Magdeburg gekommen. Der Schock muß groß gewesen sein. Sie sei aggressiv, heißt es in einer Beurteilung, weine beim Waschen. Alle Strafen und Verwarnungen seien umsonst gewesen. Mit sieben Jahren wird Elvira in der Nervenklinik des Magdeburger Krankenhauses Sudenburg von einem Dr. Fünfgeld begutachtet. Fünfgeld diagnostiziert »Debilität und Psychopathie« und fällt das Urteil: »Sicher unterwertige geistige Fähigkeiten.«

Elvira wird in die Landesheilanstalt Uchtspringe überstellt. »Ist sehr schwer zu erziehen«, heißt es in ihrer Krankenakte. »Wenn man ihr freien Lauf läßt, ist sie freundlich und zugänglich.« Am 3. September 1940 lautet der Eintrag: »Spielt ganz nett, hilft bei den Kindern und der Wäsche aus.« Die Eintragung endet abrupt: »Verlegt nach unbekannt.«

Der Transport vom 3. September 1940 umfaßt 75 Frauen und Mädchen und geht nach Brandenburg, wo kurz zuvor – an ihrem fünftem Geburtstag – Elviras Schwester Lisa vergast worden ist. Elvira und weitere drei Mädchen werden jedoch vor der Tötung bewahrt.[15] Mitarbeiter Gerhard Godenschweig: »Es wunderten sich damals alle in Brandenburg Beschäftigen über diesen Vorfall, weil es Dr. Eberl war, der die Kinder zurückschickte. Denn im allgemeinen wurde Eberl für sadistisch und blutrünstig gehalten.«[16]

Am 7. September 1940 kommt Elvira in die wenige Kilometer entfernte Anstalt Görden. Nach dem Bekleidungsverzeichnis besitzt sie ein Kleid, einen Pullover, eine Unterhose, einen Unterrock, zwei Paar Strümpfe, ein Hemd, ein Taschentuch und ein Paar Schuhe. Ein Dr. Klose nimmt Körpergewicht und Schädelumfang auf. Zwei Tage später ergibt der Intelligenztest: »Prüfling war wenig zugänglich und sehr erwartungsängstlich.« In einer Stellungnahme der Anstalts-Hilfsschule heißt es: »(...) befindet sich in immerwährender Abwehr«. Da sie geradewegs (...) aus der Vergasungsanstalt überwiesen wurde, ist dies sicher keine Fehldiagnose.

Am 28. Oktober erstellt Direktor Hans Heinze eine vorläufige Diagnose: Elvira sei ein »erwartungsängstliches, gemütlich nicht gröber abartiges, erblich belastetes Kind«. Zu dieser Zeit ist Elviras Mutter in größter Verzweiflung. In Görden läßt man sich mit einer Benachrichtigung viel Zeit. Erst am 12. Dezember wird eine Mitteilung an die Mutter aufgesetzt, Elvira sei in Görden untergebracht. Mehr als ein Vierteljahr hatte die Mutter keinen Hinweis, wohin man ihre Tochter transportiert hatte.

Am 12. März 1941 wird Elvira nach Uchtspringe zurückgebracht. Im Januar 1942 gelingt es der Mutter, die elfjährige Tochter aus den Händen der Psychiatrie zu befreien.

2. Ein Anstalts-Lebenslauf von Lothar Jändke

Ich bin von Geburt an ein Psychopath, hatte einen angeborenen grauen Linsenstar auf beiden Augen und epileptische Krämpfe vom dritten bis zehnten Lebensjahr.[17]

Dr. Löhlein sowie sein Mitarbeiter Dr. Harms haben mich in der Universitätsklinik Ziegelstraße gründlich untersucht und einen operativen Eingriff empfohlen. Meine Eltern konnten aber die Kosten einer Operation nicht aufbringen. In einer

Krankenkasse war ich kein Mitglied, und das Wohlfahrtsamt zahlte damals nicht. So wurde es aufgeschoben, bis ich 18 Jahre alt war.

Als ich 18 Jahre alt war, wurde ich durch das Jugendamt Steglitz in die Brandenburgische Provinzial-Landesanstalt Potsdam eingewiesen. Meine Eltern hatten keinen Widerstand geleistet, weil sie glaubten, ich sei in guten Händen und würde eine für mich passende Beschäftigung erlernen.

Leider erwies sich das Gegenteil: Als ich dort aufgenommen wurde, kam ich auf eine Station, wo sich hauptsächlich Fürsorgezöglinge befanden, obwohl ich als Kranker eingeliefert wurde. Ich war der Willkür dieser Zöglinge erbarmungslos ausgesetzt. Als ich mich um Hilfe an das Personal wandte, wurde ich sogar verspottet. Die eine Obererzieherin, Fräulein Wally Leucht, sagte mir: »Du wirst die Anstalt mit grauen Haaren verlassen müssen.« Das hat sich auch bestätigt.

Weil ich dem nazistischen Drill nicht Gehorsam leistete, wurde ich doppelt bestraft, da ich mich weigerte, »Heil Hitler« zu sagen. Das war angeblich ein so großes Verbrechen, daß man drohte, mich einzusperren. Daraus schließt man, daß man in politischer Hinsicht nicht als krank angesehen wurde. Man dachte, daß man sich in guter Obhut befindet und nicht in einem KZ-Lager.

Mit dem Patienten Helmuth Ludwig auf der Aufnahmestation hatte ich mich angefreundet, weil er auch sehr roh behandelt wurde. Er war elf Jahre alt und dazu noch hundert Prozent blind. Das Pflegepersonal hatte von uns verbreitet, daß wir gemeinsam unsittliche Dinge treiben, z.B. Homosexualität.

Die Anstaltskorbmacherei lag in einem feuchten Keller. Dort hat man mich zur Arbeit gesteckt. Der Meister war sehr roh und häßlich zu den Kranken. Wenn man nicht sofort das Gewünschte fand, wurde man mit Weidenruten um die Ohren geschlagen. Beim Anpflanzen von Weidenstecklingen in der kalten Jahreszeit bekamen wir nichts Warmes anzuziehen und froren erbärmlich. Der Korbmachermeister hieß Edwin Mäuselbach. Während wir Weidenstecklinge pflanzten, wurden wir

»Über Herrn Direktor Dr. Hans Heinze kann ich nur aussagen: Wenn man sich beschwerte und es ihm persönlich sagen wollte, hat er uns nicht zu Worte kommen lassen. Ein Patient, Heinz Lorenz, hatte solche Angst vor Direktor Heinze, daß er sich die Hosen voll machte, wenn er ihn erblickte. Man studiert nur an den Patienten herum, aber helfen tut man ihnen nicht.«
Lothar Jändke am 11. September 1990 in einem Brief

von Krankenpflegern streng bewacht. Wenn wir nicht schnell genug arbeiteten, wurden wir mit Füßen getreten und mit Fäusten geschlagen.
Von der Aufnahmestation kam ich zu einer anderen Station, zu einem Pfleger Willy Heinrich. Dieser hat mir Nahrung eingezwungen, bis ich erbrach. Als ich mich wehren wollte, drohte er mit strengen Strafen. Vor lauter Angst habe ich alles über mich ergehen lassen.

Schon vorher, am 20. Dezember 1935, war ich gegen meinen Willen und gegen den Willen meiner Eltern sterilisiert worden. Unter Mitwirkung von Oberarzt Dr. Illing, Dr. Lehmann, Dr. Kühnlein und Dr. Caspari, angeordnet durch das Amtsgericht Potsdam und in der Potsdamer Anstalt durchgeführt.
Da sie nicht gewissenhaft betäubt hatten, mußte ich große Qualen erdulden und mir, als ich vor Schmerzen schrie, vom Pflegepersonal manchen Spott anhören: »Du bist kein Soldat, sondern eine Memme!« Weiter sagten sie: »Du kannst nicht besser sehen, als ein Schwein scheißt.«

Der Chirurg hatte mir streng verboten, anstrengende Arbeiten zu leisten, weil ich nach solch schwerem Eingriff geschont werden müsse. Die Pfleger hielten sich nicht daran und ließen mich nach 14 Tagen wieder schwer arbeiten.

Wurstvergiftungen hatten alle Patienten der Station zu beklagen. Als Mittagessen bekamen wir muffigen Reis, auch unreifes Obst.

Zwei Patienten haben sich das Leben genommen. Karl Lorenz hat sich kurz vor meiner Einlieferung in die Anstalt im Keller erhängt. Alfred Noack ist von einem Stadtausgang nicht mehr in die Anstalt zurückgekehrt, er ist ins Wasser gegangen.

Alle Briefschaften wurden vom Anstaltspersonal kontrolliert und durchgelesen, ehe sie an unsere Angehörigen weitergeleitet wurden. So konnte man nicht die volle Wahrheit über die Zustände innerhalb der Anstalt berichten. Kleinkinder in der Potsdamer Anstalt starben qualvoll an Brechdurchfall.

Am 25. März 1937 wurde ich endlich aus dieser Heilanstalt entlassen. Ich war an Leib und Seele ruiniert.

3. Die Brandenburger Gehirn-Mafia

Der Massenmord an Kranken und Behinderten verschaffte Medizinern Forschungsbedingungen, von denen sie vielleicht nur geträumt, auf die sie aber hingearbeitet hatten.

Einer dieser Wissenschaftler ist Julius Hallervorden, nach 1945 als »Altmeister der deutschen und internationalen Neuropathologie« gefeiert.[18] Ein anderer ist Hans Heinze[19], der im Dritten Reich zum führenden Kinder- und Jugendpsychiater aufsteigt. Hallervorden und Heinze machen gemeinsam Karriere – über Leichen.

Die Heinze-Hallervorden-Karriere beginnt in der Brandenburgischen Landesanstalt Potsdam, in der mehr als tausend Epileptiker, geistig behinderte Kinder und Fürsorgezöglinge untergebracht sind.[20] Hans Heinze, 38 Jahre alt, übernimmt die Direktion am 1. Mai 1934, genau ein Jahr nach seinem Eintritt in die NSDAP.[21] Julius Hallervorden sitzt zu diesem Zeitpunkt noch in der Landesanstalt Landsberg an der Warthe. Er ist 51 Jahre alt[22], bereits seit 1913 in der neumärkischen Kreisstadt und Leiter der zentralen Prosektur in Brandenburg.

Im November 1935 beantragt Hallervorden, in Brandenburg noch heute als »bescheidener, verschlossener, wortkarger Ostpreuße von integrem Charakter« beschrieben[23], sein Sezier-Institut nach Potsdam zu verlegen. Zugleich schlägt er vor, alle bildungsunfähigen Schwachsinnigen des Landes in Potsdam zu konzentrieren. Die Begründung: Diese Patienten seien die wichtigste Gruppe der Erbkranken. Die Verlegung der Prosektur nach Potsdam und die Konzentrierung der Schwachsinnigen dort ermöglichten »ein ausgiebiges Studium derselben in klinischer, pathologisch-anatomischer und erbbiologischer Beziehung«. Hallervordens dunkle Prophezeiung: »Es würde dadurch (...) eine einzigartige Forschungsstätte erstehen«.[24]

Im April 1936 zieht Hallervorden nach Potsdam. Er wird Oberarzt bei Heinze. Wenn in der Nazi-Zeit eine Anstalt »minderwertige« Patienten eintauscht, und dies auf Bestellung eines Anatomen, besteht für die Tauschobjekte höchste Lebensgefahr. In einem Bericht der Anstalt über das Jahr 1936 heißt es: »Im Laufe des Berichtsjahres sind die älteren epileptischen Kranken über 16 Jahre in andere Landesanstalten, vor allem nach Lübben verlegt worden, um gegen die bildungsunfähigen Schwachsinnigen, die bisher vorwiegend in der Landesanstalt Lübben untergebracht gewesen sind, eingetauscht zu werden. Gegen Ende des Berichtsjahres ist die erbbiologische Bestandsaufnahme (...) in Angriff (!) genommen worden.«[25] Wenn die Pathologie zum Angriff auf Erbkranke aufruft, landen die Objekte der Forschungsbegierde bald in der Leichenkammer.

Wie wichtig die Verlegung der Prosektur nach Potsdam gewesen sei, heißt es weiter, zeige »sich schon in der Zusammenarbeit mit der erbbiologischen Abteilung, resp. dem rassenpolitischen Amt der NSDAP. Diese Zusammenarbeit (...) wird in ihrem vollen Wert erst in der Zukunft richtig verstanden werden können. (...)« Die Arbeit sei von zwei Seiten »in Angriff« genommen worden: »a) ausgehend von der Erforschung der Sippe zur anatomischen Untersuchung Erbkranker, sodann b) von dem pathologisch-anatomischen Befund eines Leidens zur Aufdeckung erbkranker Sippen. (...)«

Der Erbbiologe, belehrt der Bericht, untersucht die Sippe, aber allein der Anatom erhärtet die Gewißheit einer klinischen Diagnose, macht die erbkranke Sippe sozusagen dingfest: »Im vorigen Jahre gab die anatomische Aufklärung eines klinisch zweifelhaften Krankheitsbildes die Anregung zu einer erbbiologischen Aufdeckung einer großen Sippe von erblichem Veitstanz. (...)« Hallervordens Anatomie gleicht einer medizinischen Fahndungsstelle: »Zahlreiche anatomisch sichergestellte Krankheitsfälle wurden der Abteilung zur Erfassung der Sippenangehörigen überwiesen.«[26]

Am 1. November 1937 tagt in der Berliner Anstalt Buch das Kuratorium des Kaiser-Wilhelm-Instituts (KWI) für Hirnforschung. Unter »Vorsitz von Herrn Krupp v. Bohlen u. Halbach« werden die Pläne der Abteilung für menschliche Erb- und Konstitutionslehre besprochen: »(...) die möglichst intensive Durchforschung einzelner Familien, nach dem Grundsatz, möglichst jedes lebende Familienmitglied persönlich kennen zu lernen. (...) Es ist geplant, mit der Zeit von möglichst allen Mitgliedern der durchforschten Familien Sektionsmaterial zu sammeln als Grundlage für eine zukünftige Familiengehirnforschung.« Auch die Histopathologische Abteilung zeigt sich optimistisch, da ab Januar 1938 einer »der ersten Fachleute auf dem Gebiet der Histopathologie des Gehirns« als Abteilungsleiter und stellvertretender Direktor nach Berlin kommen wird.[27] Es ist Julius Hallervorden.

Im Januar 1938 siedelt die Potsdamer Prosektur an das Kaiser-Wilhelm-Institut (KWI) für Hirnforschung in Buch um. Das anatomische Laboratorium verbleibt als Zweigstelle in Potsdam. Es wird von Hallervordens Assistenten, Dr. Werner-Joachim Eicke, von 1955 bis 1974 Leiter des psychiatrischen Landeskrankenhauses in Marburg/Lahn, weitergeführt. (Als Eicke am 19. November 1988 im Alter von 77 Jahren stirbt, würdigt der Landeswohlfahrtsverband Hessen seine »wissenschaftlichen Leistungen«. In einer Traueranzeige vom 24. November in der »Oberhessischen Presse« heißt es weiterhin: »Die Jagdgenossenschaft Friebertshausen dankt ihm für seine vorbildliche Ausübung der Jagd«.)

Hallervorden erforschte die anatomischen Grundlagen der Idiotie und des Schwachsinns bei Kindern. Am 30. Januar 1938 wird ihm, inzwischen 55 Jahre alt, vom »Führer« der Titel »Professor« verliehen. Drei Tage später beehrt sich das KWI, Hans Heinze mitzuteilen, er sei zum Sachverständigen für die Erforschung des Schwachsinns und zur besonderen Betreuung der Abteilung Hallervorden berufen worden.[28]

Im Sommer 1938 wird die Anstalt Potsdam nach und nach geräumt, weil die Provinzialverwaltung aus Berlin in die Gebäude einzieht. Hans Heinze wechselt Mitte November als Direktor in die Brandenburgische Landesanstalt Görden.[29] Das aus Lübben bestellte »Forschungsmaterial«, insgesamt 118 Kinder und Jugendliche, ist schon da.[30]

Wenige Wochen später tagt das Kuratorium des KWI für Hirnforschung. Als neue Kuratoriumsmitglieder werden begrüßt: Karl Kleist, Ordinarius für Psychiatrie in Frankfurt, Max de Crinis, Ordinarius in Berlin und an der Vorbereitung der Euthanasie beteiligt, sowie Hallervorden und Heinze. Dankbar wird vermerkt: »Durch die Verlegung der Prosektur (...) an unser Institut und durch die Errichtung der Zweigstelle(!) ist dem Institut ein sehr wertvolles Material von Gehirnen, besonders aus dem Gebiet des angeborenen Schwachsinns, zugeflossen.«[31] Es wird bald noch mehr Material zufließen.

Prof. Hans Heinze (1938).

Ab Frühjahr 1939 wird Heinze bei der Planung der Kinder-Euthanasie hinzugezogen, im selben Jahr zusätzlich zu den Vorbereitungen der Erwachsenen-Euthanasie in den Vergasungsanstalten.[32] Hans Heinze wird zum Multi-Funktionär im Mordbetrieb. Er wird Obergutachter beim Kindermord, gehört zu den ersten Gutachtern bei der Vergasungs-Euthanasie[33] und leitet ab Herbst 1939 die reichsweit erste »Kinderfachabteilung«[34] zur Ermordung behinderter Kinder. Das Kindersterben in Görden beginnt im September 1939.[35]

Etwa im März 1940 wird der Leipziger Psychiater Georg Renno, als Vergasungsarzt in Hartheim/Linz vorgesehen, nach Berlin bestellt. In der Reichskanzlei sind etwa 40 Herren versammelt. Sie werden wegen einer geheimen Reichssache zur Verschwiegenheit ermahnt und in die Vergasungs-Aktion eingeführt. Renno kann sich später nur noch an einige der anwesenden Professoren erinnern, mit Sicherheit aber an Professor Hallervorden.[36] Wenige Wochen später, im Mai und Juni 1940, werden Kinder und Jugendliche aus dem Lübbener »Forschungsmaterial« in die sechs Kilometer entfernte Vergasungsanstalt Brandenburg überführt. 58 Kinder und Jugendliche kommen am 28. Oktober 1940 in die Gaskammer. Allein von diesem Transport lassen sich 37 Gehirne in Hallervordens Gehirnsammlung nachweisen.[37]

Der Brandenburger »Euthanasie«-Arzt Heinrich Bunke: »Ein Teil der Kinderleichen wurden von Professor Hallervorden aus Berlin (Histologe am Kaiser-Wilhelm-Institut) seziert und zur wissenschaftlichen Auswertung mitgenommen. Ich nehme an, daß dies aufgrund einer Vereinbarung mit Professor Heinze geschah. (...) Professor Heinze war damals selbst in Brandenburg.«[38] Bestätigt wird Bunkes Aussage durch einen Blick in Eberls Taschenkalender. Am Sonnabend, dem 5. Oktober, ist darin ein Treffen in Berlin-Buch (Sitz des KWI) eingetragen: »Heinze-Buch-Hallervorden«. Am 28. Oktober steht in Eberls Kalender: »Hallervorden abholen« und »Görden K«, Eberls Abkürzung für Kinder. Der letzte Vergasungs-Eintrag ist einen Tag später. Nachdem Eberl um 9 Uhr einen Termin beim Zahnarzt hatte, heißt es wieder: »Görden K.«

Von Hallervorden gibt es eine oft zitierte Nachkriegs-Aussage, in der er schwärmt: »Es war wunderbares Material unter diesen Gehirnen, Schwachsinnige, Mißbildungen und frühe Kinderkrankheiten.« Nach dieser Aussage hat man ihm die Gehirne geradezu aufgedrängt: »Ich gab ihnen die Fixierungsmittel (...) und unterrichtete sie im Entfernen und Fixieren der Gehirne, und dann kamen sie nur so und brachten sie herein wie der Lieferwagen vom Möbelgeschäft.« Hallervorden profitierte vom Funktionieren des Eisernen Vorhangs: Die Beweisstücke lagen im Osten. So wurden seine Anstrengungen, das »Lübbener Forschungsmaterial« in die Hände zu bekommen, und der mit Heinze verkoppelte Aufstieg nicht bekannt. Heute bekommt ein Satz aus seiner Nachkriegs-Aussage einen ganz anderen Sinn: »Das war eine schöne Schweinerei.«[39]

Die Ausschlachtung der Geisteskranken droht einmal ins Stocken zu geraten. Im Sommer 1940 steht die Räumung der Anstalt Buch an. Bestürzt schreibt Professor Hugo Spatz, Direktor des KWI, an Stadtmedizinalrat Dr. Sütterlin, den Direktor des Hauptgesundheitsamtes der Reichshauptstadt, das Kaiser-Wilhelm-Institut für Hirnforschung sei in Buch errichtet worden, »weil dort die Möglichkeit einer unmittelbaren Zusammenarbeit mit einer der größten Irrenanstalten bestand«. Spatz drängt, statt Buch eine der anderen Irrenanstalten Berlins zu räumen: »Sollte dies nicht möglich sein, so bitte ich, daß dem Kaiser-Wilhelm-Institut auf einem anderen Wege Ersatz für den Ausfall geschaffen wird. Ich denke hier an mehrere Möglichkeiten; es könnte in einigen Häusern der Heil- und Pflegeanstalt eine Sonderstation für wissenschaftlich besonders interessante Psychosen eingerichtet werden.«[40] Das klingt nach Irrenhaltung zu Forschungs- und Sezierzwecken.

Im Mai 1941 ist Heinrich Bunke, inzwischen »Euthanasie«-Arzt und Leichensezierer in der Vergasungsanstalt Bernburg, zur Fortbildung an das KWI abgeordnet (»Ich wohnte in dieser Zeit im Hause von Prof. Spatz«).[41] Den wissenschaftlichen Wert der KWI-Leichenfledderei kann ein Laie kaum verstehen. So seziert Bunke am 12. Juli 1941, 45 Minuten nach dem Tod in der Gaskammer, ein 15jähriges Mädchen mit Vornamen Gerda. Das Kind, dessen Gehirn unter der Registriernummer 22319 vereinnahmt wird, hatte einen Hydrocephalus (Wasserkopf). Bunkes »Kurze Anamnese«: »Kind ist unehelich geboren, völlig antriebslos und läppisch im We-

Vergasungsanstalt Bernburg: Einweckgläser zur Aufbewahrung der Gehirne.

sen und steht zu der Umwelt in keinem Verhältnis.«[42] Ein Blick in die »Sammlung Hallervorden«[43] zeigt, daß viele an der Diagnose »bildungsunfähig« oder »angeborener Schwachsinn« sterben. In einigen Fällen steht in der Diagnose-Rubrik auch schlicht »vernichtet«.

Eine Auseinandersetzung der Anatomischen Gesellschaft mit ihrer Vergangenheit gibt es nicht. Gerhard Aumüller, Professor für Anatomie an der Philipps-Universität Marburg: »Vielmehr wird jeder auch nur leise Versuch, die Dinge voll beim Namen zu nennen, (...) als unpassend empfunden und mangelnder Korpsgeist, Nestbeschmutzung, Wichtigtuerei oder Denunziantentum unterstellt.«[44]

Einer der gemeinten Anatomen ist Professor Anton Kiesselbach, nach dem Kriege Ordinarius und 1964 Rektor der Universität Düsseldorf.[45] Kiesselbach, u.a. Kuratoriumsmitglied der Nobelpreisträgertagungen in Lindau[46], ist ein Schüler des berüchtigten Straßburger Anatomen August Hirt. Hirt hatte u.a. in Auschwitz Häftlinge aussuchen lassen, um sie seiner »jüdischen Skelettsammlung einzuverleiben. Kiesselbach war Hirts Assistent.[47] Ein Anatom, der die deutschen Kollegen meidet: »Kiesselbachs Arbeitsgebiet in Straßburg war der menschliche Hoden, dieses war wohl auch das Thema seiner erst 1944/45 angefertigten Doktorarbeit, die verschollen ist. Kiesselbach pflegte in Düsseldorf in seinen Vorlesungen histologische Schnitte von Hoden zu demonstrieren, die keine Spermienbildung zeigten, da diese, wie er sagte, bei Todesangst aufhöre. Wenn man in der Dokumentation von Mitscherlich und Mielke über den Nürnberger Ärzteprozeß liest, daß den jüdischen Häftlingen, die Hirt eigens zu Studienzwecken im KZ umbringen ließ, der linke Hoden entnommen wurde, um in Hirts Privatlaboratorium untersucht zu werden[48], versteht man Kiesselbachs Bescheidenheit hinsichtlich seiner wissenschaftlichen Laufbahn.«[49]

Sie kannten keine Skrupel. Der Neuropathologe Professor Berthold Ostertag sezierte und beforschte z.B. die Leichen, die bei der Kinder-»Euthanasie« in der Berliner Anstalt Wiesengrund anfielen. Nach dem Krieg wurde er Ordinarius für Pathologie in Tübingen.[50] Hallervorden freute sich dagegen in einem Brief vom 7. Dezember 1942 an die Forschungsgemeinschaft in Berlin-Steglitz: »Es wurden 500 Gehirne Schwachsinniger seziert und zur Untersuchung vorbereitet und außerdem (!) das reiche Material der Prosektur der Brandenburgischen Landesanstalt in Görden bei Brandenburg fortlaufend kontrolliert und besichtigt.«[51]

In Görden »sterben« von 1938 bis Kriegsende 1264 Kinder und Jugendliche.[52] Heinzes »Kinderfachabteilung« im Haus 11 gilt als »Reichsschulstation«, in der andere Ärzte »in die Art der Durchführung« eingeführt werden.[53] Außerdem wird in Görden »Euthanasie«-Forschung betrieben, d.h., die Kinder und Jugendlichen sind vor der Ermordung schmerzhaften Experimenten ausgesetzt.

Die Gördener Kinder müssen als Grundlage beruflicher Karriere herhalten. So erlangt Arnold Asmussen mit einem »charakterologischen Beitrag« den Doktortitel. Werner-Joachim Eicke (»Gefäßveränderungen bei Meningitis«) habilitiert sich mit einer Arbeit über die Gehirne »verstorbener« Kinder.[54] Von Karl Heinz Pospiech stammt die Dissertation über »Encephalographische und anatomische Befunde«. Hans Fischer schreibt seine Doktorarbeit über »Ein eineiiges Zwillingspaar mit Hydrocephalus internus communicans und Megalencephalie«. Die Kinder, 1935 geboren, gehören zum »Lübbener Forschungsmaterial« und sterben beide gemeinsam am 2. Mai 1941 für Dr. Fischers Dissertation an »Masern«.

Werner Forßmann, der Ende der zwanziger Jahre in Selbstversuchen den ersten Herzkatheter entwickelt hatte und dafür 1956 mit dem Nobelpreis bedacht wird[55], ist 1943 ins Reservelazarett Brandenburg (in der Anstalt Görden) abkommandiert. Forßmann beschreibt in seinen Lebenserinnerungen eine Begegnung mit Heinze, der April 1943 außerplanmäßiger Professor geworden war: »Direktor der zivilen Abteilung war der SS-Oberführer, Prof. Dr. Heinze. Er sprach mich auf meine kardiologischen Versuche an und schlug mir vor, zur SS überzutreten: ›Dann richten wir hier in Görden eine Versuchsstation der SS

»Lübbener Forschungsmaterial«: Kinder vor ihrer Verwendung in der pathologisch-anatomischen »Forschung«.

Die Zwillinge Günter und Werner (geboren 1935), Objekte einer Doktorarbeit, starben am 2. 5. 1941 »an Masern«.

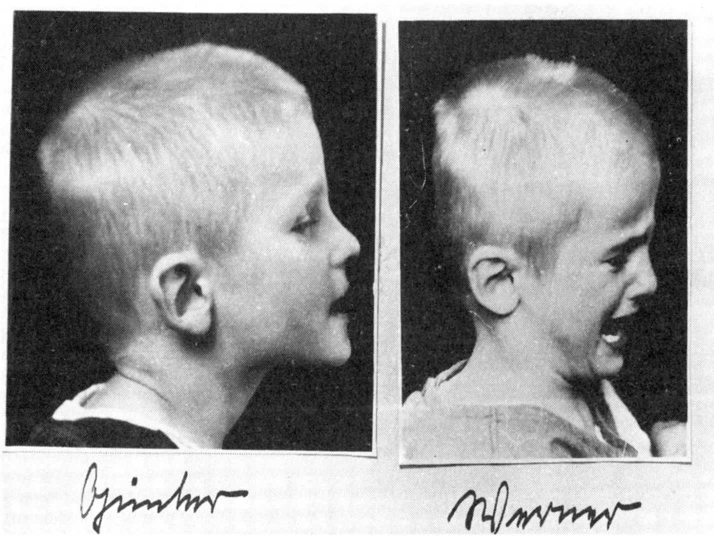

ein. Über die SS bekommen wir die besten Röntgenapparate, die es gibt, und Patienten kann ich Ihnen in jeder Menge zur Verfügung stellen.‹« Kommentar Forßmann: »(...) wehrlose Patienten als Versuchskaninchen und dazu noch Übertritt in die SS – einen solchen Preis für die Verwirklichung meiner Träume zu zahlen, wäre ich niemals bereit gewesen.«[56]

Ein Brandenburger Bürger, als Gymnasiast mit einem der Heinze-Söhne befreundet, beschreibt den Gördener Direktor als »Edelfaschisten«. Heinze habe ihnen empfohlen, nicht den »Völkischen Beobachter« (das Regierungsorgan der NSDAP) zu lesen, sondern »Das Reich« (ein für Intellektuelle konzipiertes Blatt). Der Gymnasiast hat Heinze als humorvoll, warmherzig und tolerant erlebt, im Gegensatz zu seiner Ehefrau.[57]

Lothar Jändke, als Zögling in der Potsdamer Anstalt: »Direktor Heinze war von Gestalt ein kleiner Mann, trug eine Brille mit sehr dickem Bügel und hatte eine Glatze.« Unter dem weißen Arztkittel habe er eine braune Uniform getragen.[58] In dem 1942 erschienen »Handbuch der Erbkranken« brüstet sich Heinze mit seinem großen Material »intra-, prä- und postnatal hirngeschädigter Kinder, das fast ausnahmslos von Hallervorden anatomisch und histologisch kontrolliert worden ist.« Wie Heinze an sein »Material«[59] kommt, ist kein Geheimnis. Ernst Rüdin, Direktor des KWI für Genealogie und Demographie der Deutschen Forschungsanstalt für Psychiatrie in München, am 8. Januar 1944 an Paul Nitsche, zu dieser Zeit medizinischer Leiter der Berliner Euthanasie-Zentrale: »Ich hatte schon vor längerer Zeit Kollegen Heinze gebeten, mir einen Archiv-Artikel zu schreiben über Tatsache und Begründung euthanasischer Maßnahmen bei den von ihm so gründlich untersuchten Kindern. Hat er das vergessen, oder darf das nicht veröffentlicht werden, oder will er das aus irgend einem Grunde noch nicht?«[60]

1945 scheiden sich Heinzes und Hallervordens Wege. Heinze wird, wie wir im nächsten Kapitel sehen, verhaftet und verschwindet in sowjetischer Haft. Hallervorden schafft dagegen seine »Sammlung« 1944 in das hessische Städtchen Dillenburg, wo das KWI für Hirnforschung erst einmal unterkommt. Er wird Leiter der Neuropathologischen Abteilung des Max-Planck-Instituts für Hirnforschung in Gießen. Direktor des Instituts ist, wie in Berlin-Buch, Hugo Spatz.

Nach 1945 verändern sich die Arbeitsbedingungen der Anatomen in Deutschland – zugunsten der Kollegen im Osten: Vergeblich hatte 1939 die Gesellschaft Deutscher Neurologen und Psychiater in einer Entschließung verlangt, »daß bei allen Kranken der öffentlichen Heil- und Pflegeanstalten im Todesfalle die Leichenöffnung vorgenommen wird. Bei der Wichtigkeit dieser Maßnahme für Klärung und Erfassung der Erbkrankheiten wird die gesetzliche Einführung einer Sektionspflicht für diese Anstalten gefordert.«[61] Zehn Jahre später heißt es dann in der Anstaltordnung von Brandenburg-Görden: »Zur Förderung der Volksgesundheit und zur vollen Klärung, die ganz besonders im Interesse der Angehörigen liegt, kann (...) die Leichenöffnung durch einen Anstaltsarzt vorgenommen werden.«[62]

1980 feiert das Pathologische Institut in Brandenburg (Havel) die dreißig Jahre zurückliegende Neugründung. Wieder ist man voll zu Diensten: »So sei hier genannt«, heißt es in einem Rückblick, »daß in den letzten Jahren 4 Mitarbeiter als ›Aktivist der sozialistischen Arbeit‹ ausgezeichnet wurden, 1971 erhielt das Kollektiv den Staatstitel ›Kollektiv der sozialistischen Arbeit‹, der bisher 4mal erfolgreich verteidigt wurde.«[63]

4. Die Anstalt Görden nach 1945

Am 27. April 1945 umstellen sowjetische Panzer die Landesanstalt Görden. Eine Drei-Mann-Delegation geht mit einer weißen Fahne den Sowjets entgegen. Hans Heinze ist auch dabei.

Am 27. April 1945 sterben in Görden noch 44 Patienten. Einer von ihnen ist ein Dreher, der 1939 den Kriegsdienst verweigerte. Seine Familie hatte ihn ab April nicht mehr besuchen dürfen, da sich die Landesanstalt gegen die Außenwelt abriegelte. Anfang Mai dürfen die Angehörigen wieder nach Görden. Auf dem Friedhof steht Holzkreuz an Holzkreuz.

Von 1952 bis 1954 arbeitet die Tochter des Drehers als Assistentin im Stadtarchiv. Sie findet Vernehmungsprotokolle über Patientenmorde in Görden. Der Leiter des Stadtarchivs verbietet jede weitere Lektüre. Die Akten kommen unter Verschluß, sollen in den siebziger Jahren endgültig verschwunden sein. Nach der Wende läßt die Tochter in der Klinik nach der Krankenakte ihres Vaters forschen. Auch die Krankenakte ist verschwunden.[64]

Hans Heinze bleibt 1945 in Görden. Ebenso Oberarzt Dr. Karl Brockhausen, für die Erbbiologie zuständig.[65] Ebenso Dr. Friederike Pusch, die die Kinderfachabteilung geleitet hatte. Die Medizinalrätin geht im Oktober. Sie praktiziert bis 1968 als Kinderärztin in Blankenburg am Harz, Bezirk Magdeburg, und versorgt bis Ende der siebziger Jahre »die psychiatrische Beratungsstelle in Wernigerode«.[66]

Am 17. Oktober wird Heinze von der GPU, der sowjetischen Stasi, verhaftet. Bis heute hält sich in Brandenburg das Gerücht, Heinze sei nicht wegen der Euthanasie weggekommen, sondern in Sippenhaft genommen worden.[67] Einer seiner Söhne habe in einer »Werwolf«-Aktion einen kommunistischen Mitarbeiter der Anstalt erschossen und sei anschließend in den Westen geflohen.[68]

Heinzes Nachfolger wird zunächst Dr. Hans Fischer, für dessen Dissertation die Zwillinge Günter und Werner »an Masern« gestorben waren. Hans Fischer wird 1947 Leiter der Poliklinischen Abteilung für Lungenkrankheiten und Tuberkulose Brandenburg, erhält später die Auszeichnung »Verdienter Arzt des Volkes«.[69]

Die Gördener Patienten erleben in der Nachkriegszeit noch einmal furchtbare Jahre. Sie hungern, werden von Pflegern geschlagen. Im Nachkriegswinter 1947 ist es so eisig, daß das Waschwasser gefriert (»Morgens waren die Betten der Bettnässer gefroren«).[70] Die Kinder liegen »angemufft« oder angebunden in den Betten, zwölf Blechnäpfe müssen zur Fütterung von 64 Behinderten reichen. Alle sitzen oder liegen beschäftigungslos in vergitterten Räumen herum. In der brandenburgischen

Anstalt Teupitz werden die Patienten mit dem Aussortieren von Erbsen beschäftigt, die danach wieder zusammengekippt werden.

Beschwerden von Patienten (z. B. über offene Toiletten), werden als psychopathologisch abgetan.[71] Selbst die Angehörigen werden gegängelt. Besuche dürfen 30 Minuten nicht überschreiten und werden vom Pflegepersonal überwacht. »Es ist nicht angängig«, so die Anstaltsordnung, »daß sich Besucher mit anderen Kranken in Verbindung setzen.«[72] Da Kranke »erfahrungsgemäß zum Komplottieren neigen«, werden sie selbst noch auf der Toilette überwacht.

Bei Visiten müssen die Patienten strammstehen. Entlassungen dürfen sie nicht vorher erfahren. Nach der Mitteilung soll der Kontakt zu Mitpatienten unterbunden werden. Kriminelle Kranke, »die fortlaufend putschen«, sind dauernd im Bett zu halten.[73] Ein Teil der Gebäude ist noch Mitte der fünfziger Jahre von der Roten Armee belegt.[74] Etwa 2500 Bewohner werden von der Chefärztin Lieselotte Eichler und lediglich drei weiteren Ärzten versorgt. Die Chefärztin ist nach Augenzeugen-Berichten eine rührige, gegen viele Widerstände kämpfende Ärztin, doch Pfleger und Ärzte halten es für selbstverständlich, daß Patienten, die arbeiten können, sieben Tage die Woche und zehn Stunden am Tag malochen und dafür mit einer Zigarette oder Süßigkeiten abgespeist werden.

In den Arbeitskolonnen sind noch Mitte der fünfziger Jahre vorwiegend Menschen, die durch die Kriegswirren hängengeblieben sind. Sie gehören nicht in die Psychiatrie, sind aber als billige Arbeitskräfte begehrt. Auf den Stationen sind fast die Hälfte geistig Behinderte[75], kaum Psychosekranke, noch weniger Neurosekranke. Ein Ergebnis der Nazi-Euthanasie: Die meisten waren ermordet worden.

Patienten, die nicht schwer arbeiten können, sind in ihren Zimmern eingesperrt. Sie kratzen vor Langeweile den Putz von den Wänden und reagieren ihre Aggressionen ab, indem sie sich die Haare aus- und ihre Kleider zerreißen. Zur »Beruhigung« dienen Isolierzellen, kalte Duschen und Netzbetten. Im

Herbst 1954 wird das Krankenhaus Ueckermünde für einige Jahre komplett nach Görden verfrachtet. Die Patienten kommen mit Bussen und Bahn, mit eigenem Pflegepersonal, aber nur einem einzigen Arzt. Es ist Dr. Lefke, ein alter Herr, der offenbar längst resigniert hat und nach Augenzeugen-Schilderungen reichlich dem Alkohol zugetan ist. In diesem Zustand soll er des öfteren die Entlassung von Patienten aus dem »Schweren Haus«, selbst von gerichtlich eingewiesenen Mördern, angeordnet haben, was wiederum die Oberpfleger verhindern.

In Görden gilt zu dieser Zeit nur derjenige als nützlich, der in einer Arbeitskolonne arbeiten kann. Die anderen Patienten bleiben sich selbst überlassen. Sie haben nicht einmal einen Nachttisch. Was sie besitzen, bergen sie unter ihrem Kopfkissen. In den Badestuben fehlen sogar Haken für Handtücher und Waschlappen. Wozu auch, es gibt nicht einmal Waschlappen. Die Patienten einer ganzen Station werden mit zwei Lappen, unter Umständen zwei Hälften einer Windel, gewaschen. Die eine Hälfte ist fürs Gesicht, die andere fürs Gesäß. Und das bei schätzungsweise 40 Patienten.

Wenn eine Station 45 Patienten hat, gehen durchschnittlich fünf von ihnen zur Arbeit, zwei oder drei arbeiten in der Stationsküche. Die anderen dösen vor sich hin und warten aufs Essen. Bei gutem Wetter drehen sie in ihren grauen Anstaltsklamotten im Garten ihre Runden. Sie dürfen nichts lesen, nichts nähen, nicht mal zum Frisör. Informationen gelten als schädlich.

Unruhige Patienten kommen in die Isolierzelle. Daß Patienten sich erregen und toben, liegt im Interesse des Pflegepersonals, denn nur dann gibt es eine »Erschwerniszulage«. So werden Erregungszustände provoziert und gefördert, um die Zulage nicht einzubüßen. Eigentlich wird alles getan, damit niemand gesundet. Dem Pflegepersonal ist dennoch kaum ein Vorwurf zu machen: Schlecht bezahlt, selber bevormundet, miserabel untergebracht und durch überlange Arbeitszeiten überfordert, bilden sie die untere Kaste in der Arbeitshierarchie.[76]

»Als 19jährige verlegte man mich in die Psychiatrie, weil ich mit einer Beziehung nicht klar kam. Vier Wochen in einem ehemaligen Gefängnis mit Eisentür und einem Keller, in dem Holzbänke und blankgeschrubbte Tische zum Essen einluden. Eine Toilette und zwei Waschbecken in einem Raum für 20 Patienten aller Schattierungen! Nur bei Regen durften sich alle in einem Raum von 20 Quadratmetern aufhalten. Dicht nebeneinander, ohne Beschäftigung, lebte jeder seinen Wahn. Ich wurde mit Medikamenten vollgestopft – man nannte das Schlaftherapie. War der Tag trocken, so wurde die Eisentür aufgeschlossen und die Schwester sagte: ›Alle Mann in den Hof!‹ Am ersten Tag meiner Einweisung wurde ich, mit einem Laken über die Brust gespannt, die Hände und Füße fixiert – im Bett festgehalten, weil ich zu meiner Mutter, die ich im Schwesternzimmer hörte, gehen wollte.«
Aus einem Brief[77]

Die Patienten in den Arbeitskolonnen müssen zwar schwer arbeiten, doch an ihrer kargen Entlohnung, Zigaretten, Süßigkeiten, selbst am Taschengeld, bereichern sich andere. Auch aus der Küche wird Patienten-Nahrung entwendet. In der Verwaltung werden sogar Rechnungen gefälscht, um Schnapslieferungen zu vertuschen. In den fünfziger Jahren müssen in Görden deshalb der Verwaltungsleiter, die Küchenleiterin und einige andere gehen, sofern sie nicht vorziehen, republikflüchtig zu werden. Mißachtung der Patienten und Mißwirtschaft sind die Ursachen solcher Durchstechereien und zu dieser Zeit nicht nur im Osten vorzufinden.

Die Psychiatrie-Professoren Helmut F. Späte, Achim Thom und Klaus Weise malen ein ganz anderes Bild von der DDR-Psychiatrie. Nach ihrer Darstellung boten die Nachkriegsjahre erstmalig im Verlaufe der Geschichte die Gewähr, »ein psychiatrisches Versorgungssystem zu begründen, das den psychisch Kranken als gleichberechtigten Menschen – ohne Unterschiede bezüglich der Herkunft und des sozialen Status – zugute kommt«.[78] Um dies zu verwirklichen, mußte jedoch 1961 die Mauer errichtet werden: »Erst die Errichtung des antifaschistischen Schutzwalls in Berlin machte eine kontinuierliche Planung auf diesem Sektor möglich. An therapeutischen Möglichkeiten wurden Elektro- und Kardiazolkrampfbehandlung in großem Umfang genutzt, seltener die Insulinkomatherapie, gelegentlich die Leukotomie«[79], d.h. operative Eingriffe in die Gehirnsubstanz.

> »Als Schülerin erzielte sie während ihres Schulbesuchs große Fortschritte. Doch die Eltern waren mit der Betreuung ihrer Tochter nicht nur überfordert, sondern mißhandelten und vergingen sich auch an dem Kind. Ich könnte Ihnen das ganze Drama erzählen, wie lange es gedauert hat und welche Tricks ich unternehmen mußte, damit die Behörden endlich reagierten. Am 3. September 1992 war es mir dann endlich gelungen, das Mädchen wieder zu Gesicht zu bekommen, nachdem es die Eltern über Monate von uns fernhielten und alle Versuche, den Schulbesuch durchzusetzen, an der Zögerlichkeit von Medizinern und Behörden zu scheitern drohten.
>
> Sie können sich gar nicht vorstellen, wie das Mädchen aussah: Ihr Gewicht betrug mittlerweile noch ganze 35 kg, blutig geschlagen, mit Brandnarben am ganzen Körper und völlig verdreckt. Dann rief ich den Arzt. Mit zwei Fingern faßte die ausgebildete Kinderärztin sie an. Ich forderte sie auf, daß sie mir die Kindesmißhandlung bestätigen solle und das Mädchen in ein Krankenhaus eingeliefert werden müsse. Da das angeblich gegen den Willen der Eltern nicht möglich wäre, habe ich dann selbst in Arnsdorf eine Stationsärztin angerufen, der ich vertraute, und sie gebeten, das Mädchen sofort aufzunehmen. Nachdem es mir gelungen war, die ganzen Formalitäten zu bewältigen, wurde sie endlich aufgenommen und aus der Gewalt der Eltern befreit. Nach dem, was ich über das Leben in Arnsdorf gesehen habe, bin ich natürlich etwas traurig darüber, daß nicht mehr Förderung dort erfolgt, denn es geht auch anders.«
>
> Claus Hörrmann, Leiter einer Geistigbehinderten-Schule, April 1993 in einem Brief.[80]

Bis zum Ende der DDR werden Patienten mit Elektroschocks traktiert, für SED-Funktionäre gibt es vorzugsweise »Schlaftherapie«. In Brandenburg werden Tonbänder mit Regengeräuschen gewählt, die von der DEFA aufgenommen wurden. Das kuriose Ergebnis: Die Patienten schlafen nicht ein, sie müssen aufs Klo. Siegfried Schirmer, bis zur »Wende« Leiter der Gördener Psychiatrie, behauptet noch heute, die DDR-Psychiatrie

Die ehemalige Kinderfachabteilung in Brandenburg-Görden.

habe »in ihrem wissenschaftlichen Gehalt, ihren Organisationsformen und ihrem ethischen Profil« auf einer Entwicklungsstufe gestanden, »die jener der alten Bundesländer nicht nachstand«.[81] Er hat, ungewollt, nicht einmal unrecht: Menschenverachtende Behandlung in psychiatrischen Anstalten ist keineswegs nur ein Problem des Ostens.

Ein Arzt erinnert sich in einem Gespräch nur ungern an eine geschlossene Station, wo die Patienten den ganzen Tag in einem halbdunklen Raum saßen, in dem nur die Hälfte der Birnen brannte. Als erstes schrieb er Glühbirnen auf, dachte, dann komme ein Elektriker und schraube die Birnen ein. Statt dessen kommt ein Anruf vom ärztlichen Direktor, es wäre ein Unding, wie man sich herausnehmen könne, Birnen aufzuschreiben. Das war der verrückte Alltag: Probleme zu leugnen, nicht zu regeln und sie statt dessen denen zum Problem zu machen, die überhaupt etwas ändern wollten.

Im Jahre 1989 besuchte die Journalistin Renate Oschlies[82] das Bezirkskrankenhaus Görden: »Ich ließ mich durch das Haus führen, und war stumm vor Entsetzen«, schrieb sie anschließend: »Ein junger Mann ist stehend am Fuß an die Wand gekettet. Warum er nicht einmal einen Stuhl zum Sitzen habe, frage ich. ›Den knabbert er sofort an, er ist freßsüchtig‹, die Erklärung. Den Fußboden unter seinen Füßen habe er schon aufgegessen. Nun ist er einen Meter weiter ›angepflockt‹.[83]«

Die Landesklinik Brandenburg, so die offizielle Bezeichnung heute, liegt idyllisch in einem Kiefernwäldchen, etwa sechs Kilometer vom Stadtkern Brandenburgs entfernt. Eine Straßenbahn fährt dorthin. Ich war im Herbst 1992 dort, als sich der wilde Wein an den Backsteinhäusern rot verfärbte. Die Zeit scheint stehengeblieben zu sein. Ich sehe die offenen Toiletten, schadhafte Abflußrohre, aus denen der Unrat dringt und den Putz aufquellen läßt. In einem Waschraum werden drei Menschen gebadet, fünf andere auf Stühlen gegenüber abgefertigt. Auf einer düsteren Station sitzen alte Männer mangels eines Aufzugs wie in einer Falle fest. Die geschlossene Frauenstation ist noch immer dunkel und trostlos, die meisten Frauen liegen im Bett, obgleich die Sonne scheint. Auf Heinzes ehemaliger Kinderfachabteilung, seit seinem unfreiwilligen Abgang wohl nicht mehr renoviert, verdrehen sich die Bewohner in bizarren Hospitalismusverrenkungen.

Einer meiner ersten Wege führte mich zum Friedhof. Die Gräber der Opfer sind eingeebnet, die Anstaltskirche ist seit langem als Abstellraum zweckentfremdet. Die Klinikleitung (»Träger des Karl-Marx-Ordens«) hatte keine andere Verwendung. Aber in der Verwaltung hat sich etwas getan: Die Bilder von Honecker und Stoph sind abgehängt und durch Porträts von Albert Schweitzer und Mutter Theresa ersetzt worden.

»Ein Glanzstück von Umschulungs- und Kaderpolitik ...«

Psychiatrie in der DDR

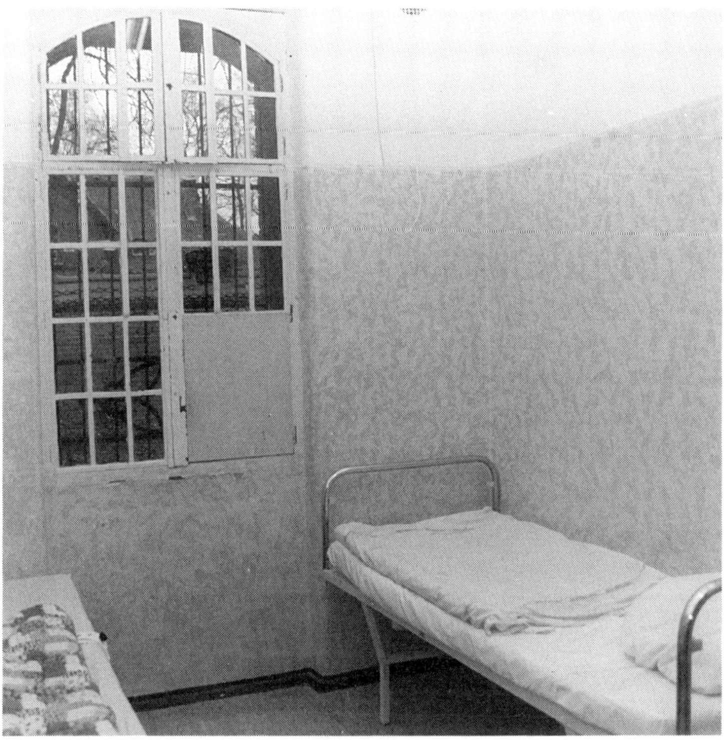

Ein »Krankenzimmer« im »Park-Krankenhaus« Leipzig-Dösen.

1. Die Entnazifizierungs-Legende

Am 28. April 1945 rückt die Rote Armee in die brandenburgische Landesanstalt Teupitz ein.[1] Von 31 Häusern ist nur noch ein Gebäude mit Psychiatriepatienten belegt. Von 600 Insassen sind bis Ende Oktober 1945 nur noch 54 am Leben. Im Januar 1950 übernimmt der SED-Funktionär Hans Sußmann die Verwaltungsleitung. Er findet 350 Patienten vor. Sie schlafen auf Strohsäcken und leiden an Hungerödemen, weil die Wirtschaftsleitung ihre Rationen verschiebt.[2] Die Toten werden in einem Gemeinschaftssarg mit aufklappbarem Boden bestattet.

Chefarzt und einziger Arzt überhaupt ist 1950 Dr. Walter Brand, ehemals Mitglied der SA und NSDAP. Er steht einer Belegschaft ehemaliger Gesinnungsgenossen vor: Zwei Drittel der Pfleger hatten der SS oder SA, 90 Prozent der Angestellten der NSDAP oder einer ihrer Gliederungen angehört. 1950 wird ein zweiter Arzt eingestellt: Dr. Fritz Häußer, ebenfalls ein alter Nazi.[3] Als der neue Verwaltungsleiter einen Vortrag über »Euthanasie« in Teupitz halten will, stößt er auf kollektive Ablehnung, auch bei den Angestellten, die inzwischen Mitglieder der SED geworden waren. Sußmann resigniert und sagt seinen Vortrag ab.[4]

Eigentlich sollten die ehemaligen Parteigenossen entlassen werden. Eigentlich. In einem Rundschreiben der Provinzialverwaltung Mark Brandenburg vom 22. August 1945 heißt es bereits einschränkend, »soweit nicht fachlich unentbehrlich«.[5] Man fand noch mehr Ausnahmeregelungen, eine davon: »Ein bewährter Antifaschist wird ›beigegeben‹.«[6] In Görden wie in Teupitz gibt es bei Kriegsende keinen einzigen Arzt, der nicht der NSDAP oder einer ihrer Gliederungen angehört hatte. In Teupitz hätte 1945 eigentlich Oberarzt Karl Sitzler gehen müssen, doch er ist der einzig verbliebene Arzt.[7] Als ein Baubeamter die mangelnde antifaschistische Einstellung beklagt, reagiert Sitzler mit den ureigenen Waffen eines Psychiaters: Er diagnostiziert die Kritik als Ausfluß einer manischen Phase.

Da fast alle Nervenärzte in der Partei gewesen waren, gibt es kaum Alternativen. So werden viele mittels einer Dienstverpflichtung den Landesanstalten wieder zugewiesen, allerdings zunächst als ungelernte Kräfte entlohnt. Ein Kommentar zur Entnazifizierungspraxis besagt: »Es war ein Glanzstück von Umschulungs- und Kaderpolitik.« Anfangs hatte es durchaus Zukunfts- und Lebensängste gegeben, doch am Ende waren die meisten NS-Ärzte entnazifiziert und wieder im Dienst.

Der Elektriker Willi Tieke, Mitglied der Sozialistischen Arbeiterjugend und Vorsitzender der Gewerkschaftsleitung, in einer Chronik der Anstalt Neuruppin: »Umgeben von Kolleginnen und Kollegen (alten Anstaltshasen), überwiegend ehemalige Angehörige der NSDAP bzw. Sympathisanten, war es schwer, festen Fuß zu fassen.«[8] Dabei hatten sich fast alle äußerlich gewendet: »In der Neuruppiner, Eberswalder und Teupitzer Landesanstalt waren alle Betriebsangehörigen im FDGB, in Lübben 86,1 Prozent, in der Landesanstalt Görden etwa 55 Prozent, aber mehr als 90 Prozent des Pflegepersonals. (...) Die Landesanstalt Wittstock wurde kommissarisch durch einen der KPD angehörenden Direktor Wolf geleitet, der bereits im Herbst 1945 die vollständige Mitgliedschaft der Mitarbeiter im FDGB meldet.«[9]

Die Entnazifizierung in der DDR-Psychiatrie ist eine Schizophrenie ganz eigener Art: Sie fand nicht statt, wird aber bis heute als eine der bedeutendsten Leistungen der Nachkriegsjahre verkauft. Otto Bach, Direktor der Dresdener Klinik für Psychiatrie der Medizinischen Akademie »Carl Gustav Carus«, auf einer von der Bundesregierung geförderten Ost-West-Tagung: »In einer ersten Entwicklungsphase der Psychiatrie Ostdeutschlands wurde ein mühsamer Wiederaufbau zweckentfremdeter Anstalten in Angriff genommen, das Betreuungschaos beseitigt, eine gesetzliche Gleichstellung der Versorgung psychiatrischer Einrichtungen erreicht und auch die Entnazifizierung durchgesetzt.«[10]

Bach könnte es besser wissen. Am Aufbau der Medizinischen Akademie Dresden beteiligt war nämlich Johannes Suckow[11], 1937 Regierungsmedizinalrat in Leipzig-Dösen, ab

1942 bei der »Euthanasie-Forschung« der Universitätspsychiatrie in Heidelberg eingesetzt. Auch Suckows Heidelberger Chef, der eng mit Paul Nitsche liierte Euthanasie-Professor Carl Schneider[12], gehörte zur sächsischen Euthanasie-Clique.[13] Schneider richtet sich nach seiner Verhaftung im Dezember 1946 selbst, Suckows Karriere beginnt erst: 1947 wird er Dozent an der Universität Leipzig, 1954 außerordentlicher Professor, 1957 bekommt er einen Lehrstuhl in Dresden.[14] In Suckows Gefolge ist wohl auch der »Euthanasie-Forscher« Ernst Schmorl nach Dresden gekommen.[15]

Am dicksten tragen die Leipziger Psychiater Klaus Weise und Matthias Uhle auf. Sie behaupten allen Ernstes: »In den ersten Jahren standen nach der Bestrafung aller (!) an den Euthanasieverbrechen beteiligten und der Überwindung der vom Faschismus propagierten Abwertung psychisch Kranker als ›unwertes Leben‹ die Gewährleistung elementarer Voraussetzungen pflegerischer und therapeutischer Bedingungen im Vordergrund der Bemühungen.«[16]

Die Behauptung, die DDR habe alle Euthanasieverbrecher bestraft und NS-Mediziner in Schimpf und Schande verjagt, ist *die* große Lebenslüge der DDR-Psychiatrie. Die Geschichtslüge wurde im Westen sogar geglaubt. Das schlechte Gewissen, selbst gegen Nazi-Ärzte nichts unternommen zu haben, ließ Fragen an die DDR-Kollegen offenbar nicht aufkommen. Noch 1989 gab Achim Thom (zusammen mit seinem russischen Kollegen Caregorodcev) im VEB Verlag Volk und Gesundheit das Buch »Medizin unterm Hakenkreuz« heraus. Im Vorwort wirft der Leipziger Professor der westdeutschen Ärzteschaft – völlig zu Recht – eine Tendenz zur Verdrängung der Medizinverbrechen vor. Danach wird Verdrängung-Ost praktiziert: NS-Mediziner, die in der DDR Karriere machten, kommen in Thoms Buch nicht vor. Dabei galt Thom in der DDR als kritischer Forscher: »Mit dem konnte man sogar über Freud reden«, hörte ich einmal. »Der war, gemessen an den anderen Gesellschaftswissenschaftlern, ein Mensch, der überhaupt denkfähig war.«

Ein extremes Beispiel, wie die eigene Geschichte umgebogen wird, ist die Darstellung des Anatomen Hermann Voss. Der Leipziger Prosektor war 1941 ordentlicher Professor und Direktor des Anatomischen Instituts der Reichsuniversität Posen geworden. Voss wartete mit seinem Assistenten Robert Herrlinger neben der Guillotine, um die Leichen der von der Gestapo Enthaupteten auszunehmen. Bei Kriegsende vergaß Voss, sein Tagebuch[17] mitzunehmen, in dem er u.a. festgehalten hatte: »Hier im Institutsgebäude ist auch im Kellergeschoß eine Verbrennungseinrichtung für Leichen. Sie steht jetzt ausschließlich im Dienste der Geheimen Staatspolizei. Die von ihr erschossenen Polen werden hier nachts eingeliefert und verbrannt. Wenn man doch nur die ganze polnische Gesellschaft so veraschen könnte.«

Thom zitiert diese Stelle als abschreckendes Beispiel im Kapitel »Die grundlegenden Merkmale der faschistischen Deformierung des humanen Sinnes der Medizin – die Lehren der Geschichte für die soziale Verantwortung des ärztlichen Berufes und die medizinische Ethik in unserer Zeit«.[18] Er verschweigt jedoch, daß Voss bis 1951 als Prosektor in Halle, bis 1962 als Ordinarius in Jena und anschließend lange Jahre als Emeritus am Greifswalder Anatomischen Institut gearbeitet hat, daß er mit dem Ehrentitel »hervorragender Wissenschaftler des Volkes« ausgezeichnet wurde und der Anatomie-Bestseller »Voss-Herrlinger, Taschenbuch der Anatomie« nicht nur im Westen, sondern auch im Osten in immer neuen Auflagen erschien.[19]

In der DDR sind einige wenige Euthanasie-Täter, unter ihnen Hermann Paul Nitsche, einer der beiden Leiter des NS-Krankenmords, verurteilt worden.[20] Nicht verfolgt wurden, wie schon erwähnt, Heinzes[21] Ärzte Pusch und Fischer. Karl-Heinz Pospiech, der mit dem Gördener »Material« promoviert hatte, wurde Kreisarzt in Burg bei Magdeburg.[22] Arnold Asmussen, Oberarzt der Gördener »Kinderfachabteilung«[23], arbeitete an der Universitätsnervenklinik in Greifswald.[24] Wilhelm Schuhmacher, ebenfalls zur »Euthanasie-Forschung« in Görden eingesetzt, kam an der Jugendpsychiatrischen Abteilung der Universitätsnervenklinik in Rostock unter.[25] Julius Hallervorden wird 1957 Mitglied der Naturwissenschaftlichen Akademie »Leopoldina« in Halle.[26] Monika Schneider, die Schwiegertochter Carl Schneiders, promoviert 1946 in Leipzig mit dem Thema: »Stoffwechselbelastungsproben bei schwachsinnigen Kindern«.[27] Die schwachsinnigen Kinder hatten zum »Forschungsmaterial« ihres Schwiegervaters gehört.

Hans Christoph Hempel war in der Leipziger »Kinderfachabteilung« Professor Catel zur Hand gegangen. Seine Doktorarbeit (»Ein Beitrag zur Huntingtonschen Erkrankung«) war bei Heinze entstanden, in Verbindung mit dem »Amt für Bevölkerungs- und Rassenpolitik der NSDAP, Gau Kurmark«. Hempel, Schüler zweier Euthanasie-Professoren, habilitiert sich 1960 an der Karl-Marx-Universität Leipzig.[28] Catels Oberarzt Erich Häßler wird Direktor der Universitätskinderklinik in Jena.[29]

Häßlers Vorgänger in Jena war bis 1954 Jussuf Ibrahim gewesen.[30] Über ihn liegen amtliche Beschwerden aus dem Jahre 1943 vor, weil in den Jenaer Krankenblättern immer wieder Einträge auftauchen: »Euthanasie beantragt«, obgleich der Kindermord doch geheimgehalten werden sollte. Eine weitere Beschwerde betraf ebenfalls die fehlende Geheimhaltung: Einer Mutter war gesagt worden, ihr Junge sei ein Idiot und müsse nach Stadtroda ins Landeskrankenhaus verlegt werden, »wo drei Ärzte aus Berlin die Kinder (...) untersuchen und darüber entscheiden, ob sie getötet werden sollen.«[31]

Direktor der Thüringischen Landesheilanstalten Stadtroda und der dortigen »Kinderfachabteilung« war Gerhard Kloos. Kloos, vom Reichsjustizministerium zudem ermächtigt, schwer erziehbare Jugendliche »kriminalbiologisch« zu begutachten, wechselt nach Kriegsende in den Westen, wird Direktor des Niedersächsischen Landeskrankenhauses in Göttingen. Seine Nachfolgerin im thüringischen Stadtroda ist seine Stellvertreterin, die Medizinalrätin Margarethe Hielscher. Sie wurde Weihnachten 1944 von der Kindermord-Tarnorganisation »Reichsausschuß zur wissenschaftlichen Erfassung erb- und anlagebedingter schwerer Leiden« mit einer anerkennenden Geldzuwendung bedacht.[32]

1949 kommt die Krankenschwester Anna, deren Ehemann in der Gaskammer von Sonnenstein geendet war, in die Anstalt Bernburg. In Bernburg waren allein im Jahre 1941 8601 Patienten und eine unbekannte Zahl von KZ-Häftlingen vergast worden. Die Krankenmörder hatten den Vergasungstrakt mit einem Zaun abgegrenzt, im übrigen Teil der Landesheilanstalt lief der Psychiatriebetrieb weiter. Als die Schwester 1949 eintrifft, sieht sie im Keller noch die Duschen, aus denen das Gas geströmt war, und der Seziertisch steht auch noch.[33]

Die Bernburger Ärzte hatten die schreienden Patienten gehört, den Schornstein rauchen sehen, waren in das Geheimnis offiziell eingeweiht worden.[34] 1960 erkundigte sich ein Bürger aus Oberhausen nach seiner ermordeten Mutter. Der stellvertretende Direktor, Medizinalrat Fritz Pfeiffer, fertigt den Anfrager ab, seine Mutter sei einer in Bernburg eingesetzten SS-Organisation zum Opfer gefallen: »Da aber unsere Einrichtung mit diesem Unternehmen keinerlei Gemeinschaft hatte, sind wir auch nicht im Besitz irgendwelcher Unterlagen.«[35]

Die Vergangenheit wurde verdrängt. Eine kleine Gedenkstätte erinnerte in erster Linie an die ermordeten kommunistischen KZ-Häftlinge und war der Öffentlichkeit nicht zugänglich. Die Räume rund um die Gaskammer dienten als Tages- und Arbeitstherapieräume für schwerstbehinderte Kinder und Jugendliche. Ute Hoffmann, heute Leiterin der Mahn- und Gedenkstätte: »Als Mitte der siebziger Jahre der damalige Ärztliche Direktor die Aufmerksamkeit auf den Massenmord an psychisch Kranken und geistig Behinderten lenkte, stieß sein Engagement – getragen von Angehörigen des mittleren medizinischen Personals und der Verwaltung – auf enge Grenzen.«[36]

Auch in Pirna, unweit Dresdens, wurde die mörderische Vergangenheit tabuisiert. In der Vergasungsanstalt Sonnenstein, oberhalb der Altstadt gelegen, waren 13720 Kranke und eine nicht bekannte Zahl KZ-Häftlinge ermordet worden. 1978 ließ die SED-Kreisleitung an der Treppe, die zum Sonnenstein hochführt, eine Tafel anbringen: »Zum Gedenken an die Opfer faschistischer Verbrechen, verübt in der ehemaligen Heil- und Pflegeanstalt auf dem Territorium Pirna-Sonnenstein 1940–1941.« Der Zutritt zum Gelände war verboten, weil dort der VEB Strömungsmaschinenbau eine Rüstungsproduktion für Militärflugzeuge und Panzer betrieb.

Rüstungsproduktion statt Gedenkstätte, eine Alternative.

2. Ein Lagebericht

Psychiatrische Krankenhäuser in der DDR waren für Westbesucher tabu. Besuchsversuche endeten an der Eingangspforte. Forschungsarbeiten, sofern überhaupt genehmigt, wurden als Geheimpapiere weggeschlossen. Auch die Zahl der Suizidtoten galt als Staatsgeheimnis. Deshalb beauftragte das Bundesministerium für Gesundheit 1990 Psychiatrie-Experten aus Ost und West mit einer Bestandsaufnahme »Zur Lage der Psychiatrie in der ehemaligen DDR«, die Ende Mai 1991 in Bonn vorgestellt wurde.[37]

Rund 90 psychiatrische Kliniken oder Abteilungen an Allgemeinkrankenhäusern wurden mittels Fragebogen oder durch Besuche erfaßt. Nur drei Viertel der stationären Einrichtungen füllten die Fragebogen aus. Die Besichtigungen erfolgten im Schnell-Durchlauf: Die Anstalten in Mecklenburg-Vorpommern und in Sachsen wurden z. B. in nur fünf Tagen absolviert. Manchmal kamen die Besucher über das Direktoren-Zimmer nicht hinaus. Wie die Experten bei diesem Blitz-Trip zu der Feststellung gelangten, die skandalösen Verhältnisse von Waldheim seien, »was den eklatanten Mißbrauch der Psychiatrie angeht, nicht zu verallgemeinern«, bleibt ein Rätsel.

Das Ergebnis der Untersuchung: Psychiatrische Versorgung in der ehemaligen DDR bedeutet in der Regel Verwahrung in baufälligen Großkliniken.[38] Wo man auch hinschaut: Es mangelt an Ärzten, Pflegern, Arbeitstherapeuten, mit einem Wort an allem. In der ehemaligen DDR-Psychiatrie sind zwischen 35 und 70 Prozent der Insassen fehlplaziert, weil nicht behandlungsbedürftig.

Es sind chronisch Kranke und geistig Behinderte, die in anderen Einrichtungen besser untergebracht wären (dies ist allerdings, wie so vieles, keineswegs nur ein Ostproblem). Geeignete Einrichtungen gibt es jedoch kaum. Pflegeheime, die besucht wurden, boten ein tristes Bild: Mehrbettzimmer, ärmliche Möblierung, und vor allem: keine Förderung. Im Fritz-Koch-Heim in Gera (Thüringen) wurden zum Beispiel Bewohner nachts in ihrem Zimmer eingesperrt, ein Nachtstuhl ersetzte die Toilette. In einem Heim im thüringischen Ort Behringen begann die Nachtwache um halb vier in der Nacht mit dem Wecken, um bis zum Morgen mit Waschen und Ankleiden der Pfleglinge fertig zu sein. Das Personal hatte nicht einmal Arbeitsverträge. Das Lob der Psychiatrie-Experten: »Dennoch arbeitet das Personal unverdrossen weiter und wirkt (...) erstaunlich locker, verantwortungsbereit und umgänglich mit den Bewohnern.«

Die Bestandsaufnahme »Zur Lage der Psychiatrie in der ehemaligen DDR« geht dem Vorwurf, die DDR-Psychiatrie habe den Büttel der Stasi gespielt, nicht nach. Es heißt lediglich: »Parteimitgliedschaft darf nicht allein schon als Indiz für einen (...) möglicherweise mißbräuchlichen Umgang mit der Psychiatrie gewertet werden.« Dies ist ein Urteil in eigener Sache: 22 der 36 Psychiatrie-Experten, die den Bericht erarbeitet haben, stammen aus der ehemaligen DDR.

Einer der Experten des Gesundheitsministeriums ist Ulrich Trenckmann, leitender Arzt der westfälischen Hans-Prinzhorn-Klinik. Trenckmann, vor Jahren selbst aus der DDR geflüchtet, kritisierte anschließend, der Bericht beschränke sich auf die fatale materielle Hinterlassenschaft, die geistige werde nicht in Frage gestellt. Die DDR habe sich Jahrzehnte abgegrenzt und eingemauert, das müsse Folgen im Bewußtsein haben: »Ein System ungebrochener obrigkeitsstaatlicher Tradition mit Abschottung nach außen und vormundschaftlich regierendem Staat nach innen muß nach Jahrzehnten der Existenz Spuren im Bewußtsein hinterlassen haben.«[39]

Mein erster Kontakt mit einem DDR-Psychiater war nur indirekt. Der Leitende Chefarzt eines Bezirkskrankenhauses be-

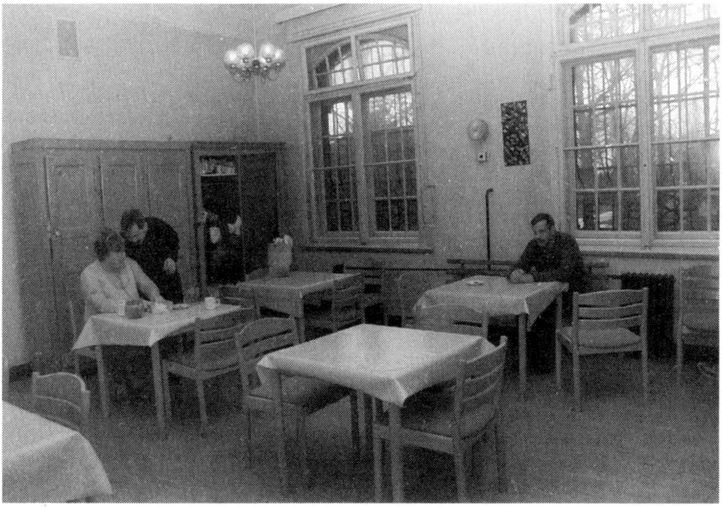

Aufenthaltsraum in Leipzig-Dösen.

schwerte sich über einen Artikel von mir: »Wer hat Herrn Klee autorisiert, in Ihrer sehr renommierten Zeitung derartiges zu behaupten?« An diesem Satz begriff ich die Mentalität mancher DDR-Psychiater. Mich muß niemand autorisieren, ich habe eine eigene Meinung. Ein anderer Psychiater schickte mir einen Aufsatz aus dem Jahre 1988, dort steht: »Wenn ich meine Arbeit mit Behinderten als Arzt und Anwalt verstehe, ist es wichtig, daß ich mich in Übereinstimmung weiß mit Grundsatzpositionen maßgeblicher Instanzen und kompetenter Repräsentanten, sozusagen meinem Obersten Gericht, das ich zitieren kann. Es war daher sehr zu begrüßen, daß sich vor allem der IX. und X. Parteitag mit dem Problem der Rehabilitation auseinandersetzte. (...)«

Die DDR-Psychiatrie war zentralistisch organisiert und biologisch ausgerichtet: »Eine wesentliche Rolle«, so Weise und Uhle, »spielten dabei die Bemühungen um die Anerkennung der Psychiatrie als klinische Disziplin mittels ihrer juristischen Angleichung an andere Fachgebiete und durch die konsequente Übernahme des naturwissenschaftlichen Krankheits- und

Therapieverständnisses.«[40] In der Praxis bedeutete dies eine »intensive Anwendung« somatischer »Therapieverfahren«, d.h. Elektroschock oder Psychopharmaka.[41]

Glaubt man Ost-Psychiatern, dann war die DDR-Psychiatrie den Allgemeinkrankenhäusern »rechtlich« gleichgestellt.[42] Abstrakt rechtlich mögen sie gleichgestellt gewesen sein, in der Praxis jedoch keineswegs: »Der psychisch Kranke und die für ihn zuständigen Institutionen«, klagt der Psychiater Schirmer, »standen immer am untersten Ende der materiellen und ideellen Zuwendung des Staates (halbierter Personalschlüssel, Lenkung der Bilanzen in die sogenannten ›somatischen‹ Fachgebiete usw.).«[43] Diese Erkenntnis brachte der Leiter der Gördener Anstalt («Träger des Karl-Marx-Ordens«) allerdings erst nach der »Wende« zu Papier.

1975 in Schwerin

»Kein Mensch, weder Ärzte noch Pflegepersonal, sprach nur ein Wort mit mir über meine Krankheit. Auch nicht über die Behandlung. Ich bekam Tabletten und Spritzen, wurde ruhiggestellt und verbrachte fast fünf Monate auf der geschlossenen Station im Dämmerzustand. Wir waren über zwanzig Personen in einem Wachsaal. Nachts Schreie, die Unruhe, die Neueinweisungen mit sich bringen. Die Gebäude stammten noch aus dem vorigen Jahrhundert, alles grau in grau.

Was ich den Ärzten schlecht verzeihen kann, ist, daß sie nicht ein einziges Wort über meine Krankheit mit mir sprachen, von der Einweisung bis zur Entlassung. Ich wußte überhaupt nicht, was mit mir geschah. Eine Qual waren die Chefarztvisiten jeden Donnerstag. Alle Patienten hatten sich in den Eß- und Aufenthaltsraum zu setzen, und dann ging die kleine Ärztegruppe von Tisch zu Tisch. So eine Visite dauerte an die drei Stunden. Psychisch Kranke sind oft unruhig, aber aufstehen war verboten. Es war auch Sitte, daß die Patienten aufzustehen hatten, wenn der Arzt mit ihnen sprach.

Alles in allem: militärische Strenge. Von menschlicher Wärme, Güte, Freundlichkeit, deren die Kranken bedurften, keine Spur. Wenn die Patienten das Bedürfnis hatten, sich auszusprechen, Zeichen großer Langeweile und Ungeduld auf den Gesichtern der Ärzte, nach dem Motto: Was Sie betrifft, wissen wir alles besser.«

Ein ehemaliger Patient

DDR-Psychiater, die publizieren durften, beteten die Psychiatrie gesund und rezitierten fließend: »Die Sicherung der Staatsgrenze der DDR am 13. August 1961 bildete die Voraussetzung für eine stabilere und kontinuierliche Entwicklung auch im Bereich des Gesundheitswesens.«[44] Sie mußten oder wollten die Inhaftnahme eines ganzen Volkes für normal erklären. Ein Fall von gespaltenem Bewußtsein – Schizophrenie.

In der Geschichte der DDR-Psychiatrie gelten die Rodewischer[45] und die Brandenburger[46] Thesen als Grundsatz-Positionen. Sie dienten der Selbstberuhigung und wurden dem Ausland als Beweise des Fortschritts vorgezeigt, waren aber im Inland oft nicht einmal den in der Psychiatrie Beschäftigten bekannt. Eine der Rodewischer Thesen lautet: »Optimale Therapie kommt nur unter optimalen Bedingungen optimal zur Wirkung.« Entscheidend für die Öffnung der Krankenstationen sei »ein durchdachtes rehabilitatives Heilregime«. Kommentar des Psychiaters Ehrig Lange, Vorsitzender der Problemkommission »Psychiatrie und Neurologie« beim Rat für Planung und Koordinierung der medizinischen Wissenschaften der DDR: »Die erste Maßnahme kann jedoch nicht der Wegfall der Gitter, nicht die Öffnung der Türen sein.« Zuerst seien die inneren Voraussetzungen zu erfüllen, »dann fallen die Gitter von selbst«.[47] Nun gab es aber keine optimale Therapie unter optimalen Bedingungen, und so erfüllten sich die inneren Voraussetzungen nie.

In der DDR waren die Großkliniken (ca. 30000 Betten) Zentrum der psychiatrischen Versorgung. Biologisch ausgerichtet, spielten sozialpsychiatrische Handlungskonzepte keine Rolle. Deshalb fehlen auch ergänzende (komplementäre) Einrichtungen, wie Wohnheime, Wohngruppen, betreute Wohngemeinschaften oder Einzelwohnungen. Nicht einmal die Vereinsgründung durch Privatpersonen war erlaubt, so daß sich Betroffene oder Angehörige nicht organisieren konnten. Der Staat sorgte für alles und alle, mit der Folge, daß viele Patienten in den veralteten Bettenburgen verschwanden, weil es keine andere Möglichkeit der Unterbringung gab.

Im Sommer 1992 besuchte ich die Psychosoziale Kontakt- und Beratungsstelle der Stadtmission Dresden und traf dort Mitglieder des »Vereins der Angehörigen und Freunde psychisch Kranker«. Ich habe selten so verzweifelte Menschen gesehen. Die Eltern fühlten sich völlig im Stich gelassen. Der Vater eines kranken Sohnes muß inzwischen selbst Medikamente nehmen, weil er die Versorgung nicht mehr schafft. Völlig überfordert, mischen einige Eltern ihren über 30jährigen »Kindern« heimlich Neuroleptika ins Essen.

Mitglied des Vereins ist auch Frau Dr. Müller, Mutter eines 28jährigen psychisch kranken Sohnes. Nach einem Aufenthalt in einer Klinik war er zuletzt direkt ins Dresdener Obdachlosenasyl entlassen worden. Begründung: Die Klinik sei nur für Akutfälle zuständig. Dies war bisher eher ein Westproblem: »Am schlimmsten finde ich«, so eine Sozialarbeiterin eines Asyls in Frankfurt am Main, »daß Leute aus der Psychiatrie mit dem Polizeiwagen hier abgeliefert werden. Vorher kriegen die noch eine Depotspritze, also Psychopharmaka, richtige Hämmer.«

Frau Müllers Sohn ist inzwischen wieder in der Klinik, in der Psychiatrie in Arnsdorf. Die Mutter ist am Ende. Wenn sie an den Arzt in Arnsdorf denkt, wird sie wütend: »Ich wurde nur mit der Peitsche geschlagen und angespuckt.«

Die Psychiatrie in Arnsdorf liegt 20 Kilometer östlich von Dresden und ist Sachsens größte Klinik. 1940/41 sind von hier rund 2000 Patienten in die Gaskammer »verlegt« worden.[48] Arnsdorfer Personal hielt den Mordbetrieb in der nahegelegenen Vergasungsanstalt Sonnenstein (Pirna) in Gang.

»In Arnsdorf«, behauptet mir gegenüber ein Arzt, »gingen die Betreuer vom MfS ein und aus.« Ein Mitglied der Experten-Kommission des Bundesgesundheitsministeriums berichtet über Arnsdorf, daß man bei der Besichtigung der Anstalt die Eltern des Vereins »Angehörige und Freunde psychisch Kranker« nicht in die Klinik lassen wollte. Zumindest Johannes Pförtner, der Pflegedienstleiter, und der Psychiater Hans Bach haben mir deutlich gemacht, daß es Mitarbeiter gibt, die für eine andere Psychiatrie motiviert sind.

Eine andere Psychiatrie ist jedoch noch nicht in Sicht: Baufällige Gebäude, Gitterfenster, große Säle, wenig Personal, das ist der Alltag in Arnsdorf. Auf der »Männerunruhe« führen mich zwei Pfleger. Der eine ist zwanzig, der andere dreißig Jahre im Dienst. »Das ist eine Langzeitabteilung«, sagt der ältere, »alles durcheinander, was in die Psychiatrie fällt.« Sein jüngerer Kollege ergänzt: »Das sind Patienten, die woanders kaum führbar sind oder schlecht führbar sind.«

Wir gehen auf die Station. Der Raum ist so nackt wie eine Badewanne.

»Ja also, das ist hier der Wachsaal«, sagt der jüngere. »Wir arbeiten im Saalsystem. Wir haben hier 60 Patienten, aufgeteilt in vier Säle und einige Einzelzimmer. Nach der Führbarkeit der Leute ist das aufgeteilt. Die Leichtführbaren sind in den hinteren Sälen, die schwer Führbaren sind hier vorne.«

Wir stehen im »Ersten Wachsaal«. In dem großen abgeschlossenen Raum stehen, sitzen, liegen die Kranken unbeschäftigt herum. »Hier sind die Patienten«, sagt der ältere Pfleger, »die unter ständiger Beobachtung stehen müssen. Und je weiter wir hinter kommen, desto besser werden sie.«

Mein Blick fällt auf einen Patienten, vollgepumpt mit Psychopharmaka, der sich kaum auf den Beinen halten kann.

»Und wie lange sind die meisten hier?« frage ich.

»Viele Jahre«, lautet die Auskunft. »Das ist verschieden: 10, 15 Jahre, manche weniger, manche mehr. Bis vor kurzem war einer, der war seit 1926 hier.« Beide Pfleger beteuern fast gleichzeitig: »Der ist altersmäßig gestorben.«

»Wie gesagt: Die durchlaufen alle die Kinderstation«, höre ich, »und wenn sie schwer führbar sind, kommen sie zu uns.« »Führbar« ist das meistgebrauchte Wort.

Wir kommen zu einer Veranda, wo geraucht werden darf. »Es geht vorrangig um Schlafen, Essen, Rauchen«, sagt der ältere Pfleger vor seinen Patienten. »Das ist ihr Lebensinhalt: Rauchen, Teetrinken, den ganzen Tag hier sitzen.« Wir begrüßen einen Mann. »Naja«, meint der Pfleger, »mit dem ist auch wenig anzufangen: schwerer Epileptiker.«

Psychiatrie in Arnsdorf: ein Waschraum.

Arnsdorf: ein »Krankenzimmer«.

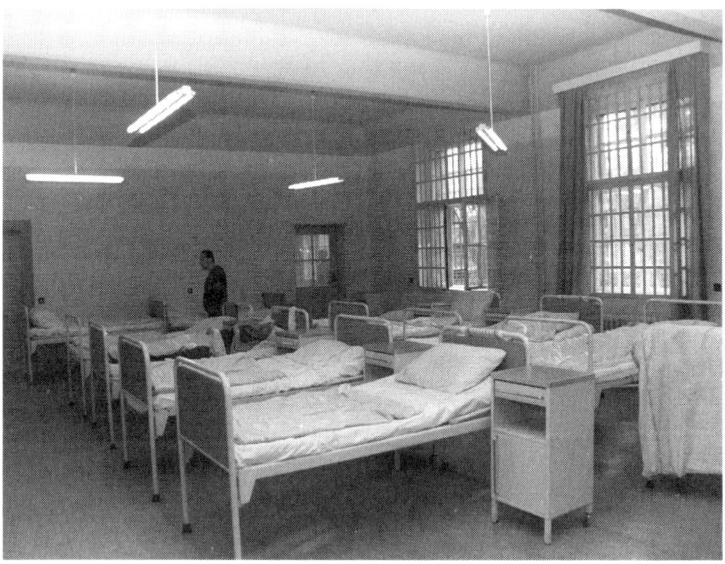

Im Speisesaal fällt mein Blick auf eine Tür. »Und was ist da hinten?« frage ich. »Da sehe ich so Schlitze.«

»Das war früher mal die sogenannte Zelle, das ›Einzelzimmer‹«, gibt der ältere Pfleger Auskunft und behauptet zugleich: »Das ist abgeschafft, das ist ein kleiner Kalfaktorraum, Besenschrank usw. Weiter ist da nischt drinne.«

Ich bitte, in die ehemalige Zelle einen Blick werfen zu dürfen. Die Tür wird aufgeschlossen. Hinter der Tür sitzt ein durch lange Verwahrung deformierter Mann. Der Patient ist schlecht zu verstehen, doch seine Aussage ist eindeutig: »Man hat mich hierher gesetzt und hat gesagt, hier bleibst du sitzen, du Vogel!« Er ist nicht der einzige, den ich in der Ostpsychiatrie auf diese Art weggesperrt fand.

Der Pfleger überspielt die Situation: »Der ist gern hier drin. Er will gern allein sein. Er hat krankhafte Ideen, schreit, ohne daß man ihm was tut.«

Wir kommen zu den offenen Toiletten. Der ältere Pfleger: »Das A und O ist die Sauberkeit!« Sauber ist es, eine Intimsphäre gibt es aber in Arnsdorf und anderswo nicht. Weder beim Baden noch auf der Toilette ist ein Patient jemals allein.

Wir passieren Saal für Saal. Einer sieht wie der andere aus. In Arnsdorf haben sich schon Patienten unters Bett gelegt, um wenigstens einmal privat zu sein.

Ich merke an, daß relativ viele Patienten im Bett liegen.

Der ältere Pfleger: »Vielmal ist es Interesselosigkeit dem Tag gegenüber.«

»Aber die Nacht hat hier doch auch nicht viel zu bieten«, reagiere ich. Beide lachen verlegen.

Am Schluß des Rundgangs frage ich die Pfleger, ob ihre Arbeitssituation und die Situation auf Station jetzt besser sei als früher?

»Ich würde sagen, es ist schlechter geworden«, sagen beide. »Früher hat man die Arbeitstherapie gehabt, das hat viel abgelenkt. Mit der Wende ist alles eingeschlafen, weil alle Betriebe, für die wir Arbeitstherapie gemacht haben, pleite gegangen sind.«

»Uns fehlt der ärztliche Direktor«, klagt der ältere Pfleger, denn es gibt nur einen kommissarischen Direktor. »Uns fehlt eine richtige Leitung.«

Da ich keinen Arzt auf Station gesehen habe, bemerke ich: »Die Arbeit ist wohl weitgehend Ihnen überlassen?«

Die Antwort: »Der Arzt kommt fünf oder zehn Minuten, früh um achte kommt der mal kucken, fragt was, blättert das Berichtsbuch um, schaut, was für Berichte drinnen stehen, welche Wünsche anstehen seitens der Patienten, dann geht er wieder.«

Nun möchte ich allerdings wissen, was der Arzt den Rest des Tages mache. Die Auskunft: »Dann geht er auf eine andere Station. Er hat mehrere Stationen.«

»Und da geht er immer mal fünf Minuten hin?«

»Ja«, sagt der Pfleger, korrigiert sich dann: »Und dann hat er viel Schriftliches zu erledigen, soweit ich informiert bin.« Schließlich fällt ihm noch ein: »Visite gibt's auch.«

Wie oft Visite sei, frage ich.

»Naja, es kommt ganz drauf an«, lautet die ausweichende Antwort, »wie die Situationen sind.« »Normalerweise ist eine Visite im Monat einmal«, sagt einer der Pfleger, fügt aber mit Betonung hinzu: »Chefarztvisite!«

»Einmal im Monat ist Chefarztvisite« wiederhole ich. »Und wie oft ist eine normale Visite?«

Die Antwort: »Direkt eine normale Visite, die gibt's gar nicht.«

Es gibt keine Therapie. Den Arzt sehen die Patienten vielleicht einmal am Tag, allenfalls für wenige Minuten. Statt dessen müssen sie Neuroleptika schlucken, ihr »Süppchen«, wie es im Anstaltsjargon heißt.

Der ältere Pfleger sucht die Situation zu retten: »Wir sind eine Psychiatrie«, meint er, »und keine Chirurgie.«

Am nächsten Tag bin ich auf der Kinder-Station verabredet. Hier, so versichert die Klinikleitung, herrsche ein anderes Klima, werde alles viel besser sein. Ich besuche eine Kindergruppe. Der erste Eindruck läßt erschrecken. Es sind Kinder darunter, die sich stumm verdrehen, andere schreien schrill. Ein Mädchen kommt herbei. Mit einem lauten Heulton kündigt sie jeweils an, daß sie sich gleich mit der Faust gegen die Schläfen schlagen wird. Der Mechanismus ist einfach: Schreit sie, ergreift man unwillkürlich ihre Hand, um sie am Schlagen zu hindern. Ist niemand da, klatschen die Schläge gegen die Schläfen.

So erschreckend der erste Eindruck ist, so ist doch erkennbar, daß die Kinder dieser Gruppe liebevoll behandelt werden. Das liegt an der Erzieherin: »Unser Ziel ist«, erklärt sie, »die Möglichkeiten herauszufinden, was aus den Kindern herauszuholen ist. Wir staunen jeden Tag mehr. Es gibt Kinder, die am Anfang kein Wort gesprochen haben, mit denen kann man schon kleine Gespräche führen.« Wer die Kinder heute sieht, kommt nicht auf den Gedanken, daß viele früher noch in ihren Betten gefesselt lagen, an Stühle gebunden waren oder auf dem Fußboden krochen. Auf der ehemaligen Verwahrstation ist Leben eingekehrt.

Doch noch immer leben die Kinder und Jugendlichen in großen Sälen, die ineinander übergehen, Bett bei Bett. Während die Masse der Bewohner im Speisesaal beim Essen sitzt, fällt mein Blick auf eine Tür zu einem angrenzenden Raum. Dort sind Behinderte sich offenbar selbst überlassen. Weit und breit sehe ich kein Personal. Ich frage nach dieser Gruppe. »Die gehört der Roswitha«, höre ich, »die kümmert sich um die Kinder.« Ich frage völlig überrascht: »Diese Gruppe wird von einer Patientin geführt?« Im Raum befinden sich blinde und autistische Kinder. An einem Tisch sitzt ein Junge mit stereotypen Schaukelbewegungen. Er ist seiner Blindheit völlig ausgeliefert. Da sich niemand mit ihm beschäftigt, muß er sich mit sich selbst beschäftigen und produziert deshalb Ticks. Ein weiterer Blinder hat als Bewegungsfläche zwei Meter einer Fensterbank und greift in die Gitter vorm Fenster.

Die Schwerstbehinderten, die am meisten Zuwendung und Förderung brauchten, blieben in der DDR ohne Hilfe.

Ein Sündenfall der DDR-Psychiatrie. Ehrig Lange, der schon

erwähnte Vorsitzende der Problemkommission »Psychiatrie und Neurologie« beim Rat für Planung und Koordinierung der medizinischen Wissenschaften der DDR, in einem Kommentar zu den Rodewischer Thesen: »Solange (...) keine Spezialheime für hochgradig schwachsinnige Kinder und Jugendliche mit nur schwer korrigierbaren erethischen (d.h.: erregbaren) und antisozial sich auswirkenden Verhaltensweisen geschaffen sind, wird dieser Patientenanteil oft für längere Zeit geschlossen geführt werden müssen.«[49]

Welch ein Schwachsinn: Nicht die Kinder sind antisozial, sondern Psychiater, die sie wegsperren, hospitalisieren, lebenslänglich schädigen. Die Kinder brauchen nicht Führung, sie brauchen Förderung.

3. Politischer Mißbrauch

Psychiater-Ost wie Psychiater-West waren sich schnell einig: In der DDR hat es keinen politischen Mißbrauch der Psychiatrie gegeben. Die Seelenkundler-Ost hatten nicht als Handlanger der Staatssicherheit gedient. Einer, der es besser wissen könnte, Siegfried Schirmer, zu DDR-Zeiten Anstaltsleiter in Görden: »Die Psychiater der DDR waren in aller Regel echte ›Anwälte‹ ihrer Patienten angesichts eines Regimes, das in psychisch Kranken ›Nichtangepaßte‹ und damit eine Gefährdung sah. Der tatsächliche Mißbrauch der Psychiatrie in Waldheim (...) ist eindeutig eine Einzelerscheinung.«[50]

In der DDR, so das häufigste Argument, hat es weniger Zwangseinweisungen gegeben als im Westen. Das Einweisungsgesetz[51], sagen DDR-Psychiater im Chor, sei eine in der Geschichte der Psychiatrie einmalig vorbildliche humanistische Regelung.[52] Es versprach die »besondere Fürsorge des sozialistischen Staates« und fand Anwendung »auf psychisch Kranke, Kranke mit begründetem Verdacht auf eine psychische Erkrankung und Personen mit schwerer Fehlentwicklung der Persönlichkeit von Krankheitswert« (§ 1).

Bürger, die einer psychischen Erkrankung verdächtig waren,

hatten überhaupt keine Chance, ihrer Internierung zu entgehen. Das Einweisungsgesetz erlaubte nämlich die jederzeitige Arrestierung: »Dulden (...) die Abwehr einer ernsthaften Gefahr für andere Personen oder für das Zusammenleben der Bürger keinen Aufschub, kann jeder (!) Arzt auf Grund seiner Feststellung eine vorläufig befristete Einweisung anordnen.« (§ 6) Die Einweisung mußte zwar durch den Kreisarzt bestätigt werden, doch die Kreisärzte, so höre ich in vielen Gesprächen, waren Teil des Staatsapparats und in die Weisungsstruktur eingebunden: »Und das rangierte immer vor dem Arztsein«, so ein Gesprächspartner, »jedenfalls bei denen, die ich kennengelernt habe.« Die Kreisärzte besorgten im Zweifel das Geschäft der Stasi.

Der prominenteste Fall von Mißbrauch betrifft den sächsischen Innenminister Heinz Eggert. Der Bürgerrechtler, bis zur Wende Studentenpfarrer in Zittau, galt zu DDR-Zeiten als der »reaktionärste Pfarrer« Sachsens. Er wurde seit Ende der sechziger Jahre rund um die Uhr von Stasi-Spitzeln überwacht. 1982 befahl der Dresdener MfS-Chef, mit operativen Maßnahmen »die Phase des Zersetzungsprozesses« zu beginnen. Hausdurchsuchungen, Verhöre von Angehörigen und die ständige Observierung zeigten die erwünschte Wirkung. Am 4. April 1984 sucht Eggert die nervenärztliche Ambulanz der Anstalt Großschweidnitz auf. Die Diagnose: »Überforderungssyndrom mit depressiver Symptomatik«. Nach einem Urlaub soll Eggert wiederkommen.

Wenige Tage später verdüstert sich sein Zustand. Ein befreundeter Nervenarzt, wie sich später herausstellen wird, ein informeller Mitarbeiter (IM) der Stasi, drängt zur Rückkehr nach Großschweidnitz. In der Klinik wird Eggert mit Zwangseinweisung (siehe oben) bedroht, falls er nicht freiwillig bleibe. So bleibt er notgedrungen. Der Chefarzt (»IM Manfred«) läßt den Regimegegner mit Neuroleptika und Antidepressiva vollpumpen. Eggert beginnt sich zu verändern: »Ich war von einer ständigen Unruhe beherrscht, im Bett angebunden, konnte nicht gehen.«[53]

Das Ermittlungsverfahren wegen Freiheitsberaubung und Nötigung wurde im Dezember 1992 eingestellt. »IM Manfred« habe der Stasi erst zehn Tage nach dem Zugang über seinen Patienten berichtet. Der aus dem Westen beigezogene Sachverständige wollte in der Behandlung keinen Kunstfehler sehen (schließlich werden auch im Westen Neuroleptika reichlich verabreicht). Eggert stand plötzlich wie ein Lügner da, Häme war zu spüren und Erleichterung: Die Psychiatrie hatte einen Kranken behandelt und keineswegs einen Regimegegner zur Strekke gebracht! Eine Verdrängungsleistung: Die Stasi hatte ihr Opfer MfS-Psychiatern zugetrieben, der Rest erledigte sich psychiatriemäßig.

Ist das Opfer erst einmal der Psychiatrie zugeführt, lassen sich Mißbrauchsfälle kaum noch feststellen. Kein Mensch kann unterscheiden«, sagt Wolfram von der Leipziger Betroffenen-Initiative »Durchblick«, »wenn einer stark unter Psychopharmaka steht, ob der krank oder durch diese persönlichkeitsverändernden Medikamente so ist. Ich kenne viele, die sich ständig von der Stasi verfolgt fühlten. Im nachhinein ist es schwer zu sagen, ist der Mann krank oder wirklich verfolgt worden.«

Die Grenzen zwischen Bespitzelung und Einbildung waren ohnedies schwer auszumachen: »Im Freundeskreis hat man immer gesagt«, so Margit, »über einen wird mehr gewußt, als man selber weiß. Man wußte nie, ist es eine Verkennung der Tatsachen oder schon Schizophrenie.« Wolfram: »Man merkte überall, der Parteisekretär oder der Kaderleiter, die wußten irgendwelche Sachen, die sie eigentlich nicht wissen durften.« Überwacht, kontrolliert, ausgespäht wurden oder fühlten sich fast alle. Das Schizophrene war sozusagen normal.

Die Normalität der Schizophrenie hat am trefflichsten Martin am Beispiel seiner West-Krawatte geschildert: »Es war Leipziger Messe, die Stände wurden abgebaut. Da kam einer aus dem Westen, sagte: ›Hier, wollen Sie einen Schlips haben?‹ Wir waren ja geschult, daß wir mit keinem reden durften und daß wir beobachtet wurden. Ich habe den Schlips mitgenommen und mich dann von diesem Westschlips bedroht gefühlt. Ich hab ihn nicht weggeschmissen, konnte ihn aber auch nicht tragen. Die Angst war so übersteigert, daß ich mich schon bedroht fühlte, wenn ich von einem aus dem Westen angesprochen wurde.«

Der Geschichte ist ganz nebenbei zu entnehmen, daß Martin zu dieser Zeit nicht in Klinik-Behandlung gewesen ist. Auf Anweisung des Kreisarztes[54] durften nämlich bei Staatsfeiertagen und Staatsbesuchen Patienten die Psychiatrie nicht verlassen. »An Tagen, da internationales Publikum da war«, erinnert sich Wolfram, »zur Leipziger Messe, wenn Sportfest war oder Volkswahlen, hatten wir Ausgangssperre.«

In jeder psychiatrischen Einrichtung habe ich gefragt, ob es Fälle von politischem Mißbrauch gegeben habe, überall wurde dies verneint. Ich traf einen Anstaltsleiter, der Einweisungen auf Grund gefälschter Krankenunterlagen nicht gänzlich ausschließen wollte. Entgegen aller Beteuerungen ist eines jedoch sicher: In allen Kliniken hatte die Stasi Zugriff auf die Krankenakten. Und wenn einer vom MfS selbst Patient wurde, höre ich in einer Klinik, haben sie einen zweiten mit ins Zimmer gelegt. So bespitzelte ein Spitzel den anderen, damit der in seiner Psychose nichts ausplaudere. Eine Ärztin berichtet, daß natürlich auch Psychiater Psychiater bespitzelten und denunzierten und noch heute im Dienst sind. Politischer Mißbrauch betraf nicht nur Patienten.

Viele verwechseln aus Gewohnheit Befürsorgung und Überwachung. »Dieses System der Befürsorgung«, preist Ex-Direktor Schirmer die DDR-Psychiatrie, »gewährleistet, daß jeder (!) psychisch Kranke auch nach seiner stationären Entlassung in fachlicher Betreuung blieb und jede (!) psychisch auffällige Person innerhalb kurzer Zeit nervenärztlich eingeschätzt und erforderlichenfalls behandelt werden konnte.«[55] Ein Regime, das grundsätzlich keinem Psychiatriepatienten das Wahlrecht zuerkannte[56], sagte Fürsorge und meinte Kontrolle.

Die Möglichkeit des Zugriffs auf Kranke hat viele Ärzte in der DDR fasziniert. Noch heute lobt Tilo Degenhardt, der Ärztliche Direktor des Fachkrankenhauses Rodewisch: »Eine sicher günstige Regelung war die Meldepflicht bei angeborenen Krankheiten und Leiden.«[57] Das erinnert an Zeiten, in denen es einen »Reichsausschuß zur wissenschaftlichen Erfassung erb- und anlagebedingter schwerer Leiden« gab. Wo »Krankheiten« erfaßt werden, müssen die Menschen, die an diesen Krankheiten leiden, auf der Hut sein.

In der DDR mußten Patienten ihre Diagnosen offen zu Markte tragen. Normalerweise wurden die Diagnosen in den Sozialversicherungs-Ausweis eingetragen, den jeder hatte. Vorne stand das Arbeitsverhältnis, der Verdienst, das Versicherungsverhältnis und hinten die Krankheiten, die IKK-Nummer (Internationale Klassifikation). Auch auf der Krankmeldung, die ein Kranker seinem Betrieb einreichte, mußte die Krankheit aufgeführt sein.

Das System strafte Abweichler und förderte die Spitzel: »Sehen Sie«, sagte mir eine Ärztin in Schwerin, »Hochschullehrer konnte man nur werden mit einem Zusatz-Vertrag mit der Stasi.« Viele trennten sich nur schwer von ihrer Diagnose-Allmacht. »Ein bekannter DDR-Psychiater«, erzählt mir jemand, »drohte mir, mich in ein Internierungslager einweisen zu lassen, weil ich an den Leipziger Montags-Demonstrationen teilnahm.« Zusatz zu dieser Schilderung: »Er ist aber ein guter Psychiater.«

Politische Abweichler und »Staatsverräter« standen jederzeit in Gefahr, psychiatrisiert zu werden. Der inzwischen pensionierte Leiter der Forensischen Psychiatrie an der Humboldt-Universität in Ostberlin: »Wenn ein Untersuchungshäftling mir sagte, er sei von der Stasi bespitzelt und verfolgt worden, (...) habe ich dann bei den Sicherheitsorganen nachgefragt, ob an der behaupteten Bespitzelung etwas dran sei. Sagten die ›nein‹ (...), stand fest: Der Mann litt an Verfolgungswahn.« Der Psychiater über seine Diagnostik: »Wenn früher einer ›Scheiß Honecker‹ sagte, dann war der für mich nicht voll zurechnungsfähig, heute ist er es.«[58]

Ein Arzt erzählt mir, in seiner Klinik sei eine Frau aus dem Staatsapparat nach einem Suizidversuch als Patientin gewesen.

Er wird zum Klinikleiter bestellt. Dort sitzen zwei Herren, denen über die Patientin Bericht erstattet werden soll. Der Klinikleiter entbindet den behandelnden Arzt von der Schweigepflicht. Auf den Hinweis, daß dies nur die Patientin könne, drängt der Psychiatriedirektor, man müsse doch mit den Herren zusammenarbeiten. Nachdem auch das nichts hilft, werden die beiden hinausgeschickt. Nun muß der behandelnde Arzt seinem Vorgesetzten Auskunft geben und erzählt auch in groben Zügen, was geschehen ist. Danach ruft der Psychiatriedirektor die beiden Herren wieder herein und erzählt ihnen im Beisein des Behandlers, was er gerade erfahren hat. Er bricht also nicht nur die ärztliche Schweigepflicht, sondern demütigt auch noch seinen Untergebenen.

Manchen psychiatrischen Krankenakten ließ sich durchaus entnehmen, so eine weitere Schilderung, daß die Stasi beteiligt war, wenn Menschen nicht mehr Fuß fassen konnten. Alle Versuche, solchen Patienten zu helfen, seien abgeblockt worden. Da war es das einfachste, sie zu psychiatrisieren, unter Umständen in der guten Absicht, ihnen zur Ausreise zu verhelfen. »Die Stasi«, höre ich, »war ja nur ausübendes Organ der Partei. Es gab Nutzer, Beauftrager und Beteiligte. Und dazu gehörten sämtliche Direktoren, deren Stellvertreter, Parteisekretäre & Co., und mir blieb eigentlich nur übrig, nichts in die Krankenakten zu schreiben, soweit das möglich war. Aber bei den Mengen von Menschen war dies nicht immer möglich.«

Ich erzähle, alle behaupteten, es habe keinen Mißbrauch der Psychiatrie gegeben. »Dabei habe ich mit Leuten über die Stasi geredet«, sage ich, »von denen ich überzeugt war, daß sie okay sind.« Die Antwort: »Dieses prinzipielle okay gibt es nicht. Es gibt immer nur mehr oder weniger.« Viele Psychiater behaupten heute, in ihrer Umgebung sei das nicht so gewesen. Manche taten schon zu DDR-Zeiten so, als ob sie von nichts wüßten. Im besten Falle verdrängten sie, was mit ihrem Stolz nicht vereinbar war.

Viele sind empört, daß alle, die »drüben« geblieben sind, heute als Langweiler, Feiglinge oder gar als Folterknechte abgetan werden. Ein überzeugendes Argument ist der Hinweis, daß viele aus Verantwortungsbewußtsein ihren Patienten gegenüber im Lande blieben. Doch viele sind schlichtweg gekränkt, daß die Allmacht dahin ist, mit der Ärzte und auch Pflegepersonal über Patienten herrschen konnten, wie sie die Angehörigen kalt abbügelten. Und dieses Personal, das Menschen in den Kliniken geistig verfaulen ließ, manchmal die Bewohner einer ganzen Station in die Betten »fixierte« oder an Stühlen und Heizkörpern festband, diese Leute sind heute noch im Dienst.

Es sind auch noch immer Ärztliche Direktoren in Amt und Würden, von denen man weiß, »daß (sie) ohne Zustimmung der Stasi nicht gewählt werden oder tätig bleiben konnte(n).« Einer der gemeint sein könnte, ist Professor Bernd Nickel, Direktor der Zentralklinik für Psychiatrie und Neurologie »Wilhelm Griesinger« in Ost-Berlin. Er ist noch immer im Dienst. Die ehemalige Leitklinik der DDR galt als Ausbildungsstelle für Stasi-Leute im Medizindienst. Nickel, ehemals psychiatrischer Berater des DDR-Gesundheitsministeriums, gehört zu jenen, die die Zustände in der DDR-Psychiatrie verantworteten und geblieben sind. Weiterhin praktizieren kann auch Karl Seidel, beratender Psychiater des ZK der SED. Er hat sich in Ostberlin niedergelassen.

> »Acht Jahre waren wir im Wismarer Klinikum den Profis ausgeliefert – abgeschoben und unaufgeklärt gehalten. Wir sahen, wie unsere Tochter mit Psychopharmaka vollgestopft und zum Monster entstellt wurde. Diese gleichen Profis sind auf den gleichen Etagen tätig und gaukeln uns ihre Unschuld vor.«
>
> Der Sprecher der Angehörigen psychisch Kranker in Mecklenburg-Vorpommern in einem Brief, April 1993

Dr. Klaus Gollert war vormals Mitglied der NDPD, der Nationaldemokratischen Partei Deutschlands. Heute ist er Sozialminister von Mecklenburg-Vorpommern und politisch für die Zustände in Ueckermünde verantwortlich. Nach dem Handbuch des Landtags Mecklenburg-Vorpommern war er von 1970 bis

1985 Chefarzt einer Poliklinik, von 1985 bis 1987 Direktor einer Medizinischen Einrichtung und von 1988 bis 1990 stellvertretender Kreisarzt. »Nach aller Erfahrung«, frage ich einen Abgeordneten des Landtags, »müßte er in diesen Funktionen Stasi-Kontakte gehabt haben.« Die Antwort: »Ja, der Erfahrung nach, aber alle amtierenden Mitglieder des Landtags sind parlamentarisch überprüft worden.«

Die Situation erinnert an die »Entnazifizierung« in der Nachkriegszeit. Wer hat was getan, wer wen bespitzelt. Es gibt inzwischen sogar Stasi-Spitzel, die behaupten, sie hätten ihre Berichte zum Schutze der Bespitzelten verfaßt. Ein Pfleger erzählt mir, daß sein Nachbar als »IM« gearbeitet und über ihn berichtet habe: »Er wird nun als Sozialarbeiter beim Diakonischen Werk ausgebildet.« Eine Schwester in der Altenarbeit überrascht mich mit der Behauptung, wir im Westen merkten gar nicht, wie die Sozialarbeit unterwandert werde. Als Beispiel nennt sie Stasi-Leute, die massenhaft zur Altenarbeit umgeschult werden und in Leitungsfunktionen aufsteigen. Stasi-Spitzel in der Sozialarbeit?! Die DDR hat viele Strukturen aus der Nazi-Zeit übernommen, dazu zählt auch, daß Behinderte als bildungsfähige und -unfähige, als »sozial brauchbare« und »sozial unbrauchbare« selektiert und entsprechend behandelt wurden.

»Ausmerzereif oder förderungsbedürftig ...«

Jugendpsychiatrie und Fürsorgeerziehung

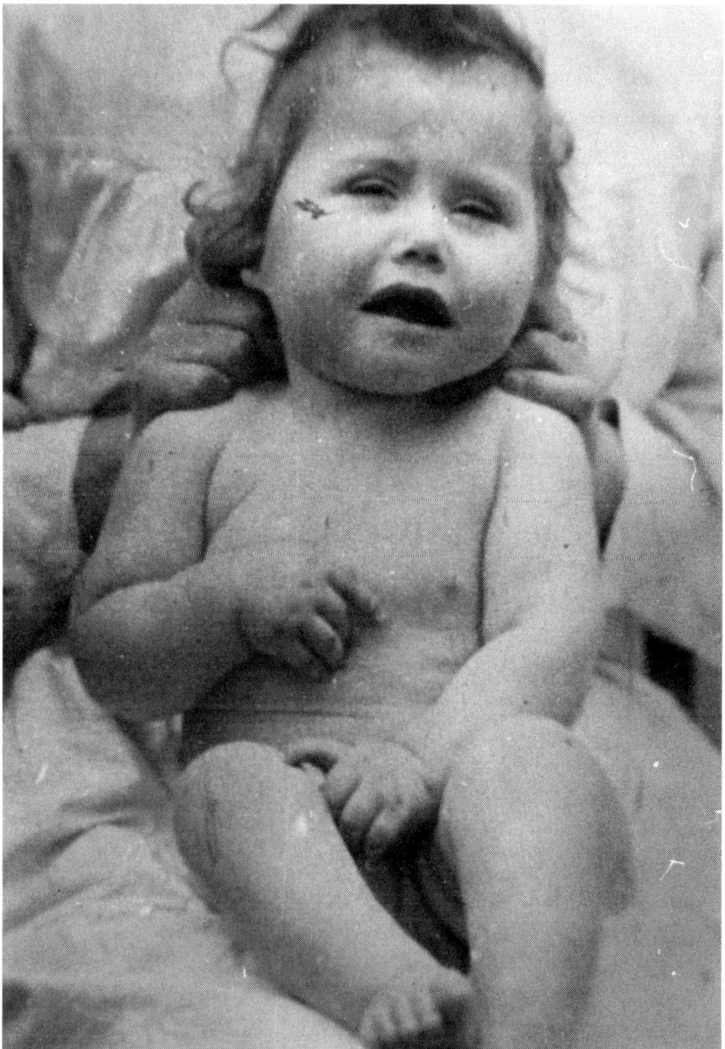

Peter, in Brandenburg-Görden vernichtet.

1. Sichten und Vernichten

Am 9. November 1959 ist der Marburger Professor Wilhelm Pfannenstiel bei der Staatsanwaltschaft vorgeladen. Der ehemalige Leiter des Hygiene-Instituts der medizinischen Fakultät, SS-Standartenführer und beratende Hygieniker der SS, hatte August 1942 das Vernichtungslager Belzec besucht und die Vergasung von Juden besichtigt: »Selbst vor dem Gebäude mit den Gaskammern«, berichtet er, »waren Blumen gepflanzt.«[1] Massenmord als Idylle, das scheint Pfannenstiels Spezialität gewesen zu sein. Eine Examensfrage Pfannenstiels soll gelautet haben: »Wie sieht ein Konzentrationslager aus?« Die richtige Antwort: »Es ist sauber, und es sind Blumenkästen vor den Fenstern.«[2]

Am nächsten Tag geht bei der Kriminalpolizei in Marburg/Lahn ein Fahndungsersuchen ein. Gesucht wird Professor Werner Heyde, 1939–1941 medizinischer Leiter der Kranken-Vergasungen, der zehn Jahre lang unter dem Pseudonym Dr. Sawade gelebt hatte. Seine Tarnung ist gerade aufgeflogen, bei einer Hausdurchsuchung war auch eine Marburger Adresse gefunden worden. Die Staatsanwaltschaft ahnt zu diesem Zeitpunkt nicht, daß in Marburg ein ehemaliger Mitarbeiter Heydes hochgeachtet lebt, Professor Werner Villinger. Und als sie dahinter kommt, daß in der Universitätsstadt auch Professor Walter Schnell, der ehemalige Leiter des Gesundheitsamtes in Lodz, untergekommen ist, ist dieser bereits tot. Schnell war zuletzt Geschäftsführender Präsident des »Grünen Kreuzes« gewesen. Medizinaldirektor Herbert Grohmann (»Ich war reiner Erbbiologe, heute arbeite ich auf dem Gebiete der Sozialmedizin«), 1940 Abteilungsleiter für Erb- und Rassenpflege am Gesundheitsamt Lodz (Litzmannstadt): »Ich habe meines Wissens erstmals im Herbst 1940 durch Dr. Schnell gehört, daß man Geisteskranke töte. Wenn ich mich recht erinnere, sprach Dr. Schnell in diesem Zusammenhang von einem nicht veröffentlichten Gesetz.«[3] Der Name Schnell findet sich in einem internen Papier (»Meinungsäußerungen zum Gesetz«) der Berliner

Mord-Zentrale. Es enthält Stellungnahmen eingeweihter Experten zu einem geplanten »Euthanasiegesetz«, das den Krankenmord legalisieren sollte.[4]

Marburg an der Lahn, der Alterssitz dieser »ehrenwerten Gesellschaft«, gilt als »Mekka« der Kinderseelen-Kunde. Hier lehren nach 1945 die prominentesten Psychiater ihres Faches: Werner Villinger, 1952 als »Führer der deutschen Jugendpsychiatrie«[5] gefeiert, und sein Nachfolger Hermann Stutte, der »Nestor« der Kinder- und Jugendpsychiatrie. Wahrscheinlich zählt sich der heutige Lehrstuhlinhaber und Stutte-Schüler Helmut Remschmidt auch dazu.

Prof. Dr. med. Dr. phil. h.c. Dr. jur. h.c. Stutte hat die Kinderseelen-Kunde im Dritten Reich gelernt: bei seinem »verehrten Lehrer« Hermann Fritz Hoffmann (»Nazi-Hoffmann«), von 1933 bis 1936 Direktor der Uni-Psychiatrie in Gießen. In dem 1934 aufgelegten Sammelband »Erblehre und Rassenhygiene im völkischen Staat« hatte Hoffmann »großangelegte Nachkommensuntersuchungen« angekündigt[6], um »Sozial-Abnorme« sterilisieren zu können: Diesem Zweck dienen 1934/35 erbbiologische Forschungen an Gießener Fürsorgezöglingen. Freigestellt für diese Forschung ist Hermann Stutte.[7]

Hoffmann wird 1936 Direktor der Tübinger Nervenklinik und ein Jahr später – in der Uniform eines SA-Obersturmführers – Rektor der Universität. Hermann Stutte folgt seinem Lehrer. In Tübingen trifft er den Rassenhygieniker Robert Gaupp: »Gaupp hielt nach seiner Emeritierung von 1936 bis 1939 noch Vorlesungen (...) z.B. über ›Probleme der Entartung von Mensch und Volk‹, in denen er gelegentlich auch von uns Assistenten ihm vorgestellte Fälle demonstrierte.«[8]

Wissenschaft und Fürsorge stehen in diesen Jahren im Dienste einer brutalen Ausrottungspolitik. Die »Blätter der Wohlfahrtspflege in Württemberg«, September 1937: »Die Asozialenfrage (stellt) ein schweres Problem dar, das im Sinne der restlosen Ausmerzung und Unschädlichmachung aller gemeinschaftsuntauglichen und sozial und rassisch minderwertigen Elemente gelöst werden muß.« Hermann Stutte leitet ab 1938 das »klinische Jugendheim« der Tübinger Nervenklinik, eine kinder- und jugendpsychiatrische »Beobachtungsstation«[9] im Netz der württembergischen Nazi-Fürsorge, in der u. a. geistig Behinderte und Fürsorgezöglinge erbbiologisch gesichtet, d. h., selektiert werden.[10]

Verantwortlich für die Fürsorge im Gau Württemberg-Hohenzollern ist Medizinalrat Dr. Max Eyrich, ein Vorgänger Stuttes am Tübinger Jugendheim, seit 1933 Landesjugendarzt in Stuttgart. Er hält am 8. November 1938 auf dem Württembergischen Anstaltstag in Stuttgart das Grundsatzreferat »Fürsorgezöglinge, erbbiologisch gesehen«. Jugendpsychiater Eyrich diagnostiziert »aus erblicher Veranlagung geborene Verbrecher und Asoziale« und behauptet: »Was sie zusammenhält, sind Lebensweise, Sprache und soziale Minderwertigkeit – letztere vielleicht Ergebnis einer Jahrhunderte währenden Zucht Unterwertiger auf sozial negative Eigenschaften hin.« Selbstverständlich verlasse kein Schwachsinniger eine Anstalt ohne Unfruchtbarmachung. Eyrichs Kernsatz: »Die Fürsorgeerziehung ist (...) das erbbiologische Sieb dieser Jugend«.[11]

Ein Inspektor des evangelischen Erziehungsheims in Stammheim: »Während der ganzen Zeit des Dritten Reiches, etwa seit 1937/38, war mir der Landesjugendarzt Dr. Eyrich immer am aufsässigsten. Er stand alle Augenblick da, um die Schwachsinnigen auszulesen, die der Sterilisierung zugeführt werden sollten.«[12] Da wundert es nicht, daß Eyrich 1940 an der Selektion von Euthanasie-Opfern beteiligt ist. Nachweislich sind 36 der Selektierten ermordet worden.[13] Auch Hedwig Eyrich wird beim Gesundheitsamt Stuttgart als Abteilungsleiterin für Erb- und Rassenpflege eingesetzt und – so jedenfalls einem Schreiben des Reichsausschusses zur wissenschaftlichen Erfassung erb- und anlagebedingter schwerer Leiden zu entnehmen[14] – Geheimnisträgerin bei der Kindereuthanasie.[15]

Hermann Stutte ist nach eigenen Angaben von Herbst 1939 bis 1941 im Kriegseinsatz. Am 5. September 1940 hat er jedoch Urlaub, weil in Wien die »Deutsche Gesellschaft für Kinderpsychiatrie und Heilpädagogik« gegründet wird. Zu diesem

Zeitpunkt sind mehr als 14 000 Menschen vergast – unter ihnen als schwachsinnig »ausgesiebte« Kinder der württembergischen Heilanstalten. Auf der Gründungsveranstaltung referiert der »Heilpädagoge« Karl Tornow über »Völkische Sonderpädagogik und Kinderpsychiatrie«.[16] Landesrat Hecker, Dezernent des Rheinischen Fürsorgewesens, thematisiert die Siebung der »Unerziehbaren« nach ihrer »sozialen Brauchbarkeit«. Er gesteht immerhin ein, daß es ein »ganz unwissenschaftlicher Ausweg« sei, das Urteil »erbliche Belastung« auf äußere Tatsachen (wie soziale Brauchbarkeit) zu gründen.[17]

Dr. Hans Alois Schmitz, Leiter der Rheinischen Landesklinik für Jugendpsychiatrie in Bonn, berichtet über seine »Sichtungsstation«. SA-Mitglied Schmitz[18] hatte zuvor in der Zeitschrift »Die Rheinprovinz« die »sippenpsychiatrische Forschung« gepriesen. Im Kampf für die Gesundung des Volkes seien »deren gefährlichster Gegner die Erbleiden«. Zu lange habe die Heilpädagogik ihre Bemühungen an Erbkranke verschwendet. Nun sei »klärende, auslesende Diagnostik« gefragt: »Erst in der Zusammenschau des einzelnen (...) in der Kette seiner Ahnen ist es möglich, die wichtige Entscheidung zu treffen: ausmerzereif oder förderungsbedürftig.«[19]

In Wien weiß Schmitz, gerade Dr. med. habil und Obermedizinalrat geworden: »Die eigenen gutachterlichen Erfahrungen vor Sondergerichten und Volksgerichtshof (!) sprechen dafür, daß man in dem Kreise der Richter auf die Unterstützung von seiten jugendpsychiatrischer Sondereinrichtungen allergrößten Wert legt.«[20] Die Berliner Euthanasie-Zentrale[21] führt Schmitz und seinen Chef Kurt Pohlisch seit April 1940 als Gutachter beim Krankenmord.

Ein Star der Gründungsveranstaltung ist Werner Villinger, Ordinarius, Direktor der Universitäts-Nervenklinik und Beisitzer am Erbgesundheitsobergericht in Breslau. Er wird Schriftführer der Deutschen Gesellschaft für Kinderpsychiatrie. Villinger hatte 1920 als erster Leiter des »klinischen Jugendheimes« in Tübingen begonnen und war von 1933 bis 1939 Chefarzt der v. Bodelschwinghschen Anstalten in Bethel sowie

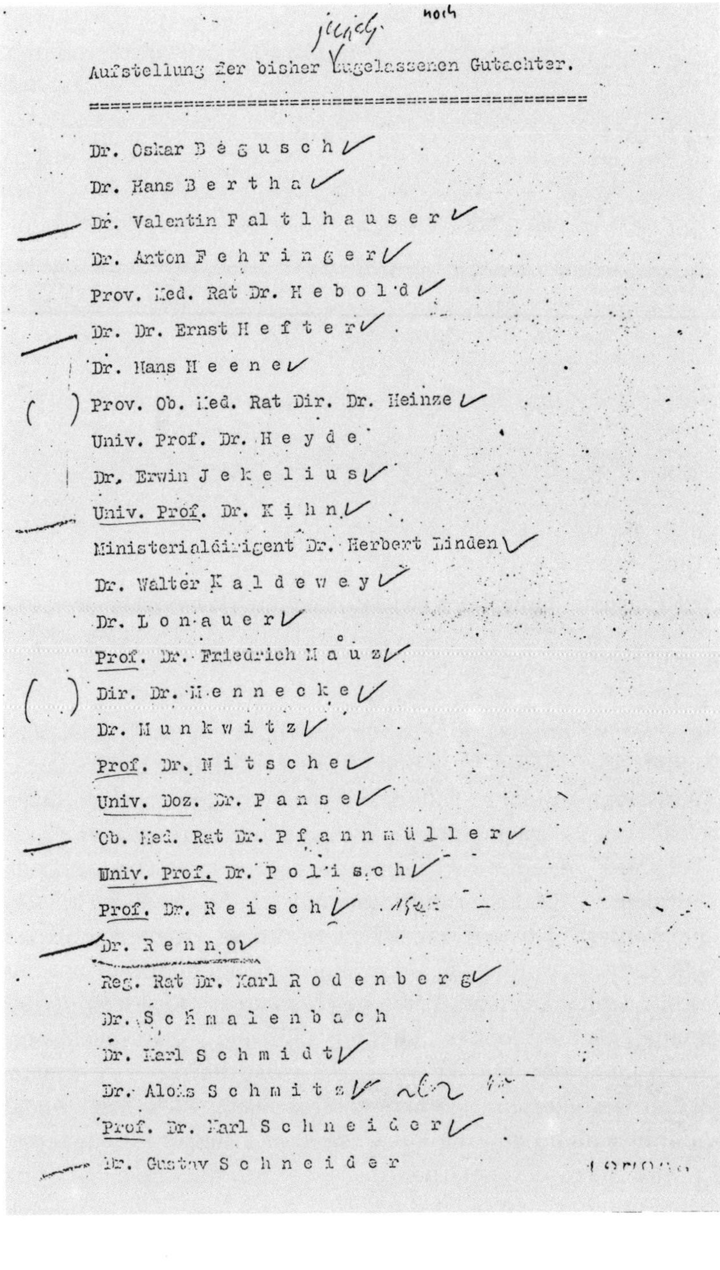

Aufstellung der bisher zugelassenen Gutachter.

Dr. Oskar B é g u s c h

Dr. Hans B e r t h a

Dr. Valentin F a l t l h a u s e r

Dr. Anton F e h r i n g e r

Prov. Med. Rat Dr. H e b o l d

Dr. Dr. Ernst H e f t e r

Dr. Hans H e e n e

Prov. Ob. Med. Rat Dir. Dr. Heinze

Univ. Prof. Dr. H e y d e

Dr. Erwin J e k e l i u s

Univ. Prof. Dr. K i h n

Ministerialdirigent Dr. Herbert Linden

Dr. Walter K a l d e w e y

Dr. L o n a u e r

Prof. Dr. Friedrich M a u z

Dir. Dr. M e n n e c k e

Dr. M u n k w i t z

Prof. Dr. N i t s c h e

Univ. Doz. Dr. P a n s e

Ob. Med. Rat Dr. P f a n n m ü l l e r

Univ. Prof. Dr. P o h l i s c h

Prof. Dr. R e i s c h

Dr. R e n n o

Reg. Rat Dr. Karl R o d e n b e r g

Dr. S c h m a l e n b a c h

Dr. Karl S c h m i d t

Dr. Alois S c h m i t z

Prof. Dr. Karl S c h n e i d e r

Dr. Gustav S c h n e i d e r

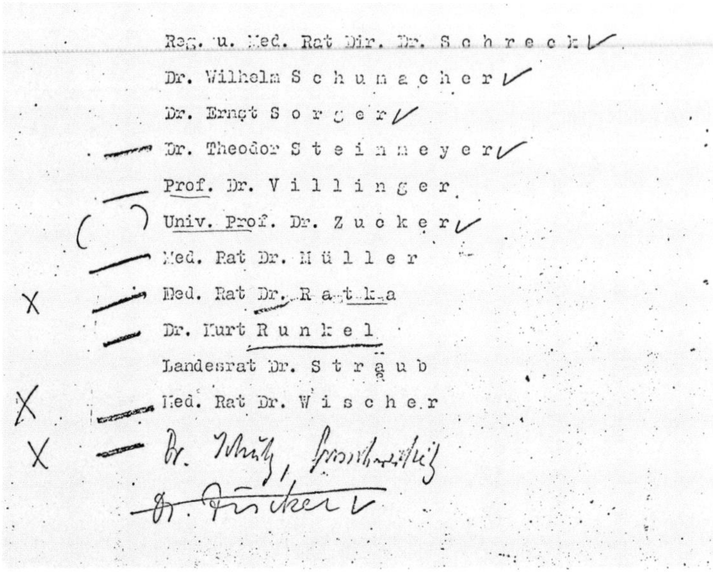
Reg. u. Med. Rat Dir. Dr. Schreck
Dr. Wilhelm Schumacher
Dr. Ernst Sorger
Dr. Theodor Steinmeyer
Prof. Dr. Villinger
Univ. Prof. Dr. Zucker
Med. Rat Dr. Müller
Med. Rat Dr. Ratka
Dr. Kurt Runkel
Landesrat Dr. Straub
Med. Rat Dr. Wischer

Aufstellung der bisher noch zugelassenen (Euthanasie-)Gutachter. Eine bisher unveröffentlichte Liste. Aus: Heidelberger Dokumente, Blatt 127 892f.

Beisitzer am Erbgesundheitsobergericht in Hamm. Er ließ massenhaft sterilisieren[22], in Bethel sogar ausländische Zöglinge: »Wir haben in einem Fall eine Ausnahme gemacht, ein österreichischer Junge aus Braunau, dem Geburtsort Hitlers«.[23]

Villinger genügte die Sterilisation, die »eugenische Ausmerze«, nicht.[24] Auf der Gründungsveranstaltung der Kinderpsychiater wettert er gegen den Weimarer Staat: »Auch ein ganzes Volk kann verwahrlosen, wenn ihm die Zügelführung und das Vorbild fehlt.« Die Nazi-Fürsorge (das Jugend-KZ Moringen ist gerade errichtet) lobt er dagegen: »Sie sind wie ausgestorben, jene widerspenstigen Lümmel, die einst die (...) Fürsorgeanstalten bevölkerten.« Villingers Schlußsatz: »Die Welt blickt auf Deutschland; tun wir das Unsere!«[25] Villinger tut das seine: Er wird, nach der Mitarbeiterliste der Mordzentrale, im März 1941 Euthanasie-Gutachter.

Auch Hermann Stutte tut das seine: Er begrüßt 1941 in der Zeitschrift »Der öffentliche Gesundheitsdienst« die »Gliederung der Fürsorgeerziehungsanstalten nach biologischen und prognostischen Gesichtspunkten«.[26] Der Marburger Pädagoge Wolfram Schäfer hat 1992 Krankenakten der Tübinger Jugendpsychiatrie ausgewertet und dabei festgestellt, daß Stutte Jugendliche zur Sterilisierung anzeigte, den Antrag auf Sterilisierung stellte und zugleich die Begutachtung mitlieferte, also das Urteil schon nahelegte.

1937 war eine junge Frau wegen »zirkulärem Irresein« in der Tübinger Klinik. Der Ehemann wünschte die Entlassung, da die Konfirmation der Tochter anstand. Stutte schlug vor, die Frau kurzzeitig zu beurlauben, man könne ja vom Ehemann »einen Revers unterschreiben lassen, daß er – im Falle seine Frau wieder konzipieren solle – mit der Interruption (+ Sterilis.) einverstanden ist.«[27] Eine Vaterfigur der deutschen Kinder- und Jugendpsychiatrie lizenziert sozusagen den Beischlaf eines Ehepaares, sofern im Falle der Empfängnis Abtreibung und Sterilisierung der Frau garantiert werden. Der »Fall« erledigte sich dadurch, daß die Frau zwei Jahre später an einer Krebsgeschwulst starb.

> »Hätte Herr Stutte nach diesem Ungeist gerochen, ich hätte es bemerkt.«
>
> Heinrich Oepen, Professor für Humangenetik, in: Marburger Universitätszeitung, Nr. 230/1992

Stutte entwickelt sich in diesen Jahren zu einem furchtbaren Psychiater: Da wird ein taubstummes Mädchen aus seiner häuslichen Umgebung gerissen und zwecks Begutachtung in die Tübinger Klinik gebracht. Das Kind könnte einen normalen Menschen dauern, bei Stutte heißt es jedoch: »So beobachteten wir bei einem taubstummen, debilen Kretinen, der im Rahmen eines Erbgesundheits-Gerichtsverfahrens zur Begutachtung eingewiesen war, tageweise Verstimmungszustände. (...) Tatsächlich handelt es sich um die psychogene Reaktion einer überempfindlich-launischen, schwachsinnigen Kretinen.«[28]

Angesichts dieser Wissenschaftskälte fragt man sich, wie es wohl jenen Patienten erging, die ab 1942 in Tübingen mit hohen Dosen »röntgenbehandelt« wurden (»Hochstromtherapie«). Selbst bei »kindlichem Schwachsinn« oder »Zuständen von Kopfschmerzen« wurde die »Strahlenkur« angewandt. »Nach der 3. Röntgenbestrahlung des Gehirns«, heißt es in einem Aufsatz zu diesen Versuchen, »klagte der Patient über starke Kopfschmerzen, Schwindel und Brechreiz und verfiel dann in einen Zustand ängstlicher Erregung mit Desorientiertheit und wahnhaften Fremderlebnissen. (...)«[29] Stuttes »Strahlentherapie« erinnert daran, daß die Bestrahlten (schwachsinnige Kinder, Epileptiker, Kinder mit Hydrocephalus) zur gleichen Zeit zum »Material« der »Euthanasieforschung« in Heidelberg und Görden gehören.[30]

Am 6. Februar 1942 verfaßt Hans Heinze »Vorschläge für eine zukünftige Neugestaltung jugend-psychiatrischer Anstalten«.[31] Er fordert den vermehrten Einsatz von Jugendpsychiatern in der Fürsorgeerziehung. Nur in »jugendpsychiatrisch geleiteten oder wenigstens überwachten Aufnahme- und Beobachtungsabteilungen« könnten die dem Reichsausschuß gestellten Aufgaben einwandfrei gelöst werden. Zur Erfassung und Tötung von behinderten oder fürsorgebedürftigen Kindern und Jugendlichen unterstehen dem »Reichsausschuß« bis Kriegsende etwa 30 »Kinderfachabteilungen«.

Die Gördener Abteilung gilt als die beste. Hier lernt Dr. Ernst Illing[32], der ab 1942 die Wiener Kinder-Nervenklinik »Am Spiegelgrund« leitet und tödliche Mengen Morphium, Veronal oder Luminal den Kindermahlzeiten beimischt.[33] Zu Gast bei Heinze und in »herzlicher Beziehung« geblieben ist auch der Direktor der thüringischen Kinderfachabteilung Stadtroda, Dr. med. habil. Gerhard Kloos.[34] Im Spätsommer 1942 überlegt der »Reichsauschuß«, in Württemberg eine »derartige Fachabteilung« zu etablieren. »Wahrscheinlich wird sich auch bei der Universität Tübingen eine Aufnahmemöglichkeit für Reichsausschußkinder finden lassen«, meint der Leiter der Berliner Kindermord-Zentrale, Hans Hefelmann.[35] Es werden jedoch der Stuttgarter Obermedizinalrat Dr. Karl Lemp und seine Assistenzärztin Magdalena Schütte nach Berlin gebeten, »damit sie in der Reichsschulstation Görden durch Dr. Heinze in die Art der Durchführung der betreffenden Aufgaben eingeführt werden können.«[36] Beide bestritten später, mitgemacht zu haben.

Hermann Wesse gestand dagegen 1947, daß unter seiner Leitung den Zöglingen der hessischen Heilerziehungsanstalt Idstein Gift ins Essen gemengt wurde.[37] Als Wesse im Mai 1944 in Idstein beginnen will, aber keine »Reichsausschuß-Kinder« zum Töten vorfindet, bestellt er sich Opfer bei der Mordzentrale: »Da wir zur Zeit keine RA-Kinder hier haben, wäre ich Ihnen dankbar, wenn Sie eine baldige Verlegung von RA-Kindern in die hiesige Anstalt bewerkstelligen würden.«[38] Wesse war Ende 1941 zum Kindermord in der rheinischen Kinderfachabteilung Waldniel angeworben worden und hatte dazu eine spezielle Ausbildung in Görden und Bonn versprochen bekommen: »Von Görden bin ich nach Bonn für 7 bis 8 Monate gekommen. Dort war Dr. Schmitz tätig. Eine Kinderfachabteilung war auch dort.«[39] Wesse sichtet und vernichtet ab Oktober 1942 in Waldniel – unter der Aufsicht des Leiters der Bonner Jugendpsychiatrie, Hans Aloys Schmitz. Schmitz genießt in einschlägigen Kreisen so hohes Ansehen, daß ihn der Vorsitzende der Gesellschaft Deutscher Neurologen und Psychiater, Ernst Rüdin, im Sommer 1941 sogar zum Vorsitzenden der »Gesellschaft für Kinderpsychiatrie und Heilpädagogik« machen will.[40]

Schmitz, 1949 zum Professor ernannt, blieb Leiter der Bonner Jugendpsychiatrie bis 1964. Der Kindermord in Waldniel ist bekannt, Kindermord in Bonn haben die Verantwortlichen weit von sich gewiesen (Rapport- und Apothekenbücher gelten allerdings als verschollen!).[41] Nur einer mochte die Bonner Darstellung nicht glauben: Dr. Hans Hefelmann, der Organisator der Kinder-Euthanasie. Als er 1961 von der Justiz vernommen wurde, blieb er dabei, daß in Bonn »Gnadentodmaßnahmen durchgeführt worden sind«.[42] Es gibt kaum einen Wissenschaftszweig, der so auf den Fundamenten von Nazi-Verbrechen aufgebaut wäre wie die deutsche Kinder- und Jugendpsychiatrie.

2. Fürsorge-Erziehung in den v. Bodelschwinghschen Anstalten Ein Bericht von Rudolf Wendt

Im Januar 1919 wurde ich in Bielefeld geboren. Mein Vater lag zu dieser Zeit mit einer Kriegsverletzung im Krankenhaus »Gilead« der v. Bodelschwinghschen Anstalten in Bethel. Er starb dort kurz nach meiner Geburt.

1931 starb auch meine Mutter. Mit 12 Jahren war ich Vollwaise. Frau Höller[43], Lehrerin und SPD-Stadträtin, wurde mein Vormund. Sie kümmerte sich aufopfernd um mich und fand bei einem jungen Ehepaar auf dem Lande eine Pflegestelle.

Ich war ein überdurchschnittlich guter Schüler, sportlich, kräftig und mit einer schönen Stimme ausgestattet. Mein Gesangslehrer gab mir beim Abschied von der Schule den Rat: »Wenn deine Stimme nach dem Stimmbruch immer noch so schön ist, dann komm bei mir vorbei.« Eigentlich wäre das nicht erwähnenswert, doch es war der erste Schritt auf dem Weg, der zum negativen Höhepunkt meiner Jugend werden sollte.

Vor meiner Schulentlassung war es Frau Höller gelungen, aufgrund meiner schulischen Leistungen einen Platz an der Handelsschule für mich zu belegen. Das Schulgeld sollte aus einem Fond ihrer Partei bezahlt werden. An meinem 14. Geburtstag, am 29. Januar 1933, war Frau Höller noch bei mir. Sie hatte in Bielefeld eine Pflegestelle bei einem älteren Ehepaar gefunden. Frau Höller meinte, für Verpflegung und Zimmer würde die Waisenrente reichen, und ein kräftiger junger Mann wie ich hätte genug Möglichkeiten, etwas Taschengeld dazu zu verdienen. Am nächsten Tag wurde Hitler zum Reichskanzler ernannt. Nichts war mehr wie vorher, ich habe Frau Höller nie wiedergesehen.

Meine neuen Pflegeeltern waren nette Leute, die sich sehr

um mich sorgten. Eine Dachkammer war nun mein eigen, mit einer Dachluke, einem Bett, Waschtisch mit Wasserkanne und einigen Haken an der Wand, um meine wenigen Sachen aufzuhängen. Wenn ich heute daran denke, war ich in diesem Kämmerchen sehr glücklich.

Mitte oder Ende Februar kam ein Mann in das Haus der Pflegeeltern. Er war nicht größer als ich, aber fast doppelt so schwer. Der Kopf saß auf einem Stiernacken, und von einem Hals war nichts zu sehen. Er stellte sich als Bruder Bröckel vor, er sei mein neuer Vormund. Auch heute, nach fast 60 Jahren, weiß ich noch genau, wie er mir die Hand gab und daß ich im selben Augenblick laut aufschrie. Meine Hand wurde wie von einem Schraubstock zusammengepreßt. Ich sollte spüren, daß ich widerspruchslos zu gehorchen hatte.

Herr Bröckel war Diakon der v. Bodelschwinghschen Anstalten und leitete eine große Gärtnerei, die zu einem Obdachlosenasyl in Bethel gehörte. »Bruder Bröckel«, wie er angesprochen werden wollte, erklärte kurz und bündig, die Schule müsse ich mir aus dem Kopf schlagen, für mich käme nur eine Lehrstelle in einem Handwerksberuf in Frage. Den Widerspruch der Pflegeeltern nahm er nicht zur Kenntnis.

Am 1. April 1933 begann ich eine Schlosserlehre in einer Nähmaschinenfabrik. Unter den Lehrlingen war einer, der schon am ersten Tage in HJ-Uniform erschien. Bereits nach wenigen Tagen wollte er mich überreden, in seine »Schar« einzutreten. Meine Interessen lagen jedoch woanders. Schon bald war ich Laufbursche in einem Tuchgroßhandel und verdiente täglich ein paar Groschen.

Nach einem halben Jahr suchte ich meinen ehemaligen Lehrer auf. Ich glaubte, meine Stimme sei noch voller und schöner geworden. Nach einigen Tonleitern und Tonhalteübungen sagte er: »Sehr schön, aber leider kann ich Dir den Unterricht nicht umsonst geben.« Er besorgte mir eine Statisten-Stelle am Bielefelder Stadttheater. Durch Zufall wurde ich außerdem »Zigarettenboy« in einem Tanzkabarett. Nun hatte ich immer etwas Geld und nahm Sprech- und Gesangsunterricht.

Mitte des zweiten Lehrjahres, ich hatte bis spät in die Nacht als Zigarettenboy gearbeitet, kam ich unausgeschlafen zur Arbeit. In der Mittagspause ging ich zur Toilette und schlief dort ein. Ein Fußtritt gegen die Tür weckte mich. Draußen stand der HJ-Führer, der mich immer bedrängt hatte, in seiner Gefolgschaft zu exerzieren. Ich mußte mich beim Meister melden, ein paar kräftige Ohrfeigen waren die Quittung. Nachmittags erfuhr ich, daß der Hitlerjunge mich verpfiffen hatte. Als ich ihn nach Feierabend im Waschraum zur Rede stellte, sagte er: »Wenn du in der HJ wärst, hätte ich nichts gesagt.« Da schlug ich zu. Meine ganze Wut lag in dem Schlag. Er fiel mit dem Kopf auf die Waschmulde und blieb mit einer stark blutenden Kopfwunde besinnungslos liegen.

Ich rannte nach Hause, wollte mich umziehen und dann weglaufen. Meinen Pflegeeltern gelang es, mich zu beruhigen. Am nächsten Morgen ging ich wieder zur Arbeit. Aber schon am Fabriktor wurde ich von zwei Männern in Empfang genommen. Sie sagten nur: »Komm mit!« Die Fahrt endete außerhalb Bielefelds in der »Senne«, vor einem alleinstehenden Haus. Meine Begleiter übergaben mich einem Mann, der als »Bruder« angesprochen wurde.

Ich bekam meine Sachen abgenommen, erhielt einen Drillichanzug, zwei Decken und wurde in einen fensterlosen Raum geführt. Das Inventar bestand aus einem Strohsack und einem Eimer mit Deckel. Dann schlug die Tür hinter mir zu. Es war dunkel, nicht einmal durch eine Türritze fiel etwas Licht.

Mittags gab es eine Suppe mit einer Scheibe Brot. Dann brannte für eine Viertelstunde eine Glühbirne in der Zelle. War der Teller abgeholt, ging das Licht wieder aus. Abends gab es eine Tasse Malzkaffee und ein Marmeladenbrot. Ich habe in diesen Tagen viel geweint. Niemand war da, mit dem ich reden konnte, außer dem »Bruder Aufseher«. Doch dessen Aufgaben beschränkten sich auf Essenbringen, Auf- und Zuschließen.

Wie lange ich in diesem Haus war, kann ich nicht mehr sagen. Eines morgens wurden meine Sachen gebracht. Der »Bruder Aufseher« fuhr mit mir in Richtung Bielefeld. Auf Fragen bekam ich keine Antworten. Wir kamen zu den v. Bodelschwinghschen Anstalten. Wieder mußte ich meine Kleidung abgeben. Ich bekam einen gestreiften Schlafanzug und wurde in einen großen Schlafsaal geführt, es roch nach Krankenhaus. Was sollte ich hier? Ich fühlte mich nicht krank. Die Antwort bekam ich schnell von einem Bettnachbarn: »Die hier liegen, sind schon oder werden noch sterilisiert.«

Ich erfuhr, daß man zuerst untersucht und ausgefragt wird, ehe der Arzt bestimmt, ob der Eingriff gemacht wird. Schon am nächsten Morgen wurde ich zur Untersuchung geholt. Ich weiß heute nicht mehr, was man alles mit mir anstellte, weiß nur noch, daß nach Krankheiten in der Familie gefragt wurde und daß ich einen Brief schreiben mußte. Als am nächsten Morgen einige Insassen abgeholt wurden, war ich nicht dabei. Mein Bettnachbar erlöste mich von meiner Angst und sagte: »Morgen bist du wieder draußen!« Und so war es. Ich durfte aber nicht nach Hause, sondern wurde wieder von zwei Männern in Empfang genommen. Die sagten nur: »Dein Vormund will, daß du in ein geschlossenes Heim eingewiesen wirst.«

Mit der Bahn ging es nach Nienburg, dann mit einem Bus mitten ins Moor. Vor einem furchterregenden Bau war die Fahrt zu Ende. Alle Fenster waren vergittert, von den Mauern ging eine ungeheure Bedrohung aus. Wir wurden von einem Mann mit fliehender Stirn, buschigen Augenbrauen und leblos wirkenden Augen in Empfang genommen. In seinem rechten Stiefel steckte eine Reitgerte. Sein Name: Oberdiakon Zech.

Über dem Eingangstor stand mit großen Buchstaben: »HAUS MOORBURG«. Wieder mußte ich meine Sachen abgeben, dafür gab es Unterwäsche, Fußlappen, Gummistiefel, Arbeitsdrillich, Pantoffeln und für den Feierabend ein Hemd und eine Hose. Dann ging es zum Friseur. Mit einer Handschneidemaschine wurde der Kopf kahlgeschoren, d.h., die Haarbüschel wurden mehr herausgerissen als abgeschnitten, sehr schmerzhafte Blutergüsse waren die Folge. Wie ich später feststellte, wurde die Maschine nur bei Neuankömmlingen benutzt oder als zusätzliche Strafe.

Wieder mußte ich in eine Zelle. Sie hatte wenigstens Fenster, wenn auch mit Gittern. Es folgten drei Jahre voller Demütigungen und Prügel. Täglich, außer sonntags, ging es ins Moor zum Torfstechen, bei Hitze oder Kälte, bei Regen oder Schnee. Die Aufseher nannten sich »Bruder« und waren allesamt Diakone aus Bethel. Schon morgens beim Frühstück beobachteten sie die Tischreihen. Wer beim Beten nicht die Lippen bewegte, bekam auf dem Appellplatz die ersten Prügel.

Unter den Insassen gab es viele, die wegen Raub und Diebstahl verurteilt waren. Jeder Neuzugang wurde erst einmal durch die Mangel gedreht. Waren Verletzungen zu sehen, spottete der diensthabende Diakon: »Unser Neuer hat sicher übersehen, wie tief die Versorgungsrohre im Waschraum hängen.«

Trotz wiederholter Versuche, mich zu provozieren, habe ich mich nie hergegeben, mitzuprügeln: Ich hatte immer den vor mir liegenden HJ-Führer vor Augen. Da ich mich aus allem heraushielt, den meisten auch körperlich überlegen war, ließen mich die Mithäftlinge bald in Ruhe. So wurde ich, da ich auch sonst keine Schwierigkeiten machte, 1938 an meinem 19. Geburtstag entlassen. Heut kann ich mit Freude auf meine beiden Söhne sehen und bin dankbar, daß ich an jenem Morgen in Bethel nicht ausgerufen wurde.

3. Jugendpsychiatrie – eine diffamierende und opportunistische Wissenschaft

Die Nazi-Herrschaft endete 1945, die Asozialen-Forschung nicht. Werner Villinger wird 1946 in Marburg Ordinarius und Direktor der Universitäts-Nervenklinik. Als Oberarzt hat er Hermann Stutte mitgebracht, der seine Lehrberechtigung 1944 mit einer Habilitationsschrift »Über Schicksal, Persönlichkeit und Sippe ehemaliger Fürsorgezöglinge« erlangte. Alle Nachforschungen nach dieser Arbeit blieben erfolglos. Stutte hat mit der Zeit drei verschiedene Titel in Umlauf gebracht. Der letzte ist der harmloseste: »Untersuchungen über den sozialen Ausgang ehemaliger Fürsorgezöglinge«.[44]

Sicher ist, daß »Herr Prof. Rüdin (München), der Altmeister der psychiatrischen Erbforschung«, Stuttes Arbeit als »vorzüglich und wertvoll« bewertet und zur Drucklegung in der Sammlung »Monographien aus dem Gesamtgebiet der Neurologie und Psychiatrie« angenommen hatte.[45] Rüdins Urteil: »Ich glaube, daß die Arbeit gerade jetzt, wo doch in absehbarer Zeit neue Maßnahmen bezüglich der Gemeinschaftsunfähigen getroffen werden sollen, wertvolle Richtlinien für die soziale Prognose der von dem Verfasser untersuchten Gruppe zu geben imstande ist.«[46]

Anfangs haben Villinger und Stutte Schwierigkeiten, weil sie von der amerikanischen Militärregierung als »Nazis« eingestuft werden.[47] Beide waren 1937 der NSDAP beigetreten, Stutte gehörte zudem seit 1934 der SA an. 1948 melden sich Stutte und Villinger gemeinsam in der Zeitschrift »Der Nervenarzt« zu Wort. Ihr Thema: »Zeitgemäße Aufgaben und Probleme der Jugendfürsorge«. Villinger/Stutte erinnern die Fürsorgeerziehung an die »sozialbiologische Unterwertigkeit des von ihr betreuten Menschenmaterials« und beanspruchen die Klientel: »Die Sichtung, Siebung und Lenkung dieses Strandgutes von jugendlichen Verwahrlosten« sei eine ärztlich-psychiatrische Aufgabe. Villinger/Stutte behaupten, das verflossene Regime habe »den praktischen Bedürfnissen zwar bereits Rechnung getragen durch die Einrichtung des Jugendschutzlagers«, die inhumane Praxis dieser Lager verbiete jedoch, hier eine Tradition zu suchen. Ihr Vorschlag: »Schaffung eines Arbeitsdienstes (mit Überwachung von jugendpsychiatrischer Seite)«.[48]

Gefördert von dem Ex-Euthanasie-Gutachter Villinger, seit 1951 Präsident der Gesellschaft Deutscher Neurologen und Psychiater, wird Hermann Stutte 1954 Leiter der kinder- und jugendpsychiatrischen Klinik der Philipps-Universität und der erste Ordinarius für Kinder- und Jugendpsychiatrie. Nun vererbt er seinen Schülern, was er über »querulierende Wohlfahrtsparasiten« und die »sozialbiologische Qualität des Probandenmaterials«[49] gelernt hat. So fordert er z.B. 1956 in einem Handbuch der Heimerziehung, »die (besonders ›infektiöse‹!) Kerngruppe chronischer Asozialität möglichst frühzeitig (...) einer geeigneten Sonderbehandlung zuzuführen«.[50]

Am 23. November 1958 wird in der Bibliothek der Marburger Jugendpsychiatrie die Elternvereinigung »Lebenshilfe für das geistig behinderte Kind« gegründet. Einer der Gründungsväter ist Stutte. Er wird Mitglied des Wissenschaftlichen Beirats und des Rechtsausschusses. Den Vorsitz des Wissenschaftlichen Beirats übernimmt Villinger. Die Aufnahme der beiden Erbbiologen bedingt, daß die »Lebenshilfe« die nächsten Jahre das fordern wird, was man gerade hinter sich hat: die Sterilisierung von Behinderten.[51]

Im Gründungsjahr der »Lebenshilfe« stellt Stutte (in Zusammenarbeit mit dem Diplom-Psychologen Horst Pfeiffer) »Ergebnisse einer Untersuchung praktisch unerziehbarer Fürsorgezöglinge« vor. In Stuttes Studie über »Gemeinschaftsunfähige« und »Abartige« mit »asozialer Infektiosität«, wird eine »Wiederanwendung der Schutzaufsicht« vorgeschlagen. Erneut demonstriert Stutte seine Unfähigkeit, sich in Patienten einzufühlen. Über ein »Zigeuner«-Mädchen, dessen Mutter im KZ inhaftiert war und dessen Vater im KZ ums Leben gekommen ist, heißt es: »Die soziale Unangepaßtheit dieses (...) triebhaft-impulsiven Mädchens war sicher in erster Linie Ausfluß einer psychopathischen Abartigkeit, aber doch wohl auch durch Kindheitserlebnisse determiniert und pointiert durch die spezifischen Temperamentseigenschaften der Rasse.«[52]

Der Allgemeine Fürsorgeerziehungstag ist ein Sammelbekken gestriger Unpädagogen. Einer von ihnen ist Pastor Johannes Wolff, Vorsteher des Stephansstiftes in Hannover, zu NS-Zeiten »Landesführer« der Inneren Mission (»Luthers Glaube und Hitlers Kampf«). Wolff hatte 1933 seine Diakone in die SA gedrängt und 1934 vier von ihnen als KZ-Wärter in die berüchtigten Emslandlager delegiert.[53] Ein anderer ist der Göttinger Obermedizinalrat Dr. Gerson. 1936 berichtet der Leiter der Arbeiterkolonie Kästorf, wie er die »verdächtigen Typen« unter seinen Obdachlosen ausliest und zur Sterilisierung anzeigt: »Mein Psychiater bestätigt mir immer wieder«, heißt es, »daß die Leute, die wir ihm vorstellen (...) ein gutgesichtetes Material bieten.« Der Name des dienstbaren Gutachters: Landesmedizinalrat Dr. Gerson, Göttingen.[54]

Ein weiterer Erziehungsexperte ist G. Lesemann, ehemals 1. Vorsitzender des »Verbandes der Hilfsschulen Deutschland«, der 1933 textete: »Eugenik ohne Heilpädagogik ist leer, und Heilpädagogik ohne Eugenik ist blind.«[55] Ein anderer Experte ist Rudolf Sieverts, Professor für Jugendrecht und ehedem Stammführer der Hitlerjugend. Sieverts wird nach 1945 Vorsitzender der Deutschen Vereinigung für Jugendgerichte und Jugendgerichtshilfen.[56] Zu den Erziehungs-Experten gehört weiterhin Landes-Obermedizinalrätin Elisabeth Hecker, vormals Leiterin der Landesheilanstalt in Lublinitz (Woiwodschaft Kattowitz), wo die Kinder der Abteilung B (Leitung Dr. Ernst Buchalik, später Niedermarsberg) zu Tode behandelt wurden (Sterblichkeit 94 Prozent).[57] Gehirne und Rückenmark der Kinder gingen an Viktor von Weizsäcker, Inhaber des Neurologischen Lehrstuhls und Leiter des Neurologischen Forschungsinstituts in Breslau.[58]

Im Literaturverzeichnis von Stuttes »Untersuchung praktisch unerziehbarer Fürsorgezöglinge« sind noch immer so einschlägige Werke wie »Volk und Rasse« (1937) oder »Handbuch der Erbbiologie« (1939) aufgeführt, und auch die »charakterologischen Untersuchungen« Heinzes[59] finden Erwähnung. Prof. Dr. med. habil. Hans Heinze, nach Zeugnis seines Kollegen Kloos »einer der Begründer und hervorragendsten Vertreter der Jugendpsychiatrie«, war nach dem Krieg von der West-Berliner Polizei wegen Verbrechen gegen die Menschlichkeit gesucht worden. Die Suche mußte vergeblich bleiben, wie wir schon gesehen haben, weil ihn die sowjetische Besatzungsmacht interniert hatte.[60] Als ihm die Kripo 1956 auf die Spur kommt, ist Heinze Leiter der jugendpsychiatrischen Klinik am niedersächsischen Landeskrankenhaus Wunstorf. Er bleibt es, bis er im Oktober 1960 mit 65 Jahren in Pension geht. Asmus Finzen, Jahre später Leiter der Wunstorfer Psychiatrie, erinnert sich, daß über Heinze diskret geschwiegen wurde. Finzen mutmaßt,

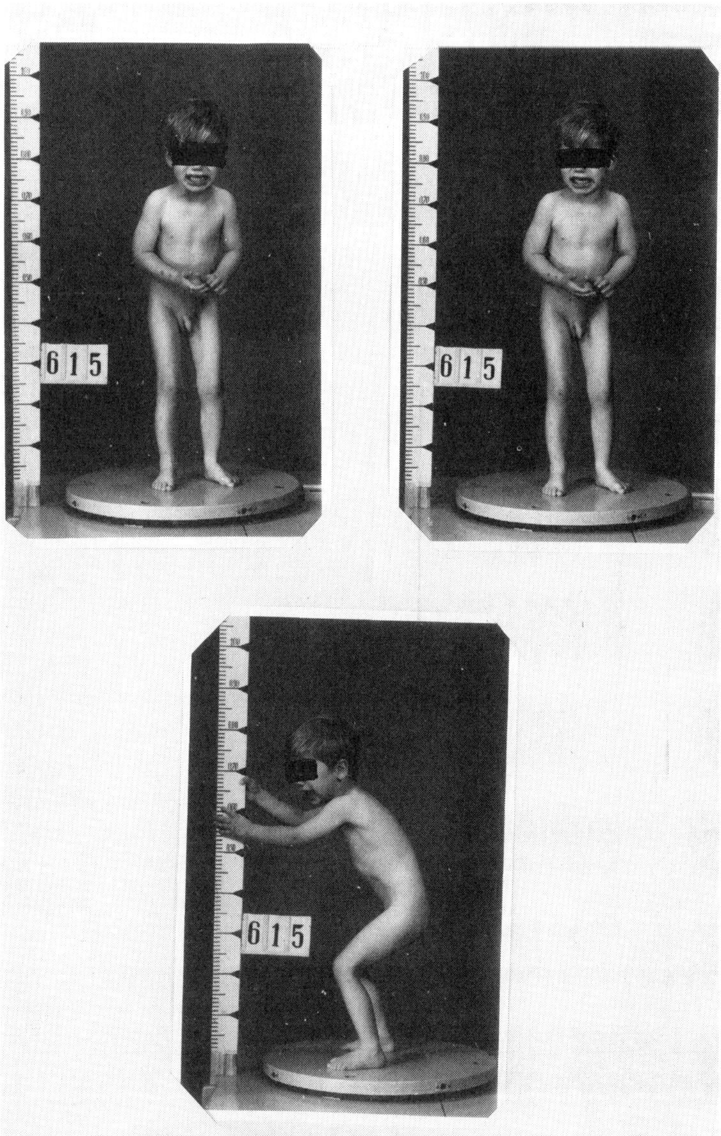

Kinder als Versuchsobjekte. Aus einer Krankenakte in Brandenburg-Görden.

es habe daran gelegen, daß Heinze als leitenden Krankenpfleger einen Mitarbeiter aus Kriegszeiten mitbrachte und daß ein Heinze-Sohn Psychiatriereferent des Landes Niedersachsen wurde.[61] Das Ermittlungsverfahren gegen Heinze (»Ich bin meiner Natur nach ein tiefreligiöser Mensch und stehe fest auf der Lehre Martin Luthers«[62]) wird 1964 krankheitshalber eingestellt.

Hermann Stutte (»geprägt durch die Frömmigkeit des Siegerländer Pietismus«[63]) greift häufig auf das Buch »Der nichtseßhafte Mensch« zurück, dessen Untertitel die Absicht verrät: »Beitrag zur Neugestaltung der Raum- und Menschenordnung im Großdeutschen Reich«. Das Werk (mit einem Beitrag Villingers: »Welche Merkmale lassen am jugendlichen Rechtsbrecher den künftigen Gewohnheitsverbrecher voraussehen?«) legitimierte 1938 die KZ-Internierung der »Asozialen« und forderte, sie »unschädlich« zu machen.[64] Stutte stützt sich auch sonst auf Kollegen der Nazi-Zeit, die Menschen diffamierten und der Verfolgung und Vernichtung preisgaben.

Einer von ihnen ist Robert Ritter, »Zigeuner-Ritter« genannt, ebenfalls ein Vorgänger Stuttes im Tübinger »Jugendheim«. Der Jugendpsychiater Ritter hatte den (auch von Stutte und Villinger benutzten) Begriff »getarnter Schwachsinn« erfunden, um durchaus nicht schwachsinnige Kinder von Landfahrern rassisch verfolgen zu können (»Diesen Schwachsinn, der die Maske der Schlauheit trägt, werden wir am treffendsten als getarnten Schwachsinn bezeichnen«).[65] Ritter wurde Leiter der Rassenhygienischen und Bevölkerungsbiologischen Forschungsstelle des Reichsgesundheitsamtes (anfangs mit einer Zweigstelle in der Tübinger Jugendpsychiatrie) und Chef des »Kriminalbiologischen Instituts der Sicherheitspolizei«. Er gilt als der »akademische Organisator des Völkermordes an den deutschen Zigeunern«.[66] Ritter erfaßte »Zigeuner« mit Polizeigewalt und ließ sie noch in Auschwitz beforschen, bis es keine Zigeuner mehr zu beforschen gab. Zugleich war Ritter (nach dem Krieg Jugendpsychiater bei der Stadt Frankfurt/Main) der leitende Kriminalbiologe der Jugend-KZs. Sein Thema hier: die »prognostische Beurteilung asozialer Jugendlicher«. Ein Thema, das auch Stutte zeitlebens nicht losläßt.

Im Juli 1961 bahnt sich das Ende von Stuttes Gönner Villinger an. Werner Villinger kann zu dieser Zeit auf ein erfolgreiches Leben zurückblicken: Er ist Vorsitzender der 1950 wiedergegründeten »Deutschen Vereinigung für Jugendpsychiatrie«, sitzt in vielen Ausschüssen, z.B. dem Bundesgesundheitsrat, war Dekan der Medizinischen Fakultät und Rektor der Philipps-Universität, hat das Große Bundesverdienstkreuz und gilt, wie schon gesagt, als »Führer der deutschen Jugendpsychiatrie«.

Am 26. Juli 1961 ist Villinger auf das Amtsgericht Marburg geladen. Der Amtsgerichtsrat weist ihn eindrücklich auf die Strafbarkeit einer Falschaussage hin, weil seine Gutachter-Tätigkeit bei der Nazi-Euthanasie inzwischen bekannt ist. Dennoch behauptet Villinger: »Ich bleibe nach wie vor dabei, daß ich keine Gutachten in der Euthanasieangelegenheit erstattet habe.«[67] Zwei Wochen nach dieser Aussage, am 9. August 1961, stürzt Villinger bei einer Bergwanderung zu Tode. Kollegen munkeln, er habe sich das Leben genommen.[68]

Villingers Nachfolger als Vorsitzender der Jugendpsychiater wird für lange Jahre Hermann Stutte. 1970 erscheint in der Zeitschrift »Der Nervenarzt« Stuttes Aufsatz »30 Jahre Deutsche Vereinigung für Jugendpsychiatrie«, in dem er die Wiener Gründungsveranstaltung im September 1940 würdigt: »Die Referate (...) hatten ein beachtliches wissenschaftliches Niveau, und für mich, den Novizen dieses Faches, waren die hier empfangenen Eindrücke von berufsentscheidender Evidenz.«[69] Daß Jugendpsychiater als pseudowissenschaftliche Selektions-Instanz im Nazi-Sinne Minderwertige »ausgesiebt« und vernichtet hatten, erwähnt Stutte mit keinem Wort. Die deutsche Kinder- und Jugendpsychiatrie, eine der jüngsten medizinischen Disziplinen, hatte dem NS-Erbgesundheitswahn gehuldigt und sich wohl politische Anerkennung versprochen.

1973 stirbt Professor Hans Aloys Schmitz. Sein Tod wird in der »Monatsschrift für Kriminologie und Strafrechtsreform«

gewürdigt.[70] Herausgeber der Zeitschrift sind die Professoren Sieverts und Stutte. Im Vorstand sitzt Villingers Breslauer Assistent Helmuth E. Ehrhardt. Zu den ständigen Mitarbeitern gehört neben Psychiater Bürger-Prinz auch Psychiatrie-Professor Wilhelm Hallermann, der 1925 mit Heyde Staatsexamen gemacht und gewußt hatte, daß Heyde in Schleswig-Holstein unter dem Namen Sawade lebte.[71]

Euthanasie-Gutachter Hans Aloys Schmitz war 1940 Gründungsmitglied der Deutschen Gesellschaft für Kinderpsychiatrie und Heilpädagogik und nach 1945 Ehrenmitglied der Deutschen Vereinigung für Kinder- und Jugendpsychiatrie. 1962 hat er in der Monatsschrift für Kriminologie und Strafrechtsreform einen Aufsatz veröffentlicht, der das »Delinquenzverhalten des unreifen Menschen« behandelt und durchaus in eigener Sache geschrieben sein könnte. Manche Straftaten würden überhaupt nur verständlich, schreibt Schmitz, wenn man von der Eigenwelt ausgehe, in der der Betreffende zur Tatzeit lebte, »wenn man den unwiderstehlichen Sog berücksichtigt, der von den phasenspezifischen Gemeinschaftsbildungen ausgeht.«[72]

Hermann Stutte, Ehrendoktor der Philosophischen Fakultät der Universität Marburg und der juristischen Fakultät Göttingen, Präsident und Ehrenpräsident der Union Europäischer Pädopsychiater sowie Vorsitzender der Deutschen Gesellschaft für Kinder- und Jugendpsychiatrie, stirbt am 22. April 1982. Im Nachruf rühmt ihn sein Schüler Helmut Remschmidt: »Seine Arbeiten verkörpern in ihrer Gründlichkeit und Originalität, ihrem Weitblick und Perspektivenreichtum ein umfassendes Lehrgebäude der Kinder- und Jugendpsychiatrie, das von hoher Wirksamkeit war und dies auch weiterhin bleiben wird.« Stuttes Habilitationsschrift ist nicht erwähnt, dafür lesen wir: »Mit Hermann Stutte hat die deutsche Kinder- und Jugendpsychiatrie ihre Vaterfigur verloren.«[73]

Stuttes Ansehen blieb groß: Die Sonderschule für Kranke am Klinikum der Philipps-Universität ist nach ihm benannt, die »Bundesvereinigung Lebenshilfe für geistig Behinderte« taufte ihre Fortbildungsstätte »Hermann-Stutte-Haus«. Mit »Hermann-Stutte-Gedächtnisvorlesungen« würdigte ihn die Jugendpsychiatrie.[74]

Die mörderische Vergangenheit blieb tabu – eine fast schon pathologische Verdrängungsleistung.[75] Die deutsche Jugendpsychiatrie, die erst im Dritten Reich Bedeutung gewann, weil führende Vertreter des Faches die eigene Klientel gnadenlos diffamierten, selektierten und mordeten,[76] versucht bis heute, möglichst viele Kinder zu psychiatrisieren.

1988 erschienen Empfehlungen einer Expertenkommission der Bundesregierung zur Reform der psychiatrischen Versorgung. Der Teil über die Jugendpsychiatrie geht auf Remschmidt zurück. Dort wird behauptet, 15 bis 18 Prozent aller Kinder und Jugendlichen (d.h. zwei Millionen in den alten Bundesländern!) benötigten Beratung und Hilfe durch die Jugendpsychiatrie. Etwa ein Drittel davon sei »eindeutig psychiatrisch behandlungsbedürftig, das sind nahezu 750000 junge Menschen«.[77] Der Bundesminister für Jugend, Familie, Frauen und Gesundheit kommentierte diese Angaben später »als Indiz eines disziplin- und berufspolitischen Interesses«.[78]

Die Kinder- und Jugendpsychiatrie beansprucht laut Remschmidt die Zuständigkeit nicht nur bei Erkrankungen, sondern auch bei psychischen wie sozialen Verhaltensauffälligkeiten. Weiterhin beansprucht sie (wie zu Nazi-Zeiten!) die Zuständigkeit bei Kindern »mit Behinderungen verschiedenster Art«, bei Kindern psychisch kranker Eltern, bei Kindern »von Angehörigen sozialer Randgruppen«, »aus desorganisierten Familien« und aus »Institutionen«.[79] Das grenzt an Größenwahn und ließe befürchten, daß die Probleme von Kindern mit normalen Erziehungs- und Entwicklungsschwierigkeiten mit Hilfe von Pharmaka-Hämmern »weggedämpft« werden. Die Heilungserfolge sind so zweifelhaft wie der Ruf der Pioniere dieses Faches.

Ähnlich dachte die Psychiaterin Charlotte Köttgen und forderte »Hilfen im Alltag statt Psychiatrisierung«. Mit einem in Amerika erprobten Fragenbogen würden Reaktionen und Probleme von Kindern abgefragt und zu psychiatrischen Krankheiten umdefiniert. Ein Großteil dieser Auffälligkeiten (z.B.: mangelnde Konzentration, Kind beklagt sich über Alleinsein, Kind weint leicht, hat Angst, in die Schule zu gehen) enthalte demgegenüber überhaupt nichts Krankheitsspezifisches. Charlotte Köttgen: »Kritisch beobachtenden Fachleuten kann es nicht entgangen sein, daß jeder Patient, der die Tür eines Psychiaters überschritten hat, eine Stigmatisierung erfährt und mit Vorurteilen sowie realen Benachteiligungen in seiner Zukunft rechnen muß.[80]

Ein Dr. Förster aus Essen diagnostizierte daraufhin einen (typisch weiblichen) Affektausbruch und wirre Gedankensprünge. Sein Befund: Ein gefühlvolles »Potpourri aus handlichen Gedankensplittern, (...) banalen Selbstverständlichkeiten und wenig originellen Weltverbesserungswünschen«. Professor Remschmidt bescheinigte der kritischen Kollegin ganz unprofessoral einen »ideologischen Rundumschlag primitivster Machart«.[81] Reinhard Schydlo, 2. Vorsitzender des Berufsverbandes der Deutschen Ärzte für Kinder- und Jugendpsychiatrie, sprach von einem »extremen Pamphlet«. Christian K. D. Moik, der 1. Vorsitzende, wurde noch deutlicher: »Ihre Demagogie ist der Infamie damaliger Propaganda durchaus ebenbürtig.«[82]

Über die verdrängte NS-Vergangenheit der Jugendpsychiatrie habe ich 1992 in der »Zeit« geschrieben[83] und anschließend mit Kritikern des Beitrags korrespondiert. Selbst Professor Reinhart Lempp, eine Ausnahmeerscheinung der Zunft, verschickte auf Bitten eines Stutte-Sohnes einen Leserbrief: »Wem Sie (...) nicht gerecht werden, ist Hermann Stutte.« Lempp schrieb mir später: »Die Kinder waren (...) so rücksichtsvoll, daß sie die Väter nicht nach etwas gefragt haben, zu was diese nichts sagen wollten.« Auch Lempp hat nicht gefragt. In einem Aufsatz (»mit freundlicher Unterstützung der Fa. Ciba-Geigy«[84]) referiert er Stuttes Habilitationsschrift, nur: Er kennt sie nicht von der Lektüre.[85] Auch sein Göttinger Kollege Friedrich Specht kennt sie nicht: Er habe daraus nur verwenden können, schrieb er, was Stutte selber in späteren Schriften zitiert habe.[86]

Einen Proteststurm löste im Sommer 1992 eine Artikelserie von Agnes Schönberger in der Marburger Lokalzeitung »Oberhessische Presse« aus. Sogar Stuttes Witwe steuerte vier Folgen bei: Die Arbeiten ihres Mannes, meinte sie, enthielten »ein paar inzwischen unüblich gewordene Vokabeln«. Weshalb die Amerikaner damals seine Entlassung gefordert hätten, sei ihr rätselhaft: »Es hat sich wohl um einen der zahlreichen Irrtümer der Besatzungsmacht gehandelt. (...)«[87] Marie-Luise Thraum hatte selbst in der Tübinger Kinderklinik gearbeitet, ehe sie Stutte heiratete.[88] Ich schrieb ihr, ich ließe mich gerne belehren, wenn sie mir erlaube, die (verschwundene) Habilitationsschrift ihres Mannes zu lesen. Die Antwort bekam ich von einem Marburger Rechtsanwalt: Er zeige an, daß er Frau Stutte anwaltlich vertrete, und reiche im Namen seiner Mandantin das an sie gerichtete Schreiben im Original zurück.

Der Bundesvereinigung Lebenshilfe für geistig Behinderte hatte Stutte all die Jahre als »Weg-Weisender«[89] gegolten, die Begegnungs- und Bildungsstätte der Lebenshilfe trug seinen Namen. »Wer meint, wir könnten diesen Mann nicht als Aushängeschild der Lebenshilfe nehmen«, belehrte Tom Mutters, Begründer der Bundesvereinigung, am 30. Juli 1992 die Leser der »Oberhessischen Presse«, »dem muß ich sagen: Das wäre eine üble Diffamierung eines hochverdienten Menschen durch die Lebenshilfe.« Distanzieren wollte man sich nicht, eine Umbenennung wurde abgelehnt. So fand man die Formel, mit der sich der Bundesvorstand aus dem Konflikt bringen wollte: »Verdienste Prof. Stuttes verdeutlicht – die Vorwürfe müssen geklärt werden.«[90] Marie-Luise Stutte reagierte gekränkt und verlangte, den Namen ihres Mannes von der Begegnungsstätte zu entfernen.

1991/92 bemühte der Ortsverein Erlangen das Landgericht Nürnberg-Fürth, weil eine Lebenshilfe-Mutter unter dem Namen »Mütter in der Lebenshilfe« aktiv geworden war. »Lebenshilfe« sei der charakteristische Bestandteil des Namens der Klägerin.[91] Es kam zu einem Vergleich. Die beklagte Mutter mußte sich verpflichten, für jeden Fall einer Zuwiderhandlung künftig 1000 Mark zu zahlen.[92] Eines Tages wird sich die Bundesvereinigung vielleicht damit auseinandersetzen müssen, daß der Name »Lebenshilfe« von Hans Heinze erfunden wurde, in dessen »Reichsschulstation« geistig behinderte Kinder und Jugendliche der Euthanasie zum Opfer fielen.[93]

Im Sommer 1992 blies Helmut Remschmidt zum Angriff. In einem Rundschreiben bat er ehemalige Mitarbeiter, Schüler und Freunde Stuttes, der Verunglimpfung zu wehren. Zur Unterschriftleistung legte er eine Entgegnung vor, in der u.a. stand: »Sind hier Geschichtsfälscher am Werk, die nach dem Zusammenbruch des Marxismus-Leninismus neue Betätigungsfelder suchen?«[94]. Die Entgegnung wird Ende Oktober 1992, ohne diesen Passus, in der Marburger Universitätszeitung abgedruckt. In einem Vorspann schreibt der Präsident der Philipps-Universität, Professor Dietrich Simon: »Die Diskussion wird mit dem Abdruck dieser Erwiderung nicht beendet sein. Sie soll aber hiermit an ihren ursprünglichen Ort, die Universität, zurückgeholt werden.«[95] Ein Satz, der verblüfft: Die Universität hatte nichts zur Aufarbeitung der Nazi-Zeit beigetragen.

Schlagendes Argument von Remschmidt und seinen Unterzeichnern (unter ihnen die Professoren Friedrich Specht, Manfred Müller-Küppers, Helmut E. Ehrhardt sowie Tom Mutters von der Lebenshilfe): »Es ist richtig, daß Hermann Stutte seit 1934 in der SA und seit 1937 (...) in der NSDAP war. Ohne die Mitgliedschaft in einer dieser Organisationen hätte er keine Chance gehabt, die Laufbahn eines Hochschullehrers zu ergreifen.«
Dutzende von Wissenschaftlern, zahlreiche Professoren darunter, haben diesen Unsinn unterschrieben. Nicht einmal Profes-

> »(...) bleibt die schlichte und irritierende Frage, wer denn eigentlich Nazi gewesen sei, wenn nicht die Mitglieder nationalsozialistischer Terrororganisationen, seien sie es aus Überzeugung, seien sie es aus Opportunismus geworden.«
> Prof. Klaus Ahlheim, in: Marburger Universitätszeitung, Nr. 229/1992

sor Konrad Ernst, zu Tübinger Zeiten Stutte als Oberarzt vorgeordnet, mußte in die NSDAP eintreten. Er trat Ende 1933, auf Drängen Hoffmanns, in die SA-Reserve ein. Als eine Anfrage aus dem Ministerium kam, warum der Oberarzt keiner Gliederung der Partei angehöre, setzte sich Hoffmann mit dem Führer der Studenten-SA in Verbindung. »Ergebnis: Ich wurde einziges nichtstudentisches Mitglied eines ›Studentensturms‹, bis ich (...) 1939 eingezogen wurde.«[96] Es ist eine gern kolportierte Geschichtslegende, daß ohne Beitritt zur NSDAP oder einer ihrer Gliederungen eine Wissenschaftlerkarriere unmöglich gewesen sei.

Professor Klaus Ahlheim hat Remschmidts Argumentation so gewürdigt: »Da wird jedes Wissenschaftsethos mit Füßen getreten und – nur scheinbar zur Entlastung Stuttes – das Selbstverständnis mancher deutscher Professoren, unbeabsichtigt vielleicht, aber gleichwohl programmatisch, offengelegt: Opportunismus um jeden Preis, Opportunismus und Anpassung, wann immer sie der Karriere dienen können?«[97]

»Nachkommen von Säufern, Verbrechern und Schwachsinnigen«

Medizintäter wurden hofiert, ihre Opfer verstoßen

Ottilie Reich, 1941 in Bernburg ermordet. Ihr Junge mußte im Heim aufwachsen.

1. Erfahrungen eines arischen »Judendoktors«

Die Medizintäter wurden hofiert, die Opfer verstoßen. Die Wunden heilten nur äußerlich. Ein Opfer war auch Dr. med. Arno Kirsche, ab 1921 in Naumburg-Saale (Sachsen-Anhalt) Kreisarzt, im Nebenamt Stadtarzt, Leiter des Städtischen Gesundheitsamtes sowie Magistratsmitglied. 1933 denunziert ihn der braune Landrat wegen Sabotage nationalsozialistischer Gesetze, insbesondere des Sterilisierungsgesetzes. 1935 wird Kirsche, dessen Ehefrau Frieda »nichtarischer« Abstammung ist, zum stellvertretenden Amtsarzt degradiert.[1]

Nachfolger wird Oskar Gundermann, dessen Amtsantritt im Lokalblatt unter der Überschrift »Ausbau der bisherigen Kreisarztstelle und des Stadtgesundheitsamtes Naumburg im Sinne der nationalsozialistischen Erb- und Rassenpflege« gewürdigt wird.[2] »Der zum Leiter des Amtes ernannte Dr. Gundermann«, heißt es, »ist auch in seinem früheren Amtsbezirk Kreis Schweinitz in der Bewegung tätig gewesen: Im Stabe des Kreisleiters bekleidete er das Amt des Kreisamtsleiters des Amtes für Volksgesundheit in der NSDAP und des NS-Ärztebundes; in der Gemeinschaft ›Kraft durch Freude‹ war er Kreisreferent des Amtes ›Schönheit der Arbeit‹.« Gundermanns Ehefrau, so die Zeitung weiter, habe bis wenige Wochen vor der Geburt ihres dritten Kindes das Amt der Kreispressereferentin der NS-Frauenschaft innegehabt.

Kirsche wird im März 1936 als zweiter beamteter Arzt an das Staatliche Gesundheitsamt in Herford zwangsversetzt. Er ist sich sicher, daß er die Degradierung seinem Nachfolger zu verdanken hat. Auf die Bitte, wenigstens auf die wehrlosen Kinder Rücksicht zu nehmen, sei er angeschrien worden: »Was gehen mich Ihre Bastarde an (...), rassisch minderwertige Menschen können wir in Deutschland nicht mehr gebrauchen.«[3]

1937 wird Arno Kirsche aus dem Staatsdienst entlassen, er wechselt ins niedersächsische Hannover. Frieda Kirsche wird 1938 gezwungen, den Vornamen »Fradel« zu führen. Alle jüdischen Angehörigen werden während des Krieges ermordet.

> »Ich brach unter den fortgesetzten Beschimpfungen und Demütigungen zusammen, erkrankte an Angina pectoris, wurde auf sein Betreiben zwangsweise versetzt, verlor schließlich meine Stellung ganz, mußte praktischer Arzt werden, während er in kurzer Zeit zum Leiter des Gesundheitswesens eines der eroberten Ostgebiete mit einer fast unbegrenzten Machtfülle aufstieg und viele Jahre ein Herrenleben führte. Und wie steht es heute? Er ist längst entnazifiziert, hat sich in der britischen Zone mit allen Rechten etabliert und weiß, daß ich (den er früher als minderwertig beschimpfte) ihn nicht bei den zuständigen Behörden denunzieren werde.«
>
> Dr. Arno Kirsche am 9. Oktober 1948 in einem Schreiben an den Vorsitzenden des Zulassungsausschusses der Kassenärztlichen Vereinigung Niedersachsen

Die Mutter rettet ihrer Tochter das Leben, indem sie noch unter Gestapofolter behauptet, Frieda sei das uneheliche Kind eines »Ariers«.

Oskar Gundermann macht dagegen Karriere: 1940 steigt er zum Leiter der Abteilung »Gesundheitswesen« beim Reichsstatthalter im Reichsgau Wartheland, SS-Obergruppenführer Arthur Greiser auf[4]. Nach dem Krieg wird er Leiter der Medizinalabteilung im niedersächsischen Sozialministerium und ist damit der ranghöchste Medizinalbeamte Niedersachsens. Arno Kirsche erlebt Gundermann erneut als übergeordneten Beamten.

Hans-Gert Kirsche, der Sohn des verfolgten Kreisarztes, erlebte am Beispiel seiner Eltern, daß nach 1945 die Nutznießer der Nazis wieder obenauf waren, während die Opfer »sich das unerläßliche Mindestmaß an Wohlwollen bei ihren Mitmenschen täglich neu durch bemühte Unauffälligkeit verdienen mußten. So ist es auch bezeichnend, daß meine Eltern das unter den Nazis zwangsläufig eingeübte Versteckspiel um die jüdische Herkunft meiner Mutter auch nach 1945 ängstlich weiterspielten, solange sie lebten. Sie hatten nachdrücklich erfahren, daß antisemitische Haltungen unverändert in den Köpfen (oder sollte man lieber sagen: den Gedärmen?) festsaßen. Sie haben sich zeitlebens nicht von dem Gefühl befreien können, einer ungescheuten Dekouvrierung in dieser Sache müsse die gesellschaftliche Ächtung auf dem Fuße folgen. Auch das ein Grund, warum sie stille hielten: Hätten sie offen gesagt, was sie von etlichen vor ihren Augen ungestraft prosperierenden Zeitgenossen selbst erlebt hatten, so hätte das ja auch bedeutet, den familiären ›Makel‹ öffentlich machen zu müssen.«

Oskar Gundermann wurde mit dem »Großen Verdienstkreuz der Bundesrepublik« mit 65 Jahren in den wohldotierten Ruhestand entlassen. Arno Kirsche mußte bis wenige Monate vor seinem Tode im Jahre 1974 arbeiten, um »halbwegs anständig über die Runden zu kommen«. Er starb im 86. Lebensjahr. Hans-Gert Kirsche hat die väterliche Praxis nicht übernehmen wollen. Er wurde Lehrer, und seine beiden Kinder studierten »nicht von ungefähr« ebenfalls Geschichte. Ein Irrsinn, daß der »Makel«, eine »Nichtarierin« geheiratet zu haben, eine Arztkarriere dauerhaft zerstörte – über 1945 hinaus. 1946 hat Arno Kirsche einem Vetter seiner Frau, der 1939 ins kalifornische San Francisco ausreisen konnte, die Ereignisse vor und nach 1945 in einem Brief beschrieben. Die Verfolgten wurden weiterhin verfolgt, die Verfolger triumphierten.

»Wie dauerhaft beschädigt unsere ganze Gesellschaft dadurch geblieben ist«, schrieb mir Hans-Gert Kirsche im März 1989, »wird auch heute noch kaum wahrgenommen.« Wenige Monate später brannten Flüchtlingsheime, wurden Ausländer ermordet, berauschte sich der braune Mob an Fremden-, Behinderten- und Judenhaß.

Hannover, den 16. Oktober 1946.
Mein lieber Mor! Es war eine große seelische Belastung, daß wir untätig mitansehen mußten, wie alle Angehörigen von Friedel, die noch in Deutschland waren, ohne jede Ausnahme nach und nach von den Nazis verschleppt und ermordet wurden. Es waren, wenn man alle Tanten und Kusinen mitrechnet, etwa 20 Personen. Dabei mußten wir selbst ständig befürchten, daß uns das gleiche Schicksal ereilen könnte.

Meine Schwiegermutter wurde bei der großen Judenaktion 1941 auf meinen Antrag und auf Ersuchen des Oberstaats-

anwaltes zunächst von der »Abwanderung« (wie die Verschleppung offiziell genannt wurde) zurückgestellt, da ich sie ja für die Durchführung des Abstammungsprozesses dringend brauchte. Sie hat auch noch ihre eidesstattliche Versicherung beschworen und wurde dazu aus der Haft zum Amtsgericht Berlin geschleppt. Angeblich war das der letzte Eid, zu dem ein Jude in Deutschland überhaupt zugelassen wurde. Sie ist vermutlich nach Auschwitz gebracht und dort vergast worden.

Man kann heute noch nicht fassen, daß diese Bestien, die solcher grauenvollen Untaten fähig waren, Deutsche gewesen sind, und auch die vielen Menschen, die davon wußten und sich daran noch begeisterten und berauschten. Auch hier in Hannover hatten wir viele gute Bekannte, die 1941 wegen ihrer Abstammung verhaftet und verschleppt wurden. Viele meiner jüdischen Patienten haben sich, als ihre Verschleppung drohte, das Leben genommen, mehrere davon mit Veronal, das ich ihnen als Schlafmittel verschrieben hatte.

Im Mai 1941 gelangten Briefe, die wir an Freunde in Naumburg geschrieben hatten, in die Hände der Gestapo Hannover. Nur dem Umstande, daß ich die Familie eines bei der Gestapo tätigen Regierungsrates erfolgreich behandelt hatte, verdankten wir, daß wir vor Verhaftung und Schlimmerem bewahrt blieben. Die Hausdurchsuchung und die Behandlung, die wir von dem Gestapobeamten erfuhren, hatten uns aber völlig aus dem seelischen Gleichgewicht gebracht.

Noch kritischer wurde die Situation, als wir im Herbst 1941 denunziert wurden, daß wir Koffer mit Wertsachen von verschleppten jüdischen Bekannten in der Wohnung aufbewahrten, um sie unseren Freunden oder, wenn sie nicht zurückkehren sollten, ihren Hinterbliebenen zu retten. Wir waren schon vorher von unserem Hausmeister und unserer Haushaltshilfe unter übelsten Drohungen gezwungen worden, die Koffer wegzugeben. Die mir anvertrauten hohen Geldbeträge wurden – offenbar von denselben Leuten – aus meinem verschlossenen Schreibtisch gestohlen. So hatte ich nichts mehr in Händen, als die Gestapo kam, und das hat uns vor dem KZ gerettet.

Ganz aussichtslos schien die Situation schließlich im Oktober 1944 zu sein. Damals hatte die Gestapo in Eschershausen ein besonderes KZ-Lager für Mischlinge und arische Ehemänner von Jüdinnen errichtet. Am 13. Oktober 1944 sollte ich mich wegen der Unterbringung in diesem Lager bei der Gestapo melden. Wenige Stunden vorher wurde mir aber vom Landgericht Hannover die Ausfertigung des Urteils ausgehändigt, nach welchem meine Frau (»nach der eidlichen Aussage ihrer Mutter und nach der eidesstattlichen Versicherung eines Verwandten in San Francisco«) nicht das eheliche Kind ihres Vaters und somit keine Jüdin sei. Das war eine Rettung in allerletzter Minute. Später wurde das Gerichtsurteil von der Gestapo allerdings nicht mehr anerkannt, weil noch die Stellungnahme des Reichssippenamtes, das in Berlin ausgebombt war, fehlte.

Schwer bedrückt hat uns die ganzen Jahre hindurch die unsichere Stellung, die unser Junge auf der höheren Schule hatte. Aber sein Direktor sorgte dafür, daß seine Mitschüler nichts von seiner Abstammung erfuhren. Im Jahre 1942 wurden zu unserem großen Schrecken alle Mischlinge von den höheren Schulen, den Mittelschulen und Fachschulen entfernt. Nur eine einzige Ausnahme war vorgesehen: Schüler, die sich im letzten Schuljahr befanden, durften bis zur Ablegung des Abiturs bleiben, und das traf für unseren Jungen zu.

Es verging kaum noch ein Tag, an dem wir nicht schwersten Bedrückungen ausgesetzt waren. Sogenannte Kollegen warnten meine Patienten vor mir unter Hinweis auf die Abstammung meiner Frau. Die Ärztekammer schloß mich von allen möglichen Betätigungen aus. Der Vorsitzende behauptete, ich sei überhaupt kein deutscher Volksgenosse, entzog mir u.a. das Benzin, sogar private Krankenversicherungen schlossen mich von der Behandlung ihrer Patienten aus.

Zahllose Schwierigkeiten wurden mir von amtlichen Stellen bereitet, z.B. vom NS-Ortsgruppenleiter, der mich als Judenknecht beschimpfte und meine Frau verhöhnte. Das Wohnungsamt setzte mir einen anderen Arzt in die Wohnung, der uns terrorisierte, aber keine Miete zahlte und sich noch heute weigert

Opfer in der Nazi-Zeit und auch danach: Dr. med. Arno Kirsche (1941).

zu zahlen. Eine Hausbewohnerin, die ich jahrelang unentgeltlich behandelt hatte, hetzte, nachdem sie unsere Wehrlosigkeit erkannte, die ganze Hausgemeinschaft und die Nachbarschaft gegen uns auf. Noch heute versucht sie, Patienten vor meiner Tür davon abzuhalten, zu mir – dem »Judendoktor« – in Behandlung zu gehen.

Eines Tages bekamen wir eine Zustellung, daß Friedel, da sie Volljüdin sei, nicht mehr in den Luftschutzkeller dürfe. Da wir nicht mehr aus noch ein wußten, fuhren wir abends mit der Bahn zu Freunden, die in einem Dorf 20 km von Hannover entfernt wohnten, wo ich auch viele Patienten hatte. Wir wurden täglich bei der Polizei denunziert, daß wir abends ohne Erlaubnis das Stadtgebiet verließen. Wenn wir morgens mit dem Frühzug von Bissendorf zurückkamen, traf meistens auch schon eine Vorladung vom Luftschutz, dem Ortsgruppenleiter oder der Gestapo ein. Das war eine üble Situation: In der Stadt verwehrte man uns den Zutritt zum Luftschutzkeller, und wegfahren durften wir abends auch nicht.

Ein Kollege machte mir das Recht streitig, meine Patienten zu behandeln. Da er eine hohe Stellung in der SA hatte, zog ich natürlich den kürzeren. So entschlossen wir uns in unserer Verzweiflung, ganz auf dem Lande zu bleiben. Bald danach rollten die amerikanischen Panzer in den Ort ein. Da standen uns die Freudentränen in den Augen. Aber was wir seitdem erlebt haben, war die bitterste Enttäuschung unseres Lebens.

Wir sind gewiß nicht rachsüchtig und wünschen niemandem, auch keinem Nazi, das, was wir selbst durchgemacht haben, aber wir hatten doch erwartet, daß wir jetzt wenigstens die gleichen Rechte wie die alten Pg.s (Parteigenossen) haben bzw. bekommen würden. In Wirklichkeit sind die vielen kleinen Nazis, die uns das Leben so lange Jahre hindurch fast unerträglich gemacht haben, auch heute noch obenauf, während wir anderen wieder die Leidtragenden sind. Meine schärfsten Konkurrenten in der Praxis sind Ärzte, die in der SS waren oder höhere Rangstufen in der SA hatten.

Sogar aus dem russisch besetzten Naumburg hörten wir dieser Tage, daß die beiden Ärzte, die uns besonders übel mitgespielt haben, auch jetzt noch das große Wort führen (der eine lief schon 1928 in SA-Uniform herum). Jetzt, nachdem in Nürnberg Herr von Papen[5]*, der Hitler erst in den Sattel gehoben hat, freigesprochen wurde und auch die SA, die die jüdischen Geschäfte demolierte und ausplünderte, die Synagogen ansteckte und die Friedhöfe schändete*[6]*, wird es in dieser Beziehung natürlich nicht besser.*

Ich hatte mir gedacht, daß alle Opfer des Nazismus, die ihre Stellungen im Dritten Reich aus politischen oder rassischen Gründen verloren haben, sie ohne weiteres wiederbekommen würden. Davon ist aber keine Rede. So einfach, wie Du denkst, ist es nicht, daß man die alten Nazis nur anzuzeigen braucht, damit sie aus ihren Stellungen entfernt werden. Gewiß, hier und da wird mal einer entlassen (gewöhnlich wird dann auch noch der falsche erwischt), aber die meisten sitzen eisern fest. Sagt man etwas, gilt man als übler Denunziant, also ärgert man sich und schweigt.

Ich wäre 1945 gerne auf dem Lande geblieben, wo ich mir in kurzer Zeit eine schöne Praxis aufgebaut hatte. Die englische Besatzungsbehörde wollte mir die Ortspraxis und die Leitung der im Ort befindlichen kleinen Klinik übertragen, ich wurde aber von einer nationalsozialistischen Clique im Orte heftig bekämpft. Im Herbst 1945 mußte ich einem SS-Mann weichen, der als Ostflüchtling kam und von dem neuen sozialdemokratischen Bürgermeister mir in jeder Weise vorgezogen wurde.

Im August 1945 war mir mein fast neuwertiger Kraftwagen, den ich gerettet hatte, mit meinen Instrumenten gestohlen worden. Nach unendlichen kostspieligen Bemühungen war es mir gelungen, einen anderen Kraftwagen zu bekommen. Aber bald darauf mußte ich zu meinem Entsetzen erleben, daß ich der erste und einzige praktische Arzt war, dem der Kraftwagen still-

gelegt wurde (nicht im Dritten Reich, sondern im Herbst 1945), und zwar durch einen sozialdemokratischen Landrat, der aus dem eingereichten Fragebogen wußte, daß ich der einzige Arzt war, der so schwer unter dem Naziregime zu leiden gehabt hatte. Ich war konkurrenzunfähig geworden. Und wenn ich mich zu Fuß auf den Weg machte, um wenigstens die dringendsten Krankenbesuche zu erledigen, mußte ich mitansehen, wie zahllose Pg.s stolz in ihren Wagen vorbeifuhren. Alle diese üblen Erfahrungen veranlaßten mich zur Rückkehr nach Hannover.

Als eine ganz große Härte empfinden wir natürlich auch, daß unser Junge noch immer in Gefangenschaft ist. Er war der einzige Schüler seiner Klasse, der nicht der Hitlerjugend angehörte, und jetzt ist er tatsächlich der einzige, der sich noch in Gefangenschaft befindet. Seine Mitabiturienten, die fast alle Führerstellungen in der HJ hatten, sind längst nach Hause zurückgekehrt und studieren. Der Junge möchte Medizin studieren, inzwischen sind aber natürlich alle Plätze an den Universitäten besetzt, und zwar durch frühere HJ-Angehörige, die sämtlich durch einen »Generalpardon« amnestiert sind. Fast alle Parteien erklären, infolge ihrer Jugend hätten sie nicht erkennen können, daß ihre Begeisterungsfähigkeit für eine so schlechte Sache mißbraucht wurde. In Naumburg gröhlten die 17- bis 18jährigen höheren Schüler, wenn sie an unserer Wohnung vorbeimarschierten: »Wenn das Judenblut vom Messer spritzt, dann geht's nochmal so gut!« Jetzt werden sie sogar noch für ihre damalige »Begeisterung« belobigt.

Die, mit denen wir so oft verbotenerweise und unter großer Gefahr den Londoner Rundfunk hörten und wie wir über den Zusammenbruch des Nazismus und den Einmarsch ihrer »Befreier« hell begeistert waren, sind fast alle verbittert. Einziges Gesprächsthema ist immer nur die grenzenlose Enttäuschung, daß alles so ganz anders gekommen ist. Wenn sich auch unsere Hoffnungen nicht erfüllt haben, sind wir trotz allem froh, daß wir ruhig schlafen können und daß die Gestapo uns nicht mehr wegholen und irgendwo totschlagen kann. Wir lesen keine Zei-

tung mehr, und wenn im Rundfunk geredet wird, womöglich gar von »Entnazifizierung«, dann schalten wir auf Musik um und brauchen uns nicht zu ärgern.

2. Medizintäter als Experten der Wiedergutmachung

In der Bundesrepublik gefährdeten kommunistische Briefträger oder DKP-Lokführer angeblich die Staatssicherheit, Nazi-Ärzte stellten keine Bedrohung dar. Es war nicht zuletzt ein Mengenproblem: Kommunisten bildeten eine Minderheit, NS-Ärzte nicht.[7] Reichsärzteführer Leonardo Conti 1943: »Ärzte haben (...) von allen akademischen Berufen zuerst und am aktivsten in der nationalsozialistischen Bewegung gestanden.«[8]

Zu den NS-Bewegten zählte auch Pg. Dr. med. Karl Haedenkamp, Hauptschriftleiter des »Deutschen Ärzteblattes«. Er wird 1939 gelobt, »an der Ausschaltung der jüdischen und marxistischen Ärzte aus der Kassenpraxis« mitgewirkt zu haben.[9] Nach 1945 steigt Haedenkamp zum Hauptgeschäftsführer der Bundesärztekammer und zum Geschäftsführenden Vorsitzenden des Deutschen Ärztetages auf. Auf Wunsch der Ärztefunktionäre wird 1956 in Köln eine Straße nach ihm benannt. Die Begründung ist ungewollt schlüssig: Haedenkamp sei »zu einem Begriff für die gesamte deutsche Ärzteschaft geworden«.[10] Von den bis heute vier Präsidenten der Bundesärztekammer waren drei in der SS oder der SA.[11]

Unter den Psychiatern gibt es einen Ordinarius, der es ablehnte, Kranke für die Gaskammer zu selektieren: Professor Gottfried Ewald in Göttingen. Den Abtransport seiner Patienten verhinderte auch er nicht. Kein einziger Ordinarius hat eindeutig Widerstand geleistet. Kein einziger. Professor Werner Heyde, der ehemalige Würzburger Ordinarius: »Mehr als ein Drittel der damals amtierenden psychiatrischen Ordinarien haben als Gutachter mitgewirkt und ihr Tun nicht als Unrecht empfunden.«[12]

1949 gründet der Bund hirnverletzter Kriegs- und Arbeitsopfer (heute: Bund Deutscher Hirngeschädigter) einen Wissenschaftlichen Beirat. Mitglieder des Beirats sind u. a. die Professoren Hans Bürger-Prinz, Willi Enke und Hugo Spatz sowie ein Facharzt Dr. Sawade aus Kassel, den die Gründungsmitglieder unter seinem richtigen Namen besser kennen: Werner Heyde (der sich 1932 mit einer »Untersuchung über Gehirnfermente« habilitiert hatte.) Der Verantwortliche des Krankenmords war 1947 aus der Untersuchungshaft entflohen. Während ihn die Justiz steckbrieflich sucht, berufen ihn Kollegen unter seinem Decknamen Sawade in einen wissenschaftlichen Beirat.[13]

Die Ordinarien blieben im Amt. Es gibt sogar einen Medizin-Preis, der nach einem Euthanasie-Gutachter benannt ist: den Friedrich Panse-Preis.[14] Panse war 1937 der Eintritt in die Partei gelungen, und er hatte am Rheinischen Provinzial-Institut für psychiatrische und neurologische Erbforschung in Bonn Karriere gemacht. Von Medizintätern trennte sich die Zunft nicht: Wer z. B. in der Nazi-Zeit behinderte Kinder gemordet hatte, hatte dennoch »keine schweren sittlichen Verfehlungen« begangen und durfte weiter praktizieren.[15]

Auch jene Ärzte, die in den Mordanstalten gearbeitet und den Massenmord mit verlogenen Beileidschreiben an die Angehörigen vertuscht hatten, durften Jahrzehnte praktizieren.[16] Ende 1990 wurde das letzte Strafverfahren gegen Dr. Klaus Endruweit (Vergasungsanstalt Sonnenstein) still beendet: Der Angeklagte (nach ärztlichem Attest verhandlungsunfähig, aber fähig, seine Praxis zu führen) habe nur das äußere Tatgeschehen eingeräumt und sich auf einen unvermeidbaren Verbotsirrtum berufen. Endruweit war jahrelang im Vorstand der Ärztekammer Niedersachsen (Bezirk Hildesheim) und im Vorstand der Kassenärztlichen Vereinigung gewesen. Die Auslagen des »Euthanasie«-Arztes trägt die Staatskasse, die Auslagen der Nebenkläger, das heißt der Angehörigen von Ermordeten, haben diese selbst zu tragen.[17]

Wer NS-Verfolgter und zu entschädigen ist, regelt das Bundesentschädigungsgesetz (BEG). Die mindestens 250000 Opfer der Nazi-Euthanasie sind nie als NS-Verfolgte anerkannt worden. Das Leid der Opfer wurde verdrängt, das Leid der zurück-

Ermordet in Brandenburg: Eine Witwe bei der Urnenbeisetzung. Die NS-Kriegsopferfürsorge schickte einen Kranz.

bleibenden Kinder nicht registriert. »Ich kann mich an meine Mutter nur schwach erinnern«, schreibt ein Mann aus dem mecklenburgischen Güstrow, »ich war ja noch ein Kind.« 1941 endete die Mutter in Bernburg. »Meine jüngere Schwester und ich kamen ins Kinderheim Lobethal nach Lübtheen.«

Dreizehn Jahre alt war Hildegard, als ihr Vater von Görden abgeholt und im alten Zuchthaus in Brandenburg vergast wurde (»Er diente in Potsdam bei der Garde und lernte hier meine Mutter im Jahre 1920 kennen«). Als Hildegard mit Trauerkleidung in die Schule kommt, beleidigt sie ihr Lehrer, es sei richtig, unnützes Leben zu töten, damit die Gesunden besser gefördert würden. Die Urne wird auf dem Ortsfriedhof beigesetzt. Ein Kranzgebinde stammt von der »Nationalsozialistischen Kriegsopferfürsorge«. Zu ihrem Leid wurden die Opfer auch noch verhöhnt.

»Meine Mutter«, so eine Frau aus Markgröningen, »hat nach unserer Flucht in die Bundesrepublik 1955 versucht, irgendeine Entschädigung oder Hilfe zu bekommen. Die kalte Ablehnung hat sie veranlaßt, die Dinge ruhen zu lassen. Daß ihr Leben und das ihrer Kinder zumindest für lange Zeit zerstört war, interessierte nicht. Ich selbst bin zeit meines Lebens mit diesem Schicksal belastet.«

Seit 1988 können die »Kinder« der Euthanasieopfer aus einem Härtefall-Fonds der Bundesregierung eine einmalige Beihilfe (5000 DM) bekommen, wenn sie in Armut leben. Doch nur wenige setzen sich der Anerkennungs-Prozedur aus. Verständlich: Dem Bund der »Euthanasie«-Geschädigten und Zwangssterilisierten waren 1991 gerade drei anerkannte Fälle bekannt. Eine der Geschädigten, die keinen Antrag mehr stellen wird, ist eine Frau, die um keinen Preis ihren Namen genannt haben möchte. Die Nachbarn wissen nicht, daß ihre Mutter bei der Nazi-Euthanasie ermordet wurde. Eine Schwangerschaftspsychose hatte sie 1943 in die pommersche Anstalt Meseritz/Obrawalde gebracht, in der insgesamt 18000 Menschen ermordet werden.

Noch heute erinnert sich die – damals neunjährige – Tochter an den letzten Besuch: »Das Haar meiner 27jährigen Mutter war grau geworden, weil sie in fürchterlicher Todesangst lebte.« Die Mutter flehte: »Holt mich hier raus, die bringen alle um.« Kommentar einer Tante: »Jetzt ist sie wirklich verrückt geworden.« Im Januar 1944 war dann ein Telegramm eingetroffen, die Mutter sei an »Lungenentzündung« gestorben. Die beiden ältesten Kinder sind zu dieser Zeit neun und sechs Jahre alt, das jüngste gerade 11 Monate. Eine Tante hat die Kleinen zehn Jahre lang versorgt. Diese Jahre fehlten ihr später bei der Rente, die so kärglich ausfiel, daß sie Sozialhilfe in Anspruch nehmen mußte. Nicht zuletzt wegen der Tante hat die Frau zweimal einen Antrag auf Entschädigung gestellt. Zweimal wurde er abgelehnt: Die Kinder seien ja auch ohne Mutter großgeworden. Nein, nie wieder wird sie einen Antrag stellen und Gefahr laufen, erneut gedemütigt zu werden.

Eine Mutter, 1944 in Meseritz-Obrawalde ermordet, mit einem ihrer drei Kinder. Sie wurden von einer Tante (rechts im Bild) aufgezogen, die deshalb von der Sozialhilfe leben mußte.

Der Bund der »›Euthanasie‹-Geschädigten und Zwangssterilisierten« ist in Detmold zu Hause. Die Opfer der Nazi-Medizin getrauten sich erst 1987, einen Verein zu gründen. Es ist das Werk von Klara Nowak, einer ebenso rührigen wie anrührenden Frau. Selbst sterilisiert, kämpft sie als Vorsitzende um die Rehabilitierung der Opfer. Klara Nowak erlebt heute Anerkennung, aber auch, daß Briefe einfach nicht beantwortet werden. So hat sie einem Leipziger Professor einen Brief geschickt, der zu Honeckers Zeiten den Westen bereisen konnte, als gäbe es keine Mauer. Er hat ein Buch über Euthanasie und Sterilisierung im Dritten Reich verfaßt, deshalb schrieb sie ihm 1990: »Ich wäre Ihnen dankbar, wenn Sie uns unterstützen können, damit wir in der DDR bald einen Anfang finden.« Eine Antwort bekam Klara Nowak nie.

»Viele konnten den Eingriff als solchen nicht perzipieren [wahrnehmen], viele haben ihn längst vergessen. Man will sie jetzt darüber aufklären, daß man ihre Menschenwürde verletzt habe, daß man sie deklassiert und diskriminiert habe, was wiederum viele nicht verstehen können.«

Prof. Helmut E. Ehrhardt, im Juni 1987 in einer Stellungnahme zur Frage der Wiedergutmachung

Etwa 400 000 Menschen, vom Kleinkind bis zum Greis, wurden zwischen 1933 und 1945 sterilisiert. Es waren psychisch Kranke, körperlich oder geistig Behinderte, Fürsorgezöglinge, Obdachlose, politische Gegner (Diagnose: »Sozialdemokrat«). Der Bundestag hat das Sterilisierungs-Gesetz 1988 als »eindeutige Äußerung nationalsozialistischer Rassenpolitik« moralisch geächtet (»Das Gesetz war Unrecht«).[18] Doch alle Versuche, die Opfer der Nazi-Medizin als Verfolgte des NS-Regimes anzuerkennen, sind gescheitert. Der Petitionsausschuß des Deutschen Bundestages hat am 24. Juni 1992 endgültig beschlossen, Zwangssterilisierung und Krankenmord (»Euthanasie«) nicht als Verfolgung im Sinne des Bundesentschädigungsgesetzes anzuerkennen.[19]

Es bleiben lediglich Almosen aus einem Härtefall-Fonds. Seit 1980 wird Sterilisierten eine einmalige Zahlung von 5000 DM gewährt (1988/89 waren dies 1590 »Begünstigte«). In Ausnahmefällen können laufende Leistungen bewilligt werden. Klara Nowak: »Die Verletzung unseres Körpers, die unzureichende

Schulausbildung, fehlende Berufsentwicklung mit den ausgefallenen Berufsjahren werden in keiner Weise ausgeglichen.«[20] Die Zwangssterilisierten haben die Jugend ihres Lebens in Angst und Schrecken verbracht, waren vielfach eingesperrt und vom Tode bedroht. Dennoch müssen sie auf den Fragebogen versichern: »Ich habe niemals der nationalsozialistischen Gewaltherrschaft Vorschub geleistet.« Damit nicht genug, müssen die Antragsteller weiterhin unterschreiben: »Ich war niemals Mitglied der NSDAP oder einer ihrer Gliederungen.« Ehemalige Mitglieder der NSDAP konnten in der Bundesrepublik Mitglied des Bundestages, Polizeipräsident oder Chefarzt werden, leben von ihren Renten. Nur die Opfer werden noch heute »entnazifiziert«.[21]

Über die Anerkennung und Entschädigung von NS-Verfolgten befindet der Bundesminister für Finanzen. 1967 verwahrte sich der damalige Bundesfinanzminister Franz Josef Strauß gegen Entschädigungen an Zwangssterilisierte. Bei der derzeitigen Haushaltslage sei eine solche Maßnahme finanziell nicht vertretbar: »Gegen eine Pauschalabfindung spricht überdies noch, daß (...) bis zu 60% an Geisteskranke, Schwachsinnige oder schwere Alkoholiker gezahlt werden würde.«[22]

Ganz ähnlich hatte dies Walter Groß, Leiter des Aufklärungsamtes für Bevölkerungspolitik und Rassenpflege, am 1. September 1933 auf dem Reichsparteitag der NSDAP in Nürnberg formuliert: Die Förderung der »Nachkommen von Säufern, Verbrechern und Schwachsinnigen« sei Ausdruck eines pazifistisch-liberalen Zeitalters.

Der verbindliche Kommentar zum Gesetz zur Verhütung erbkranken Nachwuchses vom 14. Juli 1933 stammt von drei Autoren. Der erste ist der Arzt Arthur Gütt, Ministerialdirektor im Reichsinnenministerium, ein Altnazi, der 1940 zum SS-Gruppenführer befördert wird. Der zweite ist Psychiatrie-Professor Ernst Rüdin, u. a. Begründer der Deutschen Gesellschaft für Rassenhygiene, der das Sterilisierungsgesetz als Befreiung vom »Terror« der Behinderten pries.[23] Der dritte ist Falk Ruttke, Geschäftsführender Direktor des Reichsausschusses für

Volksgesundheitsdienst beim Reichsminister des Innern. Ruttke, ursprünglich Arbeitsrichter, wird später Lehrer für Rasse und Recht an der Universität Jena – im Range eines SS-Sturmbannführers.

Das Sterilisierungsgesetz war ein wissenschaftlich verbrämtes Instrument zur Verfolgung Kranker, Armer, Bildungsbenachteiligter und politisch Andersdenkender. Es gründete, so im Vorwort nachzulesen, auf der »Denkweise des Führers«. Die Erbgesundheitsgerichte waren »ärztliches Gerichte« (S. 229), die den Willen des Führers vollstreckten. Deshalb mußten die richtenden Ärzte »auf dem Boden der nationalsozialistischen Weltanschauung stehen« (S. 224), hatte der zu Sterilisierende keinen Anspruch auf rechtliches Gehör (S. 228), und deshalb konnten Rechtsbeistände, insbesondere solche, die es »als ihre Pflicht ansehen, das Zustandekommen eines Unfruchtbarmachungsbeschlusses zu verhindern«, ausgeschlossen werden (S. 242).

Die Erbgesundheitsgerichte, einem Amtsgericht angegliedert, bestanden aus einem Amtsrichter als Vorsitzendem, einem beamteten und einem weiteren Arzt. Ab 1936 gibt es weitere Sachverständige: die Gauleiter. Ein Erlaß des Reichs- und Preußischen Ministers des Innern weist die Amtsärzte an, »zu jedem Erbgesundheitsverfahren gegen einen Parteigenossen den zuständigen Gauleiter der NSDAP zu hören, bevor ein Antrag auf Unfruchtbarmachung wegen angeborenem Schwachsinn eingereicht wird.« In diesen Fällen zählen weniger die Erbprognosen, sondern »Verdienste um die Bewegung«.[24]

Gerichtet wird im Schnellverfahren. Das Erbgesundheitsgericht Günzburg nimmt z.B. ein vorgedrucktes Formular, in das lediglich Namen und Diagnose eingetragen werden. Das Erbgesundheitsgericht Hildesheim urteilt: »eine erbliche Belastung (...) ist nicht nachgewiesen« und sterilisiert trotzdem, weil der Verurteilte in der (Trinker-)Heilstätte Isenwald (Kreis Gifhorn) untergebracht ist. Das Erbgesundheitsgericht Bielefeld befindet nach Antrag und Gutachten des leitenden Arztes der Anstalt Bethel: »Nach dem Eindruck, den der Kranke in der mündlichen Verhandlung gemacht hat, kann der Zustand des Müller nur als Schwachsinn bezeichnet werden. Dieser Schwachsinn muß aber auch als angeboren angesehen werden, da irgendwelche äußeren Ursachen, auf die der Schwachsinn zurückzuführen wäre, sich nicht haben ermitteln lassen.« Diesen Schwachsinn hat das Erbgesundheitsobergericht in Hamm später bestätigt: »Das Gesetz verlangt nicht, daß ein angeerbter Schwachsinn vorliegt, sondern nur, daß der Schwachsinn angeboren ist.«

Die weltweit einmalige Massensterilisierung angeblich Minderwertiger ist die Erbsünde der deutschen Psychiatrie. Der Vernichtung der Erbkrankheiten folgt wenige Jahre später die Vernichtung der Erbkranken. Bei der Sterilisierung waren alle Psychiater beteiligt, die Rang und Namen hatten.[25] Und sie waren in vielen Rollen am Werk: als Anzeigende und Gutachtende, als Richter und Henker. Die Sterilisierungsakten dokumentieren, wie Psychiater ihre Patienten vorführen, herabwürdigen, beleidigen, verfolgen. Diese Gesinnung machte die Gaskammern überhaupt erst möglich.

Nach dem verlorenen Krieg und der verlorenen Schlacht um das angeblich gesunde Erbgut versuchten die Beteiligten, ihren Ruf zu retten, indem sie die Opfer noch einmal verleumdeten. Und weil ein ganzer Berufsstand nicht Unrecht begangen haben konnte, konnten die Opfer keine Opfer von Nazi-Unrecht gewesen sein. Das zwang Politiker wie Wolfgang Schäuble zu so absurden Argumenten, der Gesetzgeber habe »nach Art und Ausmaß des Unrechts« differenzieren müssen. Das Bundesentschädigungsgesetz sei Verfolgten vorbehalten, die »mit besonderer Intensität und Brutalität verfolgt worden waren«.[26] Danach wäre der Vergasungstod bei Behinderten weniger brutal als bei anderen Menschen.

Ein Lehrstück, wie man noch heute Nazi-Verfolgte von amtswegen verhöhnt, ist der Fall Weiler. Die Fakten: Am 1. Oktober 1940 erreicht ein Sammeltransport mit jüdischen Patienten aus der hessischen Psychiatrie die Anstalt Brandenburg. Die Menschen sterben noch am selben Tag in der Gaskammer. Abends notiert Dr. Irmfried Eberl wie immer die Herkunftsorte der Transporte. In seinem Taschenkalender steht: »Kassel. Gießen«. Beide Namen hat er abgehakt. Abgehakt ist damit auch das Schicksal der 52jährigen Lina Weiler.

Der Sohn der Lina Weiler, selbst verfolgt und vom Leben nicht gerade verwöhnt, beantragte im September 1990 bei der für Euthanasie-Opfer zuständigen Oberfinanzdirektion Köln eine einmalige Beihilfe. Die Oberfinanzdirektion läßt sich 14 Monate Zeit, dann schmettert sie den Antrag ab. Begründung: Lina Weiler sei nicht als Geisteskranke, sondern als Jüdin ermordet worden. Somit bestehe ein Verfolgungstatbestand im Sinne des Bundesentschädigungsgesetzes (die in diesem Fall zuständige Entschädigungsbehörde hatte einen Antrag des Sohnes bereits 1961 abgelehnt).

Ich rief die Oberfinanzdirektion an und erreichte dort die Referatsleiterin. »Es geht um den Fall Weiler«, sagte sie, »hat diese Dame selbst den Antrag gestellt?« Nein, erkläre ich, die Dame wurde ermordet. Danach belehrt sie mich: »Es ist so: Jeder, der verfolgt war, das waren normal Juden und Zigeuner aufgrund ihrer Rasse oder ihres Glaubens, den darf ich nicht entschädigen. Die Dame hat aus Verfolgungsgründen den Tod gefunden. Wer aus Verfolgungsgründen zu Tode gekommen ist, den darf ich nicht entschädigen.«

Aber sie ist doch bei der Euthanasie ermordet worden, wende ich ein. »Ja sicher«, meint die Referatsleiterin, »aber ich darf nur Leute entschädigen, die nicht aus Verfolgungsgründen euthanasiert wurden.« Noch einmal wende ich ein, wer ermordet sei, sei doch ermordet. Die Referatsleiterin: »Wenn ich das salopp sagen darf: Wenn ein ganz normaler Geisteskranker euthanasiert wurde, der ist nicht wegen seiner Rasse oder seines Glaubens euthanasiert worden, dann bin ich zuständig.« Lina Weiler war aber keine »normale«, sondern eine jüdische Geisteskranke. Man kann es auch anders sehen: Wäre sie Arierin gewesen, bekäme der Sohn eine Entschädigung.

Die Demütigung der Opfer begann damit, daß sie im Falle einer Wiedergutmachung erneut Medizintätern als Gutachtern

Drei Kinder, die als Halbwaisen aufwuchsen, weil ihre Mutter ermordet wurde. Eine Entschädigung wurde abgelehnt.

begegneten. Einer von ihnen ist z.B. Dr. med. Gerhard Kreyenberg, als Oberarzt der Alsterdorfer Anstalten und Beisitzer beim Erbgesundheitsgericht in Hamburg für Zwangssterilisierungen verantwortlich. Er arbeitete da, »wo die Bewegung mich am nötigsten braucht«.[27] Kreyenberg, auch an der Deportation von Alsterdorfer Pfleglingen in Mordanstalten beteiligt, wurde von seiner Standesvertretung hoch geehrt. Er bekam 1987 (wie Jahre vor ihm Albert Schweitzer) die »Paracelsus-Medaille der deutschen Ärzteschaft«, die höchste Auszeichnung von Ärzten für Ärzte.

Im »Ausschuß für Wiedergutmachung des Deutschen Bundestages« konnte als Experte z.B. Euthanasie-Gutachter Villinger auftreten, der zudem als Chef der Breslauer Nervenklinik Psychiatriepatienten für Übertragungsversuche bei der Hepatitisforschung zur Verfügung gestellt hatte.[28] Ein weiterer Wiedergutmachungs-Experte ist Hans Nachtsheim (Max-Planck-Institut für vergleichende Erbbiologie und Erbpathologie, Mitglied im Bundesgesundheitsrat[29]. Nachtsheim hatte am Kaiser-Wilhelm-Institut die Abteilung für experimentelle Erbpathologie geleitet und dort mit Stämmen manipulierter »epileptischer Kaninchen« und elf- bis dreizehnjährigen epileptischen Kindern experimentiert. 1943 bestellte er jüngere Menschenkaninchen: »11 bis 13 Jahre Menschenalter sind 5 bis 6 Monaten bei Kaninchen gleichzusetzen. (...) Um Vergleichsmöglichkeiten zu haben, müßten etwa 5 bis 6 Jahre alte epileptische Kinder geprüft werden.«[30]

Am längsten im »Wiedergutmachungs«-Ausschuß ist der Villinger-Schüler und Träger der Paracelsus-Medaille Professor

Helmut Ehrhardt. Die Reihe seiner Titel und Funktionen ist lang, wie einer Würdigung des Marburger Kinderpsychiaters Remschmidt zu entnehmen ist: Professor für Psychiatrie und Neurologie der Universitäts-Nervenklinik Marburg, Direktor des Instituts für Gerichtliche und Sozialpsychiatrie, Ehrendoktor der Juristischen Fakultät in Mainz, Mitglied der Deutschen Akademie der Naturforscher Leopoldina, Mitglied des Sachverständigen-Beirates für Seelische Gesundheit der Weltgesundheitsorganisation, des Suchtstoffkontrollamtes der Vereinten Nationen, des ethischen Komitees und der forensischen Sektion des Weltverbandes für Psychiatrie, des Bundesgesundheitsrates, des Wissenschaftlichen Beirates der Bundesärztekammer, Mitglied des Deutschen Senats für ärztliche Fortbildung und mehrerer Ausschüsse der Bundesärztekammer, Landesarzt für geistig und seelisch Behinderte usw. usw.[31]

Der Multifunktionär der deutschen Psychiatrie hat Wiedergutmachung bei Sterilisierungsopfern abgelehnt. 1963 begründete er dies damit, daß »die wirklich Kranken (...) wie ihre Angehörigen die Sache längst vergessen haben.«[32] Zehn Jahre später wiederholt er die Argumente und ergänzt: »Man kann nicht generell sagen, daß der Betroffene durch die Entscheidung eines Erbgesundheitsgerichtes als ›minderwertig‹ abgestempelt wurde.« Dies sei die Meinung nationalsozialistischer Ideologen gewesen, »aber nicht die Meinung der Autoren des Gesetzes, die bekanntlich keine Nazis waren.«[33] Da scheint Ehrhardt einer Bewußtseinstrübung zu erliegen, wenn er einen SS-Gruppenführer (Gütt), den Begründer der Deutschen Gesellschaft für Rassenhygiene (Rüdin) und einen SS-Sturmbannführer (Ruttke) für Nicht-Nazis ausgeben will.

Wer jahrelang als rassisch Verfolgter im KZ gesessen habe, urteilt Ehrhardt 1987, »dürfte einen nach Eigenart und Ausmaß ganz anderen Schaden erlitten haben als ein geistig schwer Behinderter oder ein Geisteskranker«, der sich seit 50 Jahren in Anstaltsbetreuung befinde und seine Sterilisierung gar nicht realisiert oder längst vergessen habe.[34] Wenig später ergänzt Ehrhardt, der Sterilisierte habe in aller Regel keine Minderwertigkeitsgefühle, »wenn man nicht versuchen würde, sie ihm einzureden.«[35] Wer um das Leid der Gedemütigten weiß, kann dies nur als zynisch empfinden. Psychiatern dieser Denkart waren Patienten als »Experten« ausgeliefert.

»Heute bin ich 80 Jahre alt«, schreibt ein Mann aus Potsdam, »und habe mit keinem Menschen, auch nicht mit meiner zweiten Frau, über die Körperschädigung durch den Faschismus gesprochen.«[36] Und er fügt hinzu: »Der Mensch kann alles verzeihn, aber nicht vergessen.« Auch in der DDR waren die Opfer der Nazi-Medizin nicht als Verfolgte anerkannt. In der Behandlung der Medizintäter und ihrer Opfer standen sich Deutschland-West und Deutschland-Ost in nichts nach.

»Wie eine Flipperkugel hin- und hergeschossen ...«

Die Psychiatriereform fand nur auf dem Papier statt

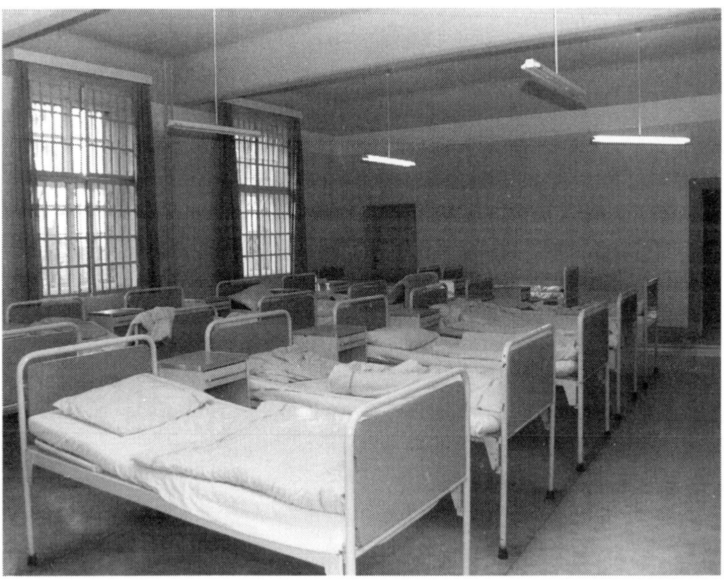

Psychiatrie in Arnsdorf: die »Männerunruhe«.

Vor vielen Jahren schleuste mich ein Psychiater in eine Anstalt und schloß mich in seinem Arztzimmer ein. Ich sollte ungestört eine Akte lesen. »Lesen Sie«, sagte er, »ein Stück deutscher Psychiatriegeschichte.«

Eine arbeitslose Arbeiterin war 1933 im Alter von 29 Jahren freiwillig in die Psychiatrie gegangen. Ein Arzt vermaß ihren Schädel und stellte Intelligenzfragen. Eine dieser Fragen lautete: »Wie nennen wir Adolf Hitler?« Eine andere: »Welche Bewegung hat Adolf Hitler geschaffen?« Danach wird die Frau gefragt, welche Schule sie besucht habe. Sie erklärt es und fährt ungefragt fort: »Ich hatte nicht die Mittel dazu, eine bessere Schule zu besuchen.« Nun muß sie ein Kurzdiktat schreiben: »Deutschland ist mein Vaterland, es ist ein großes Land.« Sie kann es fehlerfrei.

Der Arzt faßt das Persönlichkeitsbild zusammen: »etwas mürrisch, dumm«. Seine Diagnose: »angeborener Schwachsinn mit asozialen Zügen, unheilbar und nicht mehr bildungsfähig.« Drei Jahre später heißt es: »Sie ist sehr eingebildet, meint, sie könne mit dem Leben in der Anstalt nicht dauernd auskommen, der Geist verlange mehr.« In der Folgezeit fällt auf, daß sie eine Geschichte über ein Judenmädchen liest, das Kranke pflegt, sich dabei ansteckt und schließlich stirbt. Von 1941 bis 1945 fehlt jede Eintragung, 1945 heißt es jedoch vorwurfsvoll: »Interessiert sich besonders für den Nürnberger Prozeß und ist entrüstet über die Untaten in den Konzentrationslagern.«

1948 kommt die Patientin in die nächste Psychiatrie. Es ist die Anstalt Eichberg im Rheingau, die 1941 als Zwischenstation zur Vergasungs-Anstalt Hadamar gedient hatte. Ab 1941 waren auf dem Eichberg 2772 Patienten verhungert oder vergiftet worden. Im März 1953, nach zwanzig Jahren Dauerunterbringung, heißt es: »Fragt immer mal wieder, wie es stünde mit ihrer Entlassung, läßt sich aber bislang leicht vertrösten.« Der vage Freiheitsdrang macht sie jedoch verdächtig. Deshalb leitet der Arzt die Zwangsunterbringung ein. Zwecks Gutachten macht er einen Intelligenztest. Gefragt wird nach deutschen Flüssen, nach dem Unterschied zwischen Kind und Zwerg, wann das Wasser kocht usw. Auf die Frage, wie man Koteletts mache, antwortet die Frau: »Ein Kotelett, wenn ich eins hätte, ich tät' auch wieder mal eins essen.«

Der Arzt konstatiert, daß die Patientin Fragen des Wissens überraschend gut beantworte, dennoch sei sie schwachsinnig, »durch die Art, wie sie die Fragen kommentiert«. Der Rest ihres Akten-Lebens ist schnell erzählt: Einmal läuft sie weg, einmal fällt sie auf, weil sie Männer verehrt. Kommentar in der Krankengeschichte: »Weiterhin schwachsinnig und geschwätzig«. Die Akte umfaßt ihr gesamtes Dasein in der Psychiatrie. Doch es sind lediglich Daten über Gewicht, Pillenkonsum, Fieberkurven und Fehlverhalten. Über die Person ist im ganzen Aktenordner nichts Positives, nichts Verstehendes gesagt. Die letzte Eintragung in der Krankengeschichte stammt von dem Arzt, der mich mit der Akte eingeschlossen hat: »Es läßt sich heute nicht mehr erkennen, weshalb seinerzeit die Diagnose angeborener Schwachsinn erhoben wurde.«

Wer sich am Eigentum anderer vergreift, wird bestraft. Selbst Schwarzfahrer landeten schon hinter Gittern. Doch die ungleich schwererwiegende Tat, einem Menschen das Leben zu rauben, wird nicht verfolgt.

1989 erfuhr ich von einer Frau, deren Schicksal sich vierzig Jahre zuvor, am 18. August 1949, entschieden hatte. An diesem Tag erstellte ein Psychiater der Münchener Anstalt Haar ein Gutachten über die damals sechsjährige Brigitte. Der neurologische Befund ergab wenig, doch die soziale Prognose dünkte um so schlechter: Die Mutter sei geschieden, »schielt stark auf dem rechten Auge, hat schwer gelernt«.

Während der Untersuchung versucht die Sechsjährige, mit dem Psychiater Kontakt aufzunehmen. Das wird ihr übel ausgelegt. »Das Kind ist äußert lebhaft, geschwätzig, zudringlich«, heißt es im Gutachten. Das Negative steht im Indikativ, das einzig Positive im Konjunktiv: »Soll flicken und brauchbar sticken können (...).« Der Arzt fällt sein Urteil, es bedeutet lebenslänglich: »Das Kind bedarf wegen seiner Umtriebigkeit, Eigenwilligkeit und krankhaften Lebhaftigkeit der Anstaltsversorgung.« Drei Blatt umfaßt das Gutachten, und dennoch: Nie wieder wird sich ein Arzt so eingehend mit Brigitte beschäftigen.

Am 7. September 1949 erfolgt die Aufnahme im St. Paulusstift in Neuötting, einer Einrichtung für geistig Behinderte. Es beginnt ein Leben ohne jede Förderung. Die amtlichen Zeugnisse von Brigittes weiterer Existenz sind entsprechend spärlich. Da gibt es 1954 ein Gutachten des Anstaltsarztes, wonach sie an leichtem Schwachsinn und Epilepsie leide. Da gibt es ein »Entlassungszeugnis« der Volksschule, daß sie »wegen geistiger Unreife« die Schule nicht besucht habe. Ein Zeugnis des Gesundheitsamtes Altötting aus dem Jahre 1975 attestiert der mittlerweile 32jährigen Frau in ganzen vier Zeilen die bekannten Diagnosen und eine Erwerbsminderung von hundert Prozent. Ob die Oberregierungsmedizinalrätin die Begutachtete überhaupt gesehen hat, erscheint zweifelhaft.

Unzweifelhaft ist aber, daß die völlig Erwerbsgeminderte in der Anstalt putzen, stopfen, waschen, schrubben muß und in der anstaltseigenen Landwirtschaft zu schwerer Feldarbeit herangezogen wird. Der Tag im Paulusstift beginnt fünf Uhr im Morgengrauen und endet, wenn andere die »Tagesschau« anschalten. Blusen, Röcke und Unterwäsche werden abends im Aufenthaltsraum weggesperrt. Alle vierzehn Tage ist Badetag, alle vier Wochen darf der Kopf gewaschen werden.

Im Frühjahr 1983 erhält Brigitte vierzehn Tage Urlaub, um ihre inzwischen alte und kranke Mutter zu pflegen. Der Wunsch nach einem Leben in Freiheit ist geweckt, doch es dauert noch fünf Jahre, bis sich Brigittes Stiefschwester ein Herz faßt und mit dem Münchener Sozialarbeiter Claus Fussek Kontakt aufnimmt. Kurz vor Weihnachten 1988 verläßt sie das Heim, angeblich zu einem Weihnachtsurlaub. Im Januar 1989 feiert sie ihren 46. Geburtstag in Freiheit. Ihre erste Stelle ermöglicht einer alten Dame, aus einem Altersheim zurück in die eigene Wohnung zu ziehen. Brigitte hilft im Haushalt und bei der Pflege. Das erste richtige Zeugnis in ihrem Leben liest sich wie eine Liebeserklärung: »Ihr immer freundliches und bescheidenes Wesen war eine Freude.«

Der Kostenträger, der Bezirk Oberbayern, bezahlte 39 Jahre lang Brigittes Anstaltsdasein, ohne zu prüfen, ob sie dort auch angemessen untergebracht sei. Die Heimaufsicht fühlt sich auch nicht verantwortlich. Ihre Aufgabe, so die Auskunft, bestehe in der Überprüfung des Essens, der sanitären Anlagen, der Bausubstanz. Man beschäftigt meist Verwaltungsfachleute, die ohnedies nur nach Vorankündigung kontrollieren dürfen. Es gibt nicht einmal gesetzliche Regelungen, die Minimalforderungen an den Personalbestand stellen.

Ein Ermittlungsverfahren ist eingestellt worden.[1] Daß Brigitte überhaupt keine schulische Förderung erhielt, ist strafrechtlich verjährt. Einem Kind wurde das Leben gestohlen. Das ist nicht strafbar. Ein Mensch kann hinter Anstaltsmauern verschwinden, und eine staatliche Stelle zahlt dies ohne Nachfragen.

1992 bat mich Maria Meier (Name geändert) um Hilfe. Die Frau, knapp über vierzig, war Anfang Mai 1991 in eine seelische Krise geraten. Ihre Hausärztin befürchtete eine Kurzschlußhandlung und drängte sie, die Nacht freiwillig in der Psychiatrie zu verbringen. Maria Meier wird am 7. Mai 1991, gegen 22 Uhr, von besorgten Freunden in die Psychiatrische Klinik in Nürnberg gebracht. In der Aufregung vergessen sie, ein paar Sachen einzupacken. So hat sie nichts dabei, keinen Kamm, kein Waschzeug, nicht einmal Groschen zum Telefonieren. Nach langem Warten erscheint ein Arzt, der sie beruhigt, morgen werde alles in Ordnung kommen.

Maria Meier kommt in ein Fünf-Bett-Zimmer. Sie ist zum ersten Mal in der Psychiatrie, sieht erstmals Patienten schreien, zucken, gebückt und gebeugt durch Psychopharmaka. »Ich hätte erwartet«, erinnert sie sich, »bei einem Menschen, der in der Krise ist, daß jemand bei ihm ist, mit ihm spricht.« Doch niemand spricht mit ihr. Am nächsten Tag muß sie lange warten, bis endlich, gegen 11 Uhr, ein Psychologe kommt. Sie ist gereizt, erzählt weit ausholend ihre Geschichte, daß sie freiwillig gekommen sei und demnach auch wieder gehen könne. Der Psychologe: »Da bin ich anderer Meinung. Sie sind krank.«

Der Psychologe informiert sie, ein Amtsrichter werde kommen und ihre Zurechnungsfähigkeit überprüfen. Am Nachmittag heißt es, der Richter sei verhindert, habe aber telefonisch veranlaßt, daß sie nach Erlangen in die Psychiatrie verbracht werde. Maria Meier hat die Wahl: »Gehen Sie freiwillig, oder muß ich Gewalt anwenden?« Der Psychologe schreibt am selben Tag ein »Ärztliches Attest zur Vorlage beim zuständigen Vormundschaftsgericht«. Die Patientin zeige ein erregt-gespanntes Zustandsbild, sei distanzlos und logorrhoisch (»Logorrhoe« übersetzt das Klinische Wörterbuch mit »krankhafte Geschwätzigkeit«). Sie sei krankheits- und behandlungsuneinsichtig. Ihre Vorstellung, außerhalb der Klinik ein selbständiges Leben führen zu können, sei unrealistisch. Eine längerfristige stationäre Behandlung im Bezirkskrankenhaus und die Errichtung einer Gebrechlichkeitspflegschaft zur medizinischen Behandlung und Aufenthaltsbestimmung seien erforderlich.

Die »Verdachtsdiagnose«, nach einem Gespräch und bei einer bisher niemals psychiatrisch behandelten Frau: »Schizophrenie vom paranoiden Typus, subchronisch mit akuter Exazerbation« (Verschlimmerung). Das Attest, vom Psychologen und dem leitenden Arzt der Abteilung unterschrieben, fußt auf der Annahme, Maria Meier befinde sich seit zwei Jahren in einer psychischen Krise und habe ihren Ehemann mit einem Messer attackiert. Beide Behauptungen sind nachweislich falsch: Maria Meier hat ihren Mann nie mit dem Messer attakkiert und die Krise dauerte nicht zwei Jahre, sondern Tage.

Am selben Tag erläßt der Vizepräsident des Amtsgerichts einen Beschluß. »Die Betroffene« leide nach ärztlichem Zeugnis an Schizophrenie paranoiden Typus und gefährde sich u. a. dadurch, daß sie die dringend erforderliche Heilbehandlung nicht wahrnehme. Ohne die Frau gesehen zu haben, verfügt der Richter: »Das Klinikum Nürnberg darf die Betroffene erforderlichenfalls auch unter Anwendung von Gewalt in eine geschlossene Anstalt verbringen.«[2] Die Betroffene, erstmals, freiwillig und hilfesuchend in die Psychiatrie gekommen, ist innerhalb weniger Stunden zum Objekt geworden.

Maria Meier kommt am 8. Mai kurz vor Dienstschluß der Stationsärztin im Bezirkskrankenhaus Erlangen an. Die Ärztin erklärt ihr, morgen sei Feiertag (Himmelfahrt), aber übermorgen könnten sie sich unterhalten. Maria Meier kommt in ein Acht-Bett-Zimmer. Eine Zimmergenossin singt die ganze Nacht, eine andere wimmert aus Angst vor sich hin, wieder eine andere schreit jammervoll, weil sie ins Bett gefesselt («fixiert«) ist und aufs Klo muß. Maria Meier: »Das hält auch kein normaler Mensch aus, noch weniger ein Mensch, der in einer extremen seelischen Krise ist.«

Am dritten Tag erfährt Maria Meier, daß eine Gebrechlichkeitspflegschaft beantragt sei und sie ab sofort Psychopharmaka nehmen müsse. Die Folgen der Medikamente stellen sich rasch ein: Die Willenskraft läßt nach, der Verstand arbeitet schwerfällig, sie kann nicht mehr schreiben. Einen Freund, der sie vormittags besucht, bittet sie sogar, den für den Nachmittag angekündigten Besuch einer Anwältin und einer Freundin abzusagen. Doch nun hat sie Glück: Mittags vergißt der Pfleger, die Arznei zu verabreichen. Zudem hat eine Ärztin Dienst, die sie nicht nach dem Nürnberger Attest, sondern nach dem Augenschein beurteilt: »Es reichte ihr, daß meine Anwältin und meine Freundin beim ersten Satz der Akte, wo von meiner angeblichen zweijährigen psychischen Krise die Rede ist, laut herauslachten. Bei dem Gespräch mit mir (das sich sehr schwierig gestaltete, da ich – wie die Ärztin mir erklärte – als Nebenwirkung der Medikamente an einer Zungenlähmung litt) gewann sie den Eindruck, daß ich in keiner Weise gefährdet sei.«

Maria Meier wird nach vier Tagen entlassen. Zwei Tage später nimmt sie ihre Arbeit wieder auf, die volle Konzentration erfordert. Sie widerlegt das psychiatrische Gutachten, indem sie normal lebt und arbeitet. Doch der Beschluß des Amtsgerichts ist damit nicht aus der Welt. Zweimal muß sie sich von einem Psychiater begutachten lassen. Die Kosten hat sie aus eigener Tasche zu zahlen. Es dauert Monate, bis das Amtsgericht im Januar 1992 die Angelegenheit für erledigt erklärt.

Im Mai 1992, am Jahrestag ihrer Internierung, besuchen wir noch einmal die Psychiatrie in Nürnberg. Psychiater und Psychologe, die eine »längerfristig stationär psychiatrische Behandlung« und eine Gebrechlichkeitspflegschaft eingeleitet hatten, erwarten uns. Maria Meier hat dem Psychologen Ende Februar 1992 ihre Situation in einem Brief darzulegen versucht, aber nie eine Antwort erhalten. Der Psychologe erklärt mir, in der psychiatrischen Klinik würden Menschen »am laufenden Band« gesund. Die Kritik kränkt ihn. Nein, Fehler sind keine gemacht gemacht worden: »Ich bin nach wie vor froh und glücklich, daß ich diesen Antrag gestellt habe.« Eigentlich hat es nur eine Panne gegegeben: Die »Patientin« hat, ein Ausnahmefall, das ärztliche Attest zu Gesicht bekommen. So konnte sie die Behauptungen, sie sei seit zwei Jahren krank und habe ihren Ehemann mit dem Messer bedroht, widerlegen.

Abends besuchen wir die Gesundheitswerkstatt im Bildungszentrum der Stadt Nürnberg, eine Selbsthilfegruppe, die sich »Verein für emanzipatorische Psychiatrie« nennen wollte. Dies ist jedoch vom Registergericht Nürnberg nach Rückfrage bei der Bayerischen Landesärztekammer untersagt worden. »Die Landesärztekammer«, heißt es in einem Beschluß, »vermag mit dem Begriff ›emanzipatorische Psychiatrie‹ keine sinnvolle Vorstellung zu verbinden.«[3]

Eine ehemalige Elektronik-Ingenieurin hat ähnliche Erfahrungen gemacht wie Maria Meier. Sie hat sich in der Tagesklinik vorgestellt, um einen Platz zu bekommen: »Ich war das erstemal ehrlich, hab erzählt, wie es mir geht, was für Ängste ich habe.« Drei Stunden später erreicht sie zuhause ein Anruf, es wären noch Rückfragen, ob sie noch mal vorbeikommen könne: »Ich hab wirklich an nichts Schlechtes gedacht, bin hingefahren und vom Arzt empfangen worden, ob ich freiwillig in die Klinik ginge oder man mich einweisen müsse.«

So ist sie gezwungenermaßen freiwillig gegangen: »Ich durfte keinen mehr anrufen, wurde sofort in die Klinik gebracht. Dort wurde ein Bett auf dem Flur bereitgestellt. Als ich nach dem Arzt gefragt habe, es war Freitagabend, hieß es: nein, es ist Wochenende. Nachdem ich zwei Nächte nicht geschlafen hatte, hatte ich allerdings sonntags das Glück, daß der Stationsarzt der zuständige Dienstarzt war, der meine sofortige Entlassung veranlaßte. Ich hatte von Freitag bis Sonntagabend keine Rechte, durfte keinen anrufen, durfte die Station nicht verlassen.« Ich frage: »Du warst also richtig verschwunden?« Ihre Antwort: »Ja, und dadurch, daß ich allein lebe, ist es nicht einmal aufgefallen.«

»Gewalt in der Psychiatrie beginnt damit«, berichtet eine junge Frau unter Zustimmung der anderen, »daß ich, wenn ich sage, daß ich dieses Mittel überhaupt nicht vertrage, genau mit diesem Medikament behandelt werde.« Auch sie ist schon »fixiert« worden: »Die fragen nicht, was hast du, kannst nicht schlafen? Sie packen dich, zack ins Bett, gefesselt. Wenn ich gesagt hab, ich muß mal, haben sie mir Windeln angezogen. Das hat was von Entwürdigung, wenn da drei, vier Kerle um dich rumstehen, dir die Beine auseinanderdrücken, um dich zu fixieren.«

Einig sind sich die Gruppenmitglieder, daß die Amtsrichter, die psychiatrische Zwangsmaßnahmen kontrollieren sollen, wenig hilfreich sind. Ein junger Mann erklärt, er habe aus der Klinik gewollt, weil er die vielen Spritzen leid war. Da habe man ihm gesagt: »Dann kommt der Richter, kriegst'ne Pflegschaft.« »Bei mir war's so«, sagt eine Frau, »der Richter kam, als ich infolge der Medikamente nicht mehr reden konnte.« Eine Patientin erlebte, daß der Richter dem Arzt lediglich das Diktiergerät zum Aufsprechen der Diagnose überreichte.

Am nächsten Tag gehe ich mit Maria Meier zum Amtsgericht. Drei Juristen sitzen bereit: der Vizepräsident, der sie fernmündlich festsetzen ließ, ein Experte für Betreuungsrecht und der Pressesprecher. Die Justiz, beteuern alle, hat alles richtig gemacht. »Ich hätte mir größte Vorwürfe gemacht«, heißt es, »hätte ich anders gehandelt. Ich wäre froh, wenn alle Verfahren so sorgfältig geführt werden könnten.« Maria Meier mußte die Gegen-Gutachten, die sie vor unberechtigter Gebrechlichkeitspflegschaft bewahrten, selbst bezahlen. So ist es nach der »Kostenordnung« geregelt, weil bei »Geschäften, die von Amts wegen vorgenommen werden«, derjenige zahlt, »dessen Interessen wahrgenommen« werden. Dies ist auch dann der Fall, wenn die Anordnung einer Pflegschaft irrtümlich geschah.

Der Vizepräsident des Amtsgerichts überreicht mir ein Urteil. Der Fall: Ehemann und Ehefrau leben im Streit. Sie führen einen Unterhaltsprozeß, in dessen Verlauf die Ehefrau eine Pflegschaft des Mannes anregt. Das Vormundschaftsgericht holt ein Sachverständigengutachten ein. Obgleich offenkundig ist, daß von Anfang an kein Anlaß zur Begutachtung bestand, muß der Mann dennoch die Kosten des Gutachtens zahlen. Wie hart es auch für den Betroffenen sei, heißt es im Urteil, »die Kosten von vormundschaftsgerichtlichen Maßnahmen tragen zu müssen, die sich als nicht erforderlich erwiesen haben, so ändert das nichts an der Tatsache, daß selbst in diesen Fällen das Vormundschaftsgericht ausschließlich im Interesse des Betreuten tätig geworden ist.«

Nun heißt die Pflegschaft seit 1992 »Betreuung«. Das neue »Gesetz zur Reform des Rechts der Vormundschaft und Pflegschaft« (Betreuungsgesetz) ist als eine der bedeutendsten Rechts-Reformen des Jahrhunderts gepriesen worden. Der Vizepräsident des Amtsgerichts hat die Auswirkungen des Reformgesetzes in einem Papier aufgelistet. Wer es liest, kann den Jubel nicht teilen: So können z.B. zur »Einholung eines Sachverständigengutachtens« Bürger bis zu drei Monaten zwangsweise in der Psychiatrie untergebracht werden. Wenn Gefahr im Verzug ist, wie im Falle Meier, kann die nun »Betreuung« genannte Pflegschaft auch ohne Anhörung des Betroffenen angeordnet werden.

Maria Meier hat Glück im Unglück gehabt: Wäre sie drei Monate in der Klinik geblieben, vollgepumpt mit Neuroleptika, wäre sie heute eine Schizophrene paranoiden Typus, ein Betreuungsfall. So aber bleibt sie eine angesehene Bürgerin, die ihrer Arbeit nachgeht. Die Schizophrenie ihres Falles: Alle, Psychologe, Psychiater und Richter haben sich nichts vorzuwerfen, sind noch heute überzeugt, alles richtig gemacht zu haben.

1975 hatten prominente westdeutsche Psychiater eine »Psychiatrie-Enquete« vorgelegt. Sie prangerten die menschenunwürdige Unterbringung in den Großeinrichtungen an. Das hatte zur Folge, daß vielerorts die Gebäude saniert wurden. Die Ghettos wurden neu verputzt. Zugleich wurde begonnen, die unsäglichen Massensäle aufzulösen. Möglich wurde dies, indem man die »Unheilbaren«, den »Behandlungsmüll«, in Alten- und Pflegedeponien verschubte und bis heute dort entsorgt. Dies nutzt den Krankenkassen, weil sie nur für Behandlungs-, aber nicht für Pflegekosten aufkommen, und erhöht die Renditen privater Gebrechlichkeits-Unternehmer. Für die Kranken und ihre Angehörigen bedeutet die Deklarierung als Pflegefall jedoch, daß sie selbst zahlen oder die Sozialhilfe in Anspruch nehmen müssen.

Die Ghettos wurden neu verputzt, die abseitigen Standorte blieben. 1992 hatte ich abends um 19.00 Uhr einen Vortrag in Hadamar. Ich rief die Auskunft der Bundesbahn an, wann der letzte Zug gehe. Er ging um 19.09 Uhr. Vielleicht könne ich statt dessen einen Bahnbus nehmen, meinte ich. Der fuhr jedoch schon um 18.39 Uhr. Kommentar des Bahnbeamten: »Da möchte ich nicht beerdigt sein.«

Eine Gruppe Wiesbadener Bürger, unter ihnen der Umwelt- und Gesundheitsdezernent der Stadt, wollten mit öffentlichen Verkehrsmitteln eine Veranstaltung in der Psychiatrischen Anstalt Eichberg im Rheingau erreichen. Sie kamen mit dem Bahnbus bis Eltville, zehn Kilometer von der Klinik entfernt. Einige liefen, andere wurden vom Klinikpersonal abgeholt. Als die Veranstaltung um 18 Uhr 15 beendet war, stellten die Teilnehmer fest, daß kein öffentliches Verkehrsmittel mehr nach Wiesbaden fuhr. Der Gesundheitsdezernent bot seine Amtsautorität auf und dirigierte einen Sonderbus der Stadtwerke auf den Eichberg.[4] Doch wer hat schon immer einen Dezernenten dabei.

Die Psychiatrie soll, da herrscht Übereinstimmung, gemeindenah sein. Menschen sollen dort Behandlung finden, wo sie leben. Doch noch 1990 wurde am Hohen Meißner, wo der Sage nach Frau Holle ihren einsamen Wohnsitz hat, ein psychiatrisches Fachkrankenhaus menschenfern errichtet. Schizophrenie des Verwaltungsdenkens: Die kostengünstigeren ambulanten Hilfen am Wohnort werden blockiert, die teure Unterbringung in fernen Anstalten gefördert, weil dann nicht mehr der örtliche Kostenträger (Stadt oder Landkreis), sondern der überörtliche Kostenträger (Landschafts- oder Landeswohlfahrtsverband) zahlen muß. Das Verrückte an diesem Milliarden-Spiel: Der überörtliche Träger wird aus den Umlagen der Städte und Landkreise finanziert.

Heinrich Kunze, Psychiatriedirektor der hessischen Anstalt Merxhausen: »Die Psychiatriereform in der Bundesrepublik Deutschland ist seit (...) 1975 auf der strukturellen Ebene nicht entscheidend vorangekommen.«[5] Hans Ludwig Siemen (Erlangen) sagt es noch krasser: »Die Reform der Psychiatrie fand nur auf dem Papier statt.«[6] Gewiß, es gibt psychiatrische Abteilungen an Allgemeinkrankenhäusern, die aber in der Regel »schwierige Fälle« an die Landeskrankenhäuser weiter reichen. Gewiß, es gibt Tageskliniken (wo man tagsüber Hilfe findet und abends wieder nach Hause kann) und den »komplementären Bereich« (Übergangseinrichtungen, beschütztes Wohnen, Patientenclubs), doch eher zufällig, ohne Konzept und Koordination.

Das Wort »komplementär« ist ohnedies verräterisch. Es besagt nämlich, daß die Versorgung am Wohnort nur eine »ergänzende« Maßnahme ist. Das Behandlungsmonopol haben die niedergelassenen Nervenärzte, die in der Regel in ihrer Praxis sitzen und zur Behandlung keinen Fuß vor die Tür setzen, und die Anstalten. Wenn ein Bundesbürger abends oder nachts eine Nierenkolik erleidet, ruft er einen Notarzt. Ein Bundesbürger, der zu dieser Zeit eine seelische Krise erlebt, kann keinen Notdienst erwarten. Abends und nachts ist die Polizei für ihn zuständig. Die Ordnungshüter entscheiden dann, ob sie nichts tun oder den Kranken in die Psychiatrie bringen. Bis heute blockieren die Behandlungs-Monopole ein wirksames Hilfssystem, werden die chronisch Kranken »wie eine Flipperkugel so lange zwischen den verschiedenen Institutionen hin- und hergeschossen, bis sie in ein Loch fallen und verschwinden.«[7]

Psychisch Kranke sind weitaus schlechter gestellt als somatisch Kranke und schlimmer eingestuft als Schwerverbrecher. Psychisch Kranke oder auch nur psychisch Auffällige werden ohne Wissen der Betroffenen lebenslänglich im Bundeszentralregister erfaßt. Vor vielen Jahren war der Regensburger Psychiater Clemes Cording mit einer Begutachtung beauftragt: Ein 24jähriger Patient hatte in einer manischen Phase einen (einzigen) Ladendiebstahl begangen. Hätte der Patient den Strafbefehl bezahlt, wäre nichts passiert. Dr. Cording meinte es jedoch gut mit dem Patienten und bescheinigte ihm wahrheitsgemäß Schuldunfähigkeit zur Tatzeit.

Ein verhängnisvolles Gutachten. Cording hatte nämlich nicht gewußt, daß jedes Strafverfahren, das wegen (nicht auszuschließender) Schuldunfähigkeit eingestellt wird, bis zum 90. Lebensjahr des Betroffenen gespeichert bleibt und in jedes Führungszeugnis für Behörden aufgenommen wird. Dies gilt selbst in Bagatellfällen, in denen ein Verfahren aufgrund eines hausärztlichen Attestes ohne richterliche Prüfung eingestellt wird.

Die Eintragung ins Bundeszentralregister wird dem Betroffenen nicht mitgeteilt. Es gibt kein Rechtsmittel dagegen. Etwa 150000 Einträge sind im Bundeszentralregister gespeichert, in aller Regel Einmaltaten von geringer Bedeutung.[8] Dieser Wahnsinn-West, Menschen wegen einer Nichtigkeit lebenslang zu erfassen und beruflich zu schädigen (der Eintrag verhindert z.B. eine Einstellung im öffentlichen Dienst), läßt die Stasi-Operationen zur Ausspähung der Krankenakten geradezu stümperhaft erscheinen.

»Die Entscheidung zwischen ›normal‹ und ›abnorm‹ kann nur der Psychiater treffen«

Über Allmacht und Ohnmacht in der Psychiatrie

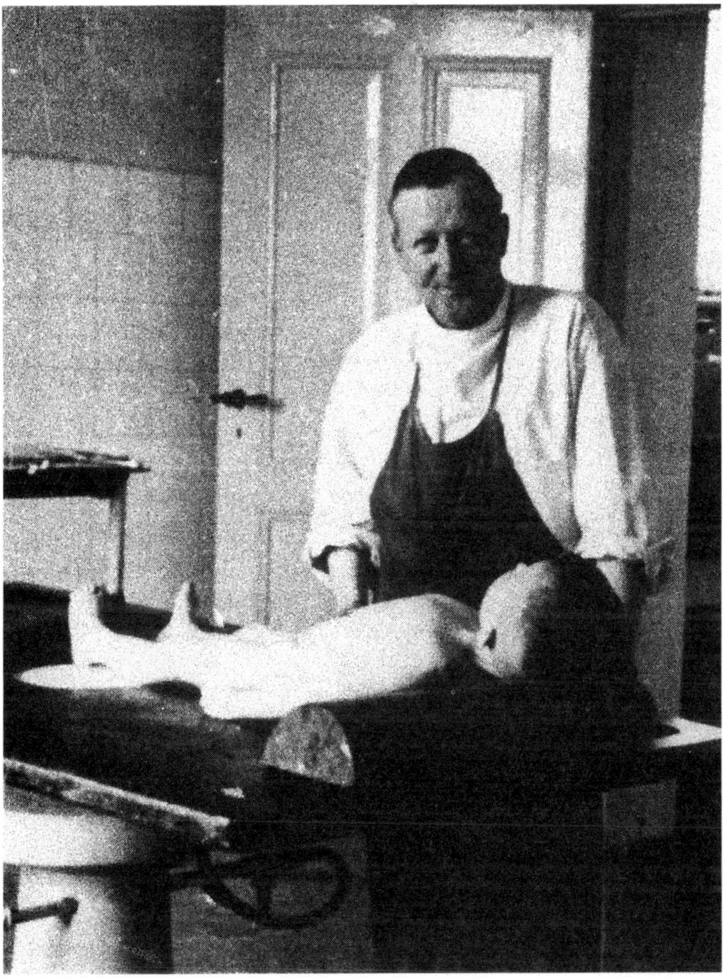

Prof. Berthold Ostertag bei der Sektion eines ermordeten Kindes.

Im Ersten Weltkrieg wurde das Leiden am Krieg als »Kriegsneurose« diagnostiziert[1], wurden normale Abwehrreaktionen für verrückt und das Kriegsgemetzel für normal erklärt. Damals reagierten Soldaten massenhaft mit Zitteranfällen, Lähmungen, Weinkrämpfen. Die Antwort der Psychiater war brutal: Sie setzten Elektroschocks ein, damit die Angst vor der Behandlung größer sei als die Kriegsangst.

Ihre Überlegenheits- und Allmachtsgefühle konnten sie kaum unterdrücken: »Im Halbdunkeln, umgeben von allerlei phantastischem Gerät«, beschreibt Ernst Kretschmer den Beginn einer Behandlung, »liegt ein alter Hysteriker in meinem Heilzimmer auf dem Behandlungstisch. (...) Ich nehme die schmerzlose Elektrode zur Hand – eben hatte er noch gelassen und freundlich mit mir gesprochen –, da geschieht etwas Unbegreifliches: Er verwandelt sich unter meinen Augen in einen anderen. (...) ein Zittern, Keuchen und Zucken – die Zähne klappern, die Haare sträuben sich, der Schweiß tritt auf das blaßgewordene Gesicht.«[2]

Es gab Truppenteile, so der Psychiater Max Nonne, »bei denen es therapeutische Gepflogenheit war, die Abwehrneurosen ins Trommelfeuer zu schicken«. Der prophylaktische Wert sei groß gewesen, doch die Art der Prophylaxe allzu selten angewandt worden. So blieb für Nonne eine günstige Gelegenheit ungenutzt, »die körperlich und geistig Minderwertigen, Nutzlosen und Schädlinge« einer gründlichen Reinigung zu unterziehen.[3] Bei Offizieren, die auf die Kriegsgreuel ebenfalls mit Zittern und Lähmungen reagierten, wird dagegen keine Kriegsneurose diagnostiziert. Sie litten an »Neurasthenie«, nach dem Tübinger Psychiater Gaupp eine »nervöse Erschöpfung der von Haus gesunden Menschen«. Die Offiziere werden zur »Therapie« auch nicht ins Trommelfeuer gejagt, sondern in eine kriegsferne Umgebung versetzt.[4]

Im Zweiten Weltkrieg bekämpften so bekannte Psychiater wie Carl und Kurt Schneider, Oswald Bumke, Friedrich Panse und Werner Villinger die »Kriegsneurotiker« erneut an der Heimatfront. Wer Angst zeigte, sollte die Psychiater fürchten lernen. Carl Schneider: »Es ist unbedingt notwendig, daß diese Leute zu einem Psychiater kommen«[5] Werner Villinger: »Vom Nervenarzt wird in der Kriegsmedizin noch zu wenig Gebrauch gemacht.«[6] Die Ordinarien waren jedem Regime zu Diensten, sei es aus Überzeugung oder aus Opportunismus.

1943 promoviert der Offizierssohn Rudolf Brickenstein mit einer als »geheim« eingestuften Arbeit über den Selbstmord im Heer. Es bestehe kein Grund, meint Brickenstein, den toten Soldaten allzu sehr nachzutrauern: »Die wären immer lebensuntüchtig gewesen, und für das Volksganze ist das Erbgut solcher Menschen nicht nur wertlos, sondern schädlich.«[7]

Nach 1945 besorgen nicht nur Ost-Psychiater die Interessen der »Staatssicherheit«. Auch West-Psychiater überlegen, wie im Falle eines Krieges mit »Versagern«, »Störern«, »Panikpersonen« umzugehen sei. Einer von ihnen ist der Wehrpsychiater Max Mikorey, der schon 1942 vorgeschlagen hatte, »Hysteriker« mit schweren Reaktionen der kämpfenden Truppe fernzuhalten, »weil sie diese als Panikkeime belasten«.[8] Ein anderer ist Julius Deussen (»Über Entstehung und Bekämpfung der Panik«), nach 1945 Oberfeldarzt bei der Bundeswehr, vor 1945 bei der mörderischen Euthanasie-Forschung in Heidelberg eingesetzt.[9]

An vorderster Front kämpft Rudolf Brickenstein, Oberstabsarzt und bis 1980 Leiter der neuropsychiatrischen Abteilung des Bundeswehrkrankenhauses Hamburg[10], gegen potentielle Störer im atomaren Kriegsfalle. Nach Brickenstein verbreiten sich Panikreaktionen wie eine »Infektionskrankheit«, deshalb sei die »Eliminierung von Keimzellen einer Panik«[11] notwendig. In den achtziger Jahren häufen sich Fortbildungsveranstaltungen zum Thema »Katastrophenmedizin«. Auf den Tagungen, von den Ärztekammern in Verbindung mit der Bundeswehr veranstaltet, lernen die Katastrophenmediziner, Kriegsopfer zu selektieren. Dafür wird der Begriff »Triage« verwendet, der eigentlich für den Ausschuß bei Kaffeebohnen gebräuchlich ist. T1 bedeutet Sofortbehandlung, T2 verzögerte, T3 minimale und T4 aufgeschobene Behandlung, d.h. Nichtbehandlung.

Hier macht sich die Verwandtschaft zur Euthanasie bemerkbar: T4 war der Tarnname der Euthanasie-Dienstelle in der Berliner Tiergartenstraße 4.

Anfangs der achtziger Jahre beschafft das Bundesinnenministerium sieben Millionen Tabletten Psychopharmaka, z.B. Diazepam (Valium) und Haloperidol, um im Atomkrieg normal, d.h. panisch reagierende Bundesbürger »ruhigstellen« zu können.[12] Der Psychiater Niels Pörksen hielt dies damals für die absolute Umkehrung der Werte, daß Menschen, die Angst vor dem Atomkrieg haben, »als potentielle Kranke oder Menschen mit psychischen Fehlreaktionen (...) definiert werden und dann natürlich auch eliminiert werden müssen. Und nur diejenigen, die blind Gehorsam leisten, die blind mitlaufen in die Katastrophe, als sogenannte Normale bezeichnet werden.«[13]

Normales Verhalten für verrückt zu erklären, das gehört zum normalen Wahnsinn-West, den wir gerne ausblenden. Ebenso die Diffamierung und Psychiatrisierung Andersdenkender. Zu den psychiatrischen Prüfungsfragen dieser Zeit gehört das folgende Beispiel: Ein 30jähriger Lehrer hatte im letzten halben Jahr vier bis fünf Anfälle mit grobem Schütteln und starkem Angstgefühl. Er ist »überzeugter Pazifist und tritt vehement für Gewaltlosigkeit ein«. In seiner Jugend soll er mit drei Jahren sehr trotzig gewesen sein und ein heftiges Flegelalter durchgemacht haben. Soweit der Fall. Nun die Annahmen, die den Prüflingen zur »Pathogenese« vorgelegt werden:

1. Die Symptomatik ist eine typische Folge von Streß. 2. Der Pazifizismus ist eine Reaktion auf eigene Aggressivität. 3. Die Anfälle sind durch Realangst (schwierige Klasse, Kollegium) ausgelöst. 4. Die auslösende Situation hat den Versuchungs-Aspekt, endlich autoritär durchzugreifen. 5. Wegen seiner Selbstachtung als Pazifist muß sich der »Patient« (!) Aggressionen verbieten. Die Lösung: »nur 2, 4, und 5 sind richtig.«[14]

Pazifismus als Krankheit, da liegt es nahe, auch Kriegsdienstverweigerer als abnorm zu diagnostizieren. Von einem jungen Mann, der aus weltanschaulichen Gründen Kriegs- wie Zivildienst verweigerte (»Totalverweigerer«), sind Auszüge aus dem wehrpsychiatrischen Gutachten publik geworden: Der Patient (!) sei gutdurchschnittlich intelligent, heißt es, aber »seine Fixierung auf seine Ideenwelt« derart hochgradig, »daß deswegen sein Realitätsbezug erheblich gestört erschien«. Der Verweigerer zeige so uneinfühlsame Ungereimtheiten und Skurrilitäten, »daß sich bei dem Patienten möglicherweise auch eine Psychose, z.B. eine Hebephrenie anbahnt«.[15] Der Mann mußte nicht zur Bundeswehr, aber er war psychiatrisiert worden.[16]

»Wir sind einsame Spitze im Hinnehmen der ›Realitäten‹. Ob Euthanasie unter den Nazis, ob Insulinkuren, Elektroschock oder Neuroleptika, ob Ghetto oder Gemeindenähe. Unsere Berufsgruppe toleriert das, was gerade als gängige Behandlungsform, als letzter Stand der Wissenschaft angesagt ist und/oder als finanzielle Grenze gesetzt wird.«

Hubert Schmidt, Kritische Überlegungen eines Pflegers. Soziale Psychiatrie, Nr. 50/1990

Bis heute erfahren Menschen psychiatrische Behandlung als lebenslängliches Trauma. Ein Arzt, noch drei Jahre nach seiner Einlieferung unfähig, Scham und Wut zu verarbeiten: »Ich habe soviel Brutalität, Ungerechtigkeit, Spott, Haß erfahren. Ich bin traurig und bestürzt über das, was ich erleben mußte, unfähig zu begreifen. Die existentielle Bitte um ein kurzes Gespräch mit dem Oberarzt mit Blick auf die Uhr abgelehnt. Fixation-Spritze-Isolierzelle drei Tage! Diese drei Tage sollten mich brechen: kein Licht, kein Kontakt, Essen nur auf Schreien. Ausscheidungen gehen ins Bett. Verzweiflung. Wer kann so etwas ›gesund‹ überleben?«

Professor Fritz Reimer, Direktor des Psychiatrischen Landeskrankenhauses Weinsberg, dagegen auf einer Tagung ost- und westdeutscher Psychiater: »Wir haben es mit einer sensibilisierten, aber falsch informierten Öffentlichkeit zu tun. Der Krankheitsprozeß wird verleugnet. (...) Die Medikamentenverordnung wird diffamiert. Die Elektrokrampfbehandlung verunglimpft.«[17] Sein Rat an die Kollegen im Osten: »Lassen Sie sich in den neuen Ländern also nicht verwirren.«[18]

1985 wurde die Broschüre »Familien helfen sich selbst« vom Dachverband psychosozialer Hilfsvereinigungen, bzw. dem Bundesverband der Angehörigen psychisch Kranker herausgebracht. 1991 sollte eine aktualisierte Fassung erstellt werden. Professor Reimer sah die neue Fassung durch und kanzelte danach die Autoren ab, dies sei »eine flüchtig zusammengeschusterte, tendenzielle Arbeit, die geeignet ist, Angehörige zu verwirren.« Außerdem frage er sich nach der Lektüre, ob der Bundesverband der Angehörigen »eine geeignete Repräsentanz hat und inwieweit Steuermittel gerechtfertigt sind, hauptamtliche Kräfte in diesem Dachverband zu bezahlen.«[19] Das sind wohl Symptome von Allmachtsgefühlen, und sie erinnern an ein Zitat aus dem 1933 erschienen Buch »Unsere Patienten und wir«: »Der Patient muß merken und fühlen, daß wir geistig über ihm stehen. Dann wird er sich willig unterordnen. Heilen wollen heißt führen.«[20]

Das Dritte Reich wird in der historischen Aufarbeitung als Zeit der Unterdrückung dargestellt, in der sich die Psychiatrie der Gewalt beugen mußte und sich einige Standesvertreter »mißbrauchen« ließen. Dies ist eine Geschichtslüge. Das Dritte Reich war die schönste Zeit der Psychiatrie. Niemals zuvor und niemals danach hatten Psychiater so viel Macht wie unter den Nazis. Ohne Hemmung diffamierten sie ihre Klientel. Es waren nicht irgendwelche durch die NSDAP gepuschte Nazi-Ärzte, sondern angesehene Anstaltsleiter und Ordinarien samt ihren Schülern.

Ein Beispiel: Der Tübinger Ordinarius Robert Gaupp, akademischer Lehrer von Kretschmer und Villinger, gestand schon 1920, es sei ihm im Ersten Weltkrieg nicht leicht geworden, »die frühere Sorgfalt in der Pflege wertloser Leben unheilbarer Geisteskranker aufzubringen«. Der Kampf um das tägliche Brot in einem blockierten und gefesselten Lande habe seinen Blick »für die Wahrnehmung falscher Humanität, die wertlose Leben hätschelt und pflegt«, geschärft.[21] Gaupp, und gewiß nicht nur er, sah im Kranken nicht den leidenden, verletzlichen Menschen, sondern den Träger einer Krankheit. »Sollte es künftig bisweilen vorkommen«, schrieb er 1934, »daß ein Schwachsinniger oder namentlich ein schwachsinniges Mädchen sterilisiert würde, bei dem die rein angeborene und vererbte Natur des Schwachsinns fraglich ist, so wäre ein solcher Irrtum angesichts des großen Zieles einer erfolgreichen Bekämpfung fortschreitender Zunahmen der Minderwertigen nicht allzu tragisch zu nehmen.«[22] Gaupp wurde noch 75jährig (von 1945 bis 1948) das Dezernat für »Wohlfahrts- und Gesundheitswesen« der Stadt Stuttgart anvertraut.[23]

»Von der Sterilisation meines Vaters erfuhr ich zufällig und ohne Wissen meiner Eltern aus Schriftstücken. Ich war in einem Alter, in dem ich gerade Lesen gelernt hatte und begann, meinen Vater genau zu beobachten, konnte aber nie etwas Auffälliges feststellen. Ich besuchte bis 1954 das Gymnasium, und mein geistesschwacher Vater half mir bei Aufgaben in Integral- und Differentialrechnung und sphärischer Geometrie. Ich wurde Lehrer und führte ein ›unauffälliges‹ Leben, aber durch die Erlebnisse hatten sich zwei Lebensgrundsätze bei mir gebildet: 1. Ich wollte niemals Kinder haben und 2. Ich wollte mich niemals gegen Autoritäten auflehnen. Nun bin ich lange krank gewesen und jetzt schon mit 50 pensioniert worden.«

Aus einer Zuschrift

Die Psychiatrie hatte wissenschaftlich wenig Anerkennung gefunden. Im Gegensatz zu anderen medizinischen Fächern heilte sie nicht und erschöpfte sich im Diagnostizieren. Mit dem Sterilisierungsgesetz war aber gerade die Diagnose wichtig geworden, sollten »Erb«krankheiten möglichst früh erfaßt und bekämpft werden. Die Erfahrung habe gezeigt, schreibt 1935 Privatdozent Dr. Hans Bürger-Prinz, zu dieser Zeit an der Universität Leipzig, »daß ein großer Teil der an erblichen Psychosen (depressives Irresein, Schizophrenie) Leidenden erst dann zur Unfruchtbarmachung kommen, wenn sie schon seit längeren Jahren in die Fruchtbarkeitsperiode eingetreten sind und schon Kinder gezeugt bzw. geboren haben.« Deshalb sei es besonders wichtig, derartige Erbkranke vor der Fruchtbarkeit zu erfassen.

Bürger-Prinz, nach 1945 mit Wiedergutmachungsfällen bei Nazi-Verfolgten betraut, zieht 1935 den Schluß, »daß alle seelisch auffälligen Kinder und Jugendlichen ärztlich zu überwachen sind und unter Umständen mehrfach in psychiatrischen Spezialabteilungen beobachtet werden müssen.« Geschehe dies, sei es mit Sicherheit möglich, aus ihnen die an Erbpsychosen Leidenden herauszulesen und sie von der Fortpflanzung auszuschalten«.[24]

Der Psychiater heilte nicht mehr individuell Kranke, sondern den »Volkskörper«. Er war zwar zum Gesundheitspolizisten geworden, doch niemals zuvor in der Geschichte war ihm solche Machtfülle zugewachsen. Ganze Bevölkerungsgruppen mußten seine Diagnose fürchten. Die »psychiatrische und erbbiologische Überwachung der Anstalts- und Fürsorgezöglinge«, schreibt Psychiater Eyrich 1939, seien dem württembergischen Landesjugendarzt übertragen: »Der Grundgedanke der Neuordnung ist möglichst frühzeitige Sichtung der Zöglinge unter erb- und rassenbiologischen Gesichtspunkten, und zwar durch den Psychiater.«[25]

Die Allmacht, jedermann jederzeit erfassen und selektieren zu können (»und zwar durch den Psychiater«), bot sich zum erstenmal, und zwar total. Selbst beim Beischlaf konnten sie mitbestimmen. Die Tübinger Psychiater Stutte/Hoffmann in einem Schreiben an das Gesundheitsamt: »Man könnte bei evtl. Genehmigung einer Herausnahme aus der Klinik vor Durchführung des Erbgesundheitsgerichtsverfahrens dem Ehemann die Verpflichtung auferlegen, daß er bei evtl. Konzeption seiner Frau die Einwilligung zur Schwangerschaftsunterbrechung gibt.«[26] Psychiater als Richter über ehelichen Verkehr und eventuelle Leibesfrucht, diese Macht sollten sie nur einmal haben, und sie nutzten sie.

Einer der wortgewandtesten Diffamierer war Werner Villinger, in der Weimarer Zeit deutschtümelnd, in der Nazi-Zeit Nationalsozialist, nach 1945 Demokrat. Villinger (dem wir u. a. die kuriose Feststellung über die Vandalen verdanken: »Sie blieben vom afrikanischen Schmutz rein«[27]), klagte 1939: »Asozia-

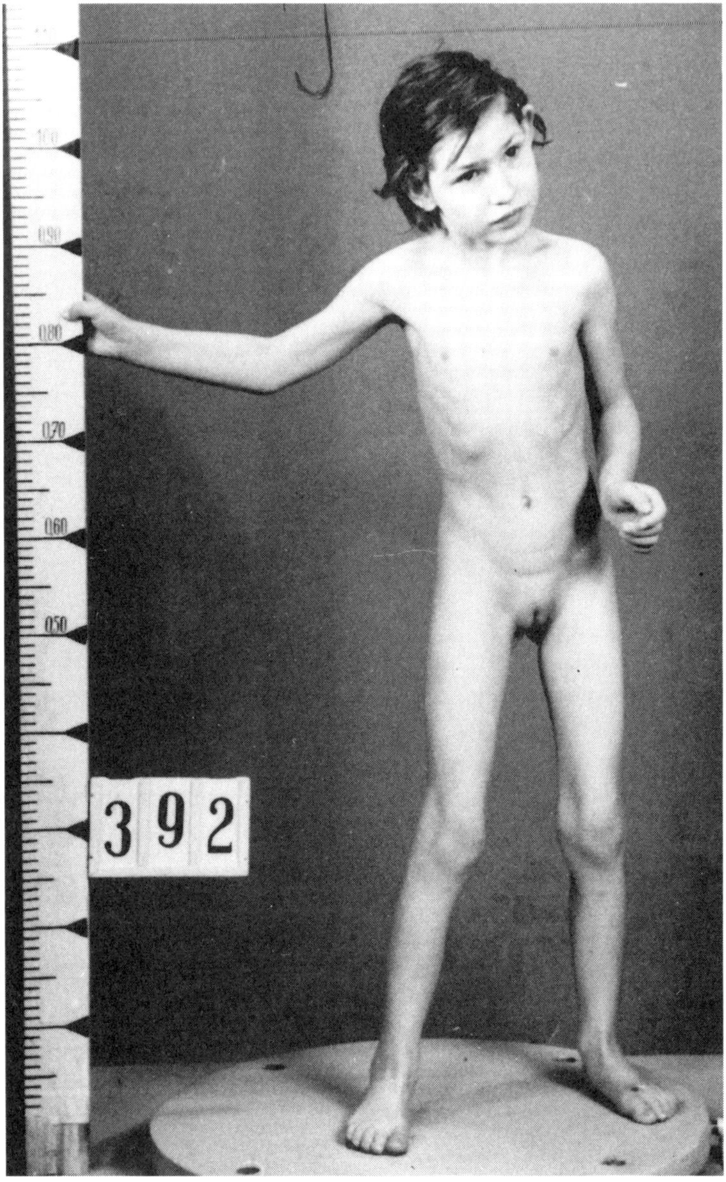

Entblößt und gequält: Kinder als Forschungs- und Tötungsobjekte.

le Debile und asoziale Psychopathen und ihre mannigfachen Kombinationen können wir heute noch nicht oder nur in ungenügendem Maße aus dem Volkskörper aussondern und so unschädlich machen.«[28] Da das Sterilisierungsgesetz nur »die schlimmsten Lücken der vornationalsozialistischen Gesetzgebung geschlossen« habe, sei ein Bewahrungsgesetz notwendig, »das die Fürsorge erst wirklich im nationalsozialistischen Geiste um- und auszugestalten gestattet«. Die Aussiebung des asozialen Ballasts, »der bald mehr als gemeingefährlich, bald mehr als gemeinlästig« empfunden werde, war nicht nur für Villinger Aufgabe des Psychiaters. Nur er hatte das Definitions- und Selektions-Monopol: »Die Unterscheidung zwischen ›normal‹ und ›abnorm‹ (...) kann nur der Psychiater treffen!«[29]

Ende Juli 1941, zu diesem Zeitpunkt sind fast 70000 Menschen vergast, schließt Hans Heinze seine wichtigste wissenschaftliche Arbeit ab. Der umfangreiche Beitrag heißt »Psychopathische Persönlichkeiten« und erscheint 1942 im »Handbuch der Erbkrankheiten«, herausgegeben von SS-Brigadeführer Arthur Gütt, redigiert von Ernst Rüdin. Heinze stützt sich auf NS-Forscher wie Hoffmann oder Ritter und bestätigt die Erkenntnisse der NS-Größen: »Nach Rüdin sind als eheuntauglich selbstverständlich (!) anzusehen alle (...) Gesellschaftsfeinde, die Schwindler, Betrüger, Hochstapler und Bauernfänger, die hysterischen Canaillen.«[30]

Sippen-Schnüffelei ist angesagt. Heinze druckt eine von ihm selbst erstellte Sippentafel ab, in der u. a. viermal die Diagnose »Mitglied der KPD« auftaucht.[31] Heinze, im Stile eines Psychiaters, der über jene herfällt, die ohnedies zum Abschuß freigegeben sind: »Es geht vor allem nicht länger an, daß wir uns die ungehemmte Fortpflanzung psychopathischer Asozialer in unserer Volksgemeinschaft gefallen lassen.«[32] Das wirksamste und zugleich »humanste« Mittel sei »die Ausrottung durch die Unfruchtbarmachung«.[33] Diese Maßnahme habe den Vorteil, »die Arbeitskraft der Asozialen auch nach ihrer Unfruchtbarmachung für die Volksgemeinschaft noch weitgehend nutzbar zu machen«.[34] Dies war auch der Grundgedanke der »Vernichtung durch Arbeit« in den Konzentrationslagern.

Heinze fordert »unbedingt die Unfruchtbarmachung antisozialer und asozialer charakterlich Abartiger«.[35] Dies war nach dem Gesetz zur Verhütung erbkranken Nachwuchses jedoch nur möglich, wenn man sie als Schwachsinnige deklarierte. Schon Gaupp habe 1935 auf den Mangel hingewiesen, intellektuelle Halunken und unerfreuliche Asoziale als Schwachsinnige stempeln zu müssen, um sie sterilisieren zu können. Dies mindere »das ärztliche Ansehen und das unserer Wissenschaft«, denn es wolle nicht einleuchten, daß ein intelligenter Krimineller wegen Schwachsinns sterilisiert werde. Richtiger sei es, die Lücke im Gesetz zu schließen[36] und die Sterilisierung asozialer Psychopathen im Rahmen eines Reichsbewahrungsgesetzes zu regeln.[37]

»Meine taubblinde Tochter war zur Beschulung in der Niedersächsischen Landesblindenanstalt Hannover vorgesehen und mußte vor ihrer Aufnahme eine Untersuchung in der Jugendpsychiatrischen Klinik Wunstorf über sich ergehen lassen. U. a. wurde von Prof. Dr. Heinze eine Untersuchung des Gehirnwassers angeordnet. (...) Die Rücknahme meiner Einwilligung zog die sofortige Entlassung meiner Tochter aus der Klinik nach sich, und zwar von einem Tag auf den anderen, so daß ich 300 km von Berlin entfernt mit meiner behinderten Tochter auf der Straße stand. Am meisten erschütterte mich damals noch die Bemerkung eben jenes Professors, daß er doch gerne gewußt hätte, wie es im Gehirn eines Taubblinden aussieht.«

Leserbrief im Tagesspiegel, Berlin, vom 24. 6. 1990

Heinze hofft, daß sich nach dem Kriege die »Ausrottung des Untermenschentums durch zielbewußte Maßnahmen als eine weitere Großtat den anderen schon vollbrachten würdig anreihen wird.«[38] Der Staat sei verpflichtet, »die verheerenden Folgen der Wirkungen eines volksfremden Literatentums mit Stumpf und Stil auszurotten, das zum Zwecke der Vernichtung germanischen Menschentums auch an der Ausbreitung der Homosexualität als Volksseuche besonders interessiert sein mußte.«[39] Er schließt seine Arbeit mit einem Hitler-Zitat: »Es gibt nur ein heiligstes Menschenrecht (...), dafür zu sorgen, daß das Blut rein erhalten bleibt.«[40]

Seine Nachfolger in Görden können sich noch heute bei der Aufarbeitung der NS-Zeit nur schwer der Faszination entziehen: Heinze habe in Potsdam »eine vorbildliche, klinisch neurologisch-psychiatrisch ausgerichtete Einrichtung aufgebaut«, heißt es. Oder: »267 Patienten konnten (!) bis zum Erfassungstage sterilisiert werden.« Oder: »Durch den engagierten Einsatz von Heinze lief die Forschung an und wurde bis Oktober 1945, zuletzt von Heinze und Frau Pusch durchgeführt.«[41] Die Opfer kommen schlechter weg als die Täter: durch »die Massierung asozialer (!) Fürsorgezöglinge« sei es zu »disziplinarisch unhaltbaren Zuständen« gekommen, unterstützt durch »ermunternde Querelen uneinsichtiger Eltern«.[42]

Die Geschichte der Psychiatrie ist bis heute eine Geschichte von Allmacht und Ohnmacht: »Mit der unsäglichen Macht der Psychiatrie und ihrer psychischen Gewalt und Herrschaft konfrontiert, hatte mich nun die ganze Ohnmacht und innere Einsamkeit meines Daseins eingeholt«, beschreibt Heide-Karen Hirsch ihre Einweisung in die Psychiatrie. Und sie fährt fort: »Ein beklemmendes Gefühl der Schwäche, des totalen Ausgeliefertseins und der Minderwertigkeit überwältigte mich. Die Allmacht der Psychiatrie wies mich in die Schranken. Auf einmal war die, die so viele Herausforderungen gemeistert hatte, unglaubwürdig und ›nie mehr belastbar‹. Dieser Bannstrahl, den der Leitende Arzt der Klinik hinter meinem Rücken meinem Arbeitgeber gegenüber aussprach, war mein berufliches Todesurteil.«[43] Vorstrafen werden gelöscht, Diagnosen haften lebenslänglich.

Ich kenne einige Psychiater, die ich sehr achte. Aber es muß Gründe geben, warum Menschen, die wissen, daß sie Hilfe brauchen, durch die Behandlung in der Psychiatrie in ihrer Menschenwürde zutiefst verletzt werden und seelischen Schaden erleiden. Die Psychiatrie ist keine angesehene Wissenschaft. Die Hoffnung, die Neuroleptika würden der Psychiatrie endlich zur anerkannten ärztlichen Disziplin verhelfen, erwiesen sich als Illusion.[44] Viele Psychiater erleben dies bewußt oder unbewußt als Kränkung, reagieren mit der Diffamierung der »Unheilbaren« oder »Therapieresistenten«, wie die Lektüre von Krankenakten ausweist.

Die Psychiatrie hat sich (nicht erst) in der Nazi-Zeit als eine Disziplin offenbart, die ihre Patienten verteufelt und gnadenlos verfolgt. Ganze Sippen wurden beforscht und denunziert. Menschen wurden verächtlich gemacht, zur Verfolgung ausgestellt, in ihrer Existenz vernichtet – über 1945 hinaus. Nie hatten Psychiater größere Macht als in der Nazi-Zeit: Sie entschieden, wer mit wem schlafen konnte, wer heiraten und Kinder bekommen durfte, wer erziehbar oder unerziehbar war, wer als hoch- und minderwertig, als lebens- oder lebensunwert galt, wer leben durfte oder sterben mußte. Diese Allmacht ist dahin, die Patienten haben es zu büßen, erinnern sie doch an diese Schuld.

Keiner wurde als Medizintäter verstoßen. Auch Hans Heinze nicht, der seine Klinik 1944 als eigene Front bezeichnete. In Heinzes Reichsschulstation »starben« mehr als 1200 Kinder. Aber er verwahrte sich dagegen, die erwachsenen Kranken systematisch verhungern zu lassen, weil diese Tötungen »keiner zentralen Kontrolle unterliegen«. »Die Dinge wären nur in richtige Bahnen zu lenken«, schrieb er im Januar 1944 an Professor Paul Nitsche, »wenn man ... die Reichsausschuß-Erfahrungen zum Vorbild nehmen würde und dann auf jeden Fall wieder eine zentrale Steuerung erreicht hätte.« Heinze forderte sogar, »jeden zu bestrafen, der auf eigene Faust zu handeln wagt. Wenn wir das nicht erreichen, hilft unser ganzes Bemühen um die Hebung des Ansehens der Psychiatrie einen Dreck.«[45] Heinze glaubte offenbar allen Ernstes, das Ansehen der Psychiatrie heben zu können, indem Psychiater sauber diagnostizierte Todesurteile fällten und anschließend exekutierten. Ein Wahn.

Das letzte Wort sollen die Patienten haben. Ein Brandenburger Schlosser, Mitglied der Sozialistischen Arbeiterpartei

(SAP), wohnte in einem Arbeiterviertel. 1933 wurden die Kommunisten und Sozialdemokraten in der Straße einer nach dem anderen abgeholt. Der Schlosser bekam einen Verfolgungswahn und wurde in Brandenburg-Görden eingeliefert. Seinen Angehörigen berichtete er, daß er mit Elektroschocks gequält und daß er geschlagen würde.

Mehrmals versuchte er zu fliehen. Mit den Jahren wurde er immer stumpfer. 1940 erfüllte sich, was er bei seiner Einweisung prophezeit hatte: »Ich verschied meines hohen Alters wegen im Zuchthaus zu Brandenburg, wo ich 105 Jahre lebenslänglich gesessen habe, bis zu meinem Tode, und wiederauferstanden bin.« Der Brandenburger Schlosser wurde mit dem letzten Transport ins ehemalige Zuchthaus Brandenburg verschleppt und endete in der Gaskammer.[46]

Der Maschinenarbeiter Oskar Müller aus Finsterwalde schrieb 1938 an Verwandte in Polen, er sei nicht gewillt, »einer Hyäne das Gebiß zu feilen«. Hitler habe »nur den Schlüssel zum Tode«. Auch Müller kommt nach Brandenburg-Görden. Heinze meldet ihn am 22. Januar 1941 der Berliner Euthanasie-

Oskar Müller, ein »Euthanasie«-Opfer in Brandenburg-Görden.

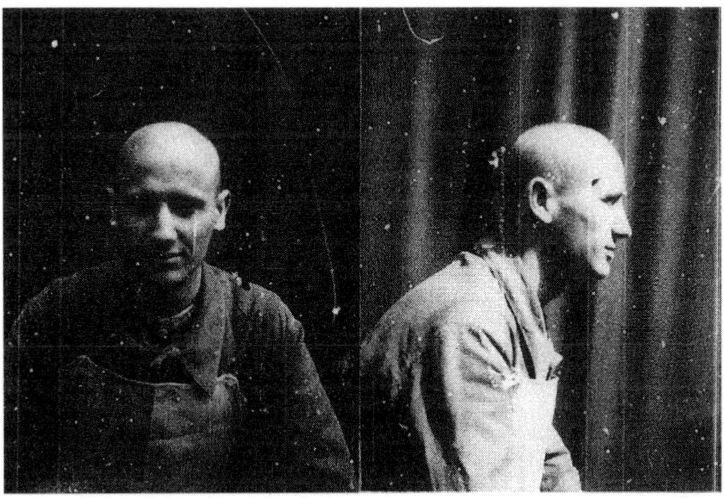

Zentrale. Diagnose: Schizophrenie, Hauptsymptome: »affektiert-manieriertes Gebaren, belästigte Behörden mit unsinnigen Schreibereien«.

Eine der unsinnigen Äußerungen Müllers: »Adolf Hitler ist und bleibt ein Verbrecher.«[47] Wo Psychiater dem Wahn verfallen, weissagen die Irren.

Epilog

Am 7. Mai 1993 fahre ich nach Erfurt. In der Györer Straße 10 besuche ich das ehemalige Pflegeheim für physisch und psychisch gestörte Kinder. Günter Koppe, Musiker und Pädagoge, hat hier am 1. Juli 1990 45 Kinder und rund 30 Erwachsene übernommen. Sein Chef mußte wegen Stasi-Vorgängen gehen, arbeitet nun bei einer bekannten Versicherung. Im Übergabe-Protokoll ist der Tagesablauf festgehalten: Eine »eventuelle (!) Beschäftigung mit Kindern« war nur von 11 bis 11.30 Uhr vorgesehen. Über die Mahlzeiten heißt es: »Das Mittagessen wurde für alle Kinder durch den Mixer gerührt und in zwei Waschschüsseln abgefüllt.« Über das Abendbrot steht zu lesen: »Die Speisen kamen als gemixter Brei zu den Kindern.«

Das Essen wurde in der Regel im Bett gefüttert (»Für die Kinder sind keine Sitzmöglichkeiten für die Essenseinnahme vorhanden«). Das Vitaminangebot für einen Zeitraum von 25 Tagen bestand aus viermal Saft, dreimal grüner Salat, dreimal Apfelmus. Das Essen wurde vom Feierabendheim »Clara Zetkin« bezogen, doch es ist »nie ein Frühstück bestellt worden«. Das Frühstück, obgleich in Rechnung gesetzt, wurde aus dem Abendessen bestritten: »Außerdem war es auf der Erwachsenenseite üblich, daß das Personal sich mitverpflegte.«

Weitere finanzielle Ungereimtheiten: »Für das Taschengeld der Kinder und Erwachsenen wurden vorwiegend Badezusätze und Kosmetik gekauft. Eine Überprüfung ergab, daß immer die gleichen Heimbewohner bei übermäßigen Käufen herangezogen wurden.« So »kaufte« sich der kleine René, obwohl er keine feste Nahrung zu sich nehmen konnte, für 90 Mark Lebensmittel. »Vom Taschengeld der Kinder«, so das Übergabe-Protokoll weiter, »wurde auch die Friseuse bezahlt, welche 14tägig in das Haus kam. Für jeden Trockenhaarschnitt bei den Kindern wurde 7,25 Mark berechnet, obwohl der Haarschnitt nicht mehr als 1,10 Mark kosten konnte.«

Außer Plüschtieren, die zur Verschönerung in den Ecken lagen, gab es kein Spielzeug. Die Behinderten bissen statt dessen auf Plasteteilen herum. Die 45 Kinder wurden morgens mit zehn Waschlappen gewaschen, die am Vorabend in einer Wasserschüssel mit einem Spritzer Badezusatz gewässert wurden. Zähneputzen entfiel. Die Umstände, heißt es, hätten im Personal »die Stumpfheit von ›Fließbandarbeitern‹ erzeugt«.

Die Kinder wurden unterschieden in Bett- und Boxenbewohner: »Bettbewohner bedeutet, daß dieses Kind über Jahre das Bett nicht verlassen hat und entsprechende Folgeschäden (Kontrakturen) entstanden sind. Die sogenannten ›Boxen‹ waren 1. mit Eisenblech ausgeschlagene Zellen/durch Eisengitter verschließbar, 2. Holzgatter in den Vorräumen, in welchen die Kinder auch schliefen. 9 Kinder waren in diesen ›Boxen‹ untergebracht.«

Einige vegetierten in rundum, auch oben vergitterten Betten, andere schliefen in Verschlägen auf dem Fußboden. Sie waren durch die Käfighaltung »vertiert«, wie Günter Koppe sagt, wurden wie Raubtiere im Käfig gefüttert. In einem Fall war das Kind über die Maße seines Gitterbettes hinausgewachsen.

Günter Koppe führt mich zu einem Bündel Mensch, 21 Jahre, mangels Bewegung geradezu geschrumpft, die Beine verkümmert. In einem anderen Bett schläft ein Kindchen mit Wolfsrachen. Im Krankenhaus hat man Koppe gesagt, das Kind sei blind und taub, er solle es »sterben lassen«. Doch es hört, sieht und reagiert auf menschliche Wärme. Ein Junge ist noch in seinem Bett »fixiert«. Er muß langsam seiner Dauer-Fesselung entwöhnt werden, schreit, wenn er losgebunden wird.

Als die Kinder erstmals ins Freie kamen, staunten die Anwohner, daß in ihrer Nachbarschaft Behinderte untergebracht sind. Jeweils sechs bis acht Kinder leben heute in einem Wohnbereich. Günter Koppe hat ein Heilungswunder vollbracht: Die Kinder, früher in verschweißten Gitterbetten eingesperrt, beginnen zu leben, werden erstmals beschult, lernen in kleinen Schritten, sich selbst zu versorgen, machen Ausflüge, erleben Urlaubstage außerhalb Erfurts.

Im Oktober 1990 hat Koppe die letzten Gitter beseitigt. Zweimal sind neonazistische Jugendliche aufgetaucht, skandierten: »Euch hat man vergessen zu vergasen!« Auch innerhalb des Hauses regte sich Widerstand. Die Auseinandersetzung um Koppes Förderkonzept gipfelte im Tod der zwölfjährigen, blinden Christin. Koppe war glücklich, als sie endlich ihren finsteren Verschlag verlassen konnte und in ein Einzelzimmer kam. Stundenlang saß sie da, ließ sich erstmals in ihrem Heimleben die Sonne auf den Leib brennen.

Drei Tage später ist das Mädchen verschwunden, wird bald darauf ertrunken in der Gera gefunden. Die Kripo ermittelt. Ein Spürhund verfolgt ihren Weg. Danach müßte das blinde Kind die Zimmertür aufgesperrt haben, dann, ohne anzustoßen, an Farbtöpfen im Flur vorbei direkt zur verschlossenen Außenpforte gegangen, die Außentür aufgeschlossen und quer über einen Spielplatz geradewegs in den Fluß gelaufen sein.

Christin habe sich selbst befreit, behauptete das Personal. Das ist unmöglich. Aus eigener Kraft konnte sie das Vierkantschloß ihres Zimmers nicht öffnen. Kripobeamte haben es probiert. Es geht nicht. Und wie soll ein blindes Mädchen, jahrelang eingekerkert, schnurstracks den Weg ins Wasser genommen haben? Und warum? Nach Christins Tod hat es eine Diskussion um Koppes Entgitterungs-Konzept gegeben. »Da hat jemand das Kind in den Tod geführt«, sage ich, »der beweisen wollte, daß man die Gittertüren nicht öffnen darf.« Koppe: »Sowas darf man gar nicht denken.« Vom ehemaligen Personal sind nur noch einige wenige, motivierte Mitarbeiter da.

Nach dem Bericht über die Zustände in Ueckermünde bin ich bedroht und als »Faschist« und »Nazi« beschimpft worden. Warum? Weil Ueckermünde keineswegs ein skandalöser Einzelfall war. Günter Koppe hat in Erfurt die Gitter beseitigt. »Das war das System«, sagt er, »das solches hervorgebracht hat.« In seiner Einrichtung leben die Behinderten auf. Einige kommen jedoch nur schwer auf die Beine: durch die Dauerfesselung wurden die Gliedmaßen gebrochen.

Am 24. Mai 1993 bin ich auf einer Mitarbeiterversammlung

in der sächsischen Anstalt Arnsdorf. Versammelt sind Ärzte, Psychologen, Schwestern, Pfleger, zwei Vertreter aus dem Ministerium. »Die Patienten sind gerne festgebunden«, sagt mir eine Schwester unter dem Beifall anderer, »die wollen es so.«

Für die bauliche Sanierung der ehemaligen DDR-Psychiatrie werden Millionen Mark bereitgestellt. Nur: neu verputzen hilft nichts, wo Patienten als »Schädigungsbilder« betrachtet und behandelt werden. Im Osten wie im Westen.

Anhang

Zitierte Literatur und Quellen

Akten Eberl: Die Aufzeichnungen Eberls, incl. seines Taschenkalenders, sind Bestandteil des Verfahrens Ks 2/63 der GStA Frankfurt/Main.

Aktion T4 1939–1945. Die »Euthanasie«-Zentrale in der Tiergartenstraße 4, hg. von Götz Aly. Berlin 1987.

Aumüller, Gerhard: Die Anatomie in der NS-Zeit, in: »Bis endlich der langersehnte Umschwung kam ...« Von der Verantwortung der Medizin unter dem Nationalsozialismus, hg. von der Fachschaft Medizin der Philipps-Universität Marburg. Marburg 1991.

Bach, Otto: Entwicklung und Stand der Versorgung psychisch Kranker und Behinderter auf dem Gebiet der ehemaligen DDR, in: Grundlagen und Gestaltungsmöglichkeiten.

Bernhardt, Heike: Die Anstaltspsychiatrie in Pommern 1939 bis 1946. Ein Beitrag zur Aufhellung nationalsozialistischer Tötungsaktionen unter besonderer Berücksichtigung der Landesheilanstalt Ueckermünde. Dissertation. Leipzig 1992.

Eichhorn, Hans: Abschied von der Klapper? Überlegungen zum psychiatrischen Krankenhaus, in: Psychiatrie im Wandel. Erfahrungen und Perspektiven in Ost und West, hg. von Achim Thom/Erich Wulff. Bonn 1990, S. 166ff.

Grenzen der Sozialpädagogik. Ergebnisse einer Untersuchung praktisch unerziehbarer Fürsorgezöglinge, von Dr. med. habil. Hermann Stutte in Zusammenarbeit mit Dipl. Psych. Horst Pfeiffer. Neue Schriftenreihe des Allgemeinen Fürsorgeerziehungstages, Heft 11/1958. Marburg-Lahn 1958.

Grundlagen und Gestaltungsmöglichkeiten der Versorgung psychisch Kranker und Behinderter in der Bundesrepublik und auf dem Gebiet der ehemaligen DDR. Tagungsbericht. Berlin, 29. 11.–1. 12. 1990, hg. Walter Picard und Fritz Reimer. Bonn 1992.

Heidelberger Dokumente: Dokumentensammlung aus dem Nachlaß Nitsches. Von der Frankfurter GStA beim Archiv US-Army Headquarters, War Crimes-Branch, in Heidelberg sichergestellt und nach dem Fundort Heidelberger Dokumente genannt.

Von der Heilkunde zur Massentötung. Medizin im Nationalsozialismus, hg. von Gerrit Hohendorf und Achim Magull-Seitenreich. Heidelberg 1990.

Heinze, Hans: Psychopathische Persönlichkeiten, in: Handbuch der Erbkrankheiten, hg. von Arthur Gütt, Band 4. Leipzig 1942.

Klee, Ernst: »Euthanasie« im NS-Staat. Die »Vernichtung lebensunwerten Lebens«. Frankfurt/Main 1983 (Fischer Taschenbuch, Nr. 4326).

Derselbe: »Die SA Jesu Christi«. Die Kirche im Banne Hitlers. Frankfurt/Main 1989. (Fischer Taschenbuch, Nr. 4409).

Derselbe: Was sie taten – Was sie wurden. Ärzte, Juristen und andere Beteiligte am Kranken- oder Judenmord. Frankfurt/Main 1986 (Fischer Taschenbuch, Nr. 4364).

Knaape, Hans-Hinrich: »Euthanasie« – Der faschistische Massenmord an psychisch Kranken in Brandenburg. Referat auf dem XIX. Wissenschaftlichen Nachmittag der Bezirksnervenklinik Brandenburg am 1. 6. 1989.

Derselbe: Kinderpsychiatrie und Euthanasie in der Landesanstalt Görden 1939–1945. Vortrag auf der Fachtagung des Diakonischen Werkes der ev. Kirchen in der DDR, 28. 10.–1. 11. 1989 in Lobetal.

Derselbe: Die medizinische Forschung an geistig behinderten Kindern in Brandenburg-Görden in der Zeit des Faschismus. Vortrag auf dem Internationalen wissenschaftlichen Symposium europäischer Sektionen der IPPNW, 17.–20. 11. 1989 in Erfurt-Weimar.

Köhler, Luise: Entwicklungsprobleme im Fachgebiet Neurologie-Psychiatrie im Land Brandenburg in der Zeit von Mai 1945 bis 1952. Dissertation. Leipzig 1985.

Laehr, Hans: Die Anstalten für Geisteskranke, Nervenkranke, Schwachsinnige, Epileptische, Trunksüchtige usw. in Deutschland, Österreich und der Schweiz. Berlin und Leipzig 1937.

Zur Lage der Psychiatrie in der ehemaligen DDR. Bestandsaufnahme und Empfehlungen im Auftrage des Bundesministers für Gesundheit, Bonn 30. 5. 1991.

Lange, Ehrig: Die Entwicklung der Psychiatrie in der DDR. Grundsätze-Ziele-Konsequenzen, in: Das deutsche Gesundheitswesen, Nr. 21/1966, S. 1089ff.

Lauer, Hans H.: Die Medizin in Marburg während der Zeit des Nationalsozialismus, in: »Bis endlich der langersehnte Umschwung kam...« Von der Verantwortung der Medizin unter dem Nationalsozialismus, hg. von der Fachschaft Medizin der Philipps-Universität Marburg. Marburg 1991.

Medizin unterm Hakenkreuz, hg. von Achim Thom und Genadij Ivanovič Caregorodcev. Berlin 1989.

Müller, Thomas: Der Fall Waldheim und seine Folgen, in: Symptom, Leipziger Beiträge zu Psychiatrie & Verrücktheit, Nr. 1/1992.

Müller-Küppers, Manfred: Staatlich angeordnete und sanktionierte Kindesmißhandlung und Kindstötung zwischen 1933 und 1945, in: Vernachlässigung, Mißbrauch und Mißhandlung von Kindern, hg. von Joest Martinus/Rainer Frank. Bern–Stuttgart–Toronto 1990.

Psychiatrie in Selbstdarstellungen, hg. von Ludwig J. Pongratz. Bern 1977.

Reform und Gewissen. »Euthanasie« im Dienst des Fortschritts. Beiträge zur Nationalsozialistischen Gesundheits- und Sozialpolitik. Band 2. Berlin 1989.

Schäfer, Wolfram: H. Stutte und das NS-»Gesetz zur Verhütung erbkranken Nachwuchses«, in: Marburger Universitätszeitung, 4. 2. 1993.

Derselbe: »Bis endlich der langersehnte Umschwung kam...« Anmerkungen zur Rolle des Marburger Psychiaters Werner Villinger in der NS- und Nachkriegszeit, in: »Bis endlich der langersehnte Umschwung kam...« Von der Verantwortung der Medizin unter dem Nationalsozialismus, hg. von der Fachschaft Medizin der Philipps-Universität Marburg. Marburg 1991.

Schirmer, Siegfried: Anmerkungen zur DDR-Psychiatrie. Ein Beitrag zur jüngsten Psychiatriegeschichte, in: Krankenhauspsychiatrie, Nr. 3/1992.

Schröder, Folkert: Angaben zu Personen, die in Brandenburg als Akteure der »Euthanasie« in Erscheinung traten, Manuskript o.J.

Schröter, Sonja: Die Psychiatrische Klinik Waldheim, schwere Erblast der DDR-Vergangenheit, in: Soziale Psychiatrie, Nr. 51/1990.

Siemen, Hans-Ludwig: Das Grauen ist vorprogrammiert. Psychiatrie zwischen Faschismus und Atomkrieg. Gießen 1982.

Späte, Helmut F., Thom, Achim, und Weise, Klaus: Theorie, Geschichte und aktuelle Tendenzen in der Psychiatrie. Jena 1982.

Thom, Achim, und Wulff, Erich (Hg.): Psychiatrie im Wandel. Erfahrungen und Perspektiven in Ost und West. Bonn 1990.

Waldheim-Bericht I: Bericht der Sachverständigenkommission zur Prüfung der von der Illustrierten »Stern« erhobenen Vorwürfe und Anschuldigungen gegen die Nervenklinik Waldheim bzw. Dr. Poppe, Tätigkeitszeitraum 22. 5. bis 27. 6. 1990.

Waldheim-Bericht II. Abschlußbericht der Untersuchungskommission Krankenhaus für Psychiatrie Waldheim des Freistaates Sachsen. Dresden 5. 11. 1992.

Waldheim – Der schwierige Versuch der Aufarbeitung, in: Psychiatrische Praxis, Nr. 18/1991. Als Autoren zeichnen: K. Beine/F. Schmitz/V. Schumann/U. Treckmann.

Weise, Klaus, und Uhle, Matthias: Entwicklungsformen und derzeitige Wirkungsbedingungen der Psychiatrie in der Deutschen Demokratischen Republik, in: Psychiatrie im Wandel. Erfahrungen und Perspektiven in Ost und West, hg. von Achim Thom/Erich Wulff. Bonn 1990.

Der Wert des Menschen. Medizin in Deutschland 1918–1945, hg. von der Ärztekammer Berlin in Zusammenarbeit mit der Bundesärztekammer. Berlin 1989.

Anmerkungen

»Die Hölle von Ueckermünde«

1 Zur Lage der Psychiatrie in der ehemaligen DDR.
2 Bernhardt, S. 2
3 Ebd., S. 72.
4 Ebd., S. 85ff. Hans Hefelmann, Funktionär der »Kanzlei des Führers« und dort für die Organisation der Kindermorde zuständig, erinnerte sich in einer Aussage vom 9. 11. 1960, die Kinderfachabteilung sei in einer Anstalt »im westlichen Schenkel des Haffs, nordwestlich Stettin« gewesen (Js 148/60, GStA Frankfurt/Main).
5 Bernhardt, S. 9 und 13.
6 Ebd., S. 39.
7 Ebd., S. 120.
8 Ebd., S. 118f.
9 Ebd., S. 119f.
10 Ebd., S. 120. Vgl. seine Rolle ab 1954 in Brandenburg-Görden.
11 Aussage Paul Nitsche vom 6. 2. und 11. 3. 1948 vor dem Amtsgericht Stollberg/Sachsen (4 AR 14/48) und Hefelmann vom 14. 9. 1960 (a.a.O.).
12 Bernhardt, S. 125.
13 Eichhorn, S. 166ff.
14 Volker Keßling: Tagebuch eines Erziehers. Berlin (Ost) 1980, S. 36.
15 Eichhorn, S. 173.

»Das nannten wir Schizo-Treff«

1 Leipziger Volkszeitung, 23. 1. 1991.
2 Helmut Uhlig, in: Durchblick-News, der erste Versuch der Leipziger Betroffenen-Initiative, eine Zeitung zu machen. Hektografierte Ausgabe, o.J. (1991).
3 Rosemarie Hahn: Gemeindenahe sozialpsychiatrische Rehabilitation in einem großstädtischen Versorgungssektor. Manuskript eines Vortrags in Baunatal, Mai 1991.
4 Im Herbst 1989 bildeten die Leipziger Schizos eine »Basisgruppe Psychiatrie-Betroffene« innerhalb der Bürgerbewegung »Neues Forum« und nahmen an den Leipziger Montagsdemos teil. Am 30. 11. 1989 hieß die Hauptforderung auf einer Vollversammlung: »Glasnost auch in der Psychiatrie!« Klaus Weise von der Karl-Marx-Universität (KMU) zeigt dem Protokoll zufolge Wendebereit-

schaft: »Angebot der Psychiatrischen Klinik der KMU (Prof. Weise): Kontrollmöglichkeit bei Zwangseinweisungen vor Ort, Prinzip Glasnost wird anerkannt.« Zu diesem Zeitpunkt ist der Staatsratsvorsitzende Erich Honecker bereits durch Egon Krenz ersetzt. Protokoll der Basisvollversammlung vom 30. 11. 1989, unterzeichnet von Rainer Hopf und Hans-Peter Melcher.

5 Bernhardt, S. 74.

6 Leiter der Universitäts-Kinderklinik, samt einer »Kinderfachabteilung« zur Ermordung der Kinder, war Professor Werner Catel zugleich einer von nur drei Gutachtern, die reichsweit über den Kindertod entschieden. In Dösen war eine weitere »Kinderfachabteilung« unter Leitung von Dr. Arthur Mittag. Über Catel und Mittag hat Hans Hefelmann u.a. am 9. 11. 1960 ausgesagt (Js 148/60, GStA Frankfurt/Main).

7 Mindestens 60 Kranke sind bei diesen Versuchen in Dösen getötet worden. Neben Luminal (täglich ein bis dreimal 0,3 Gramm) wurden auch Veronal oder Trional verabreicht. Hermann Paul Nitsche, 1876 im sächsischen Colditz geboren, war 1940 Direktor in Dösen. Er hatte zuvor die Anstalt Sonnenstein in Pirna geleitet und im sächsischen Innenministerium gearbeitet. Nitsches Dösener Abteilungsarzt Dr. Georg Renno wird im Mai 1940 Vergasungsarzt in der Mordanstalt Hartheim bei Linz. Nitsche wechselt im selben Monat nach Berlin, wo er einer der beiden Leiter des NS-Euthanasie-Programms wird.

8 Aufstellung der Landesanstalt Leipzig-Dösen vom 6. 7. 1946, Strafakten 1 Ks 58/47 StA Dresden.

9 Helmut Uhlig, 1954 geboren, lebt in Leipzig. Er gehört zur Betroffenen-Initiative »Durchblick«. Der Beitrag wurde erstmals in dem Kalender »Masken, Menschen, Monster« 1993 abgedruckt, Psychiatrie-Verlag, Bonn.

»Fertig machen zum Duschen, Zyklon B ist eingetroffen

1 Wischer-Urteil des LG Chemnitz in Waldheim vom 23. 6. 1950, StKs 2053/50. Waldheim, 1716 eröffnet, 1833 wieder geschlossen, 1876 als Irrenstation der Strafanstalt Waldheim neu eröffnet, wurde erst 1919 von der Strafanstalt losgelöst und einer selbständigen ärztlichen Direktion unterstellt. Laehr, S. 109.

2 Verfahren 1 Js 695 132/36, LG Chemnitz.

3 Aussage Geller vom 4. 1. 1971 in Öffentlicher Sitzung des Schwurgerichts III/70 in Frankfurt/Main. (Ks 2/70 GStA) und Aussage vom 17. 4. 1972 in Öffentlicher Sitzung des Schwurgerichts II/71 Frankfurt/Main (Ks 1/66 GStA).

4 Wischer, am 1. Februar 1903 in Berlin geboren, war im Mai 1937, zu dieser Zeit Assistenzarzt in Arnsdorf, in die NSDAP aufgenommen worden. Im Mai 1938, ein Jahr nach dem Eintritt in die NSDAP, wird er Leiter in Waldheim, die Ernennung zum Regierungsmedizinalrat erfolgt einen Monat später. Die Mitarbeiterliste der Berliner Zentrale ist faksimiliert abgedruckt in meinem Buch: »Euthanasie« im NS-Staat, S. 28f.

5 Mündliche Mitteilung von Sonja Schröter, die über Waldheim promoviert, vom 6. 3. 1993.

6 Aussage Hellwig vom 24. 6. 1946, 1 Ks 58/47 StA Dresden.

7 Aussage Nitsche vom 26. 3. 1946, 1 Ks 58/47 StA Dresden.

8 Brief vom 4. 11. 1943 an Prof. Nitsche, Dokumentensammlung Euthanasie der GStA Frankfurt/Main, ein weiterer Brief Wischers vom 13. 9. 1943 ist faksimiliert abgedruckt in: Aktion T4, S. 65.

9 Aussage Nitsche vom 12. 4. und 20. 6. 1946, 1 Ks 58/47 StA Dresden. Auch Heinrich Naumann, der ehemalige Oberpfleger in Leipzig-Dösen, beschuldigte Schulze, Anfang 1940 in zehn Fällen Kranke mit »dreimal täglich 0,3 g Luminal« in den Tod geschickt zu haben (Aussage Naumann vom 9. 8. 1946, ebd.). Schulze bestritt von Anfang an (Aussage Schulze vom 9. 5. 1946, ebd.) und wurde freigesprochen: Folgt man dem Urteil des LG Dresden vom 7. 7. 1947 (1 Ks 58/47) wollte Nitsche einen Irrtum nicht ausschließen. Naumann hingegen beschuldigte nun den zu dieser Zeit untergetauchten Renno.

10 Mündliche Mitteilung von Sonja Schröter vom 6. 3. 1993.

11 Im Februar 1990 hatte Professor Klaus Weise der Staatsanwaltschaft Leipzig Belastungsmaterial übergeben, das von der Basisgruppe »Psychiatrie-Betroffene« des »Neuen Forum« stammte. Wenig später erstattet Rainer Hopf, ein Mitglied der Gruppe, Strafanzeige gegen Poppe. Der Waldheimer Direktor ist zu dieser Zeit auf einer »Werbetour« in der Bundesrepublik. Bei seinem Besuch im Westfälischen Zentrum für Psychiatrie Lippstadt wird eine Partnerschaft Eickelborn/Waldheim verabredet. – Meine Darstellung basiert auf den Arbeiten von Sonja Schröter, zeitweise Mitglied der vom DDR-Gesundheitsminister Kleditzsch eingesetzten Sachverständigenkommission, und von Thomas Müller.

12 StA des Bezirks Leipzig: Vermerk vom 9. 3. 1990, Az.: 343–267/90.

13 Mündliche Mitteilung Sonja Schröters vom 6. 4. 1993.

14 Waldheim – Der schwierige Versuch der Aufarbeitung.

15 Ebd.

16 Parlamentarischer Sonderausschuß zur Untersuchung der Vorgänge um die psychiatrische Klinik in Waldheim und ähnlich gelagerte Fälle, zit. nach Thomas Müller.

17 StA Leipzig: Zusammenfassende Einschätzung der Überprüfungen in der Psychiatrischen Klinik Waldheim vom 9. 5. 1990, Az.: 343–267/90.

18 Ich habe das Haus 1992 besucht.

19 Waldheim-Bericht I.

20 Parlamentarischer Sonderausschuß, zit. n. Thomas Müller.

21 Zitiert nach Thomas Müller. Um die Untersuchungen nicht zu behindern, so die Psychiaterin Sonja Schröter (»Bündnis 90«), zeitweise Mitglied des Untersuchungs-Ausschusses, war bis Mitte Juli 1990 Vertraulichkeit gegenüber der Presse vereinbart worden: »Dann aber sollte eine rückhaltlose Information der Medien erfolgen. Nachdem ich drei Wochen lang die Zeitung vergeblich nach entsprechenden Meldungen durchsucht hatte, entschloß ich mich Anfang August, mit den Ergebnissen an die Öffentlichkeit zu gehen.« Am 9. August 1990 druckt die DAZ (»Die andere Zeitung«), ein Wochenblatt, das dem Neuen Forum nahesteht, Auszüge aus dem 73seitigen Abschlußbericht.

22 Das Rasch-Gutachten (»Vorgänge in der Nervenklinik Waldheim«) stammt vom 6. 7. 1990. Dem Bericht ist zu entnehmen, daß Poppe wöchentlich nur fünf bis sechs Stunden in Waldheim gewesen ist.

23 Unter Leitung von Prof. em. Unger, Berlin, werden drei Fälle von Strahlenkastration und zwölf psychochirurgische Eingriffe untersucht. Der »Bericht der Sachverständigenkommission zu den Vorwürfen und Anschuldigungen gegen die Nervenklinik Waldheim und gegen den OMR Dr. sc. med. W. Poppe« (Tätigkeitszeitraum 16. 8. bis 26. 9. 1990) fällt kein Urteil. Anzumerken ist, daß in den 70er Jahren die Psychochirurgie in der Bundesrepublik boomte und stereotaktische Operationen nicht nur bei »Triebtätern«, sondern sogar gegen Homosexualität angewandt wurden.

24 Thomas Müller, a.a.O.

25 Parlamentarischer Sonderausschuß, zit. n. Thomas Müller.

26 Thomas Müller, a.a.O.; Waldheim – Der schwierige Versuch der Aufarbeitung.

27 Ebd.

28 Waldheim-Bericht II.

»Wehrlose Patienten als Versuchskaninchen«

1 Märkische Zeitung, 27. 10. 1990.

2 Archiv Dr. Folkert Schröder: Gespräch mit Frau K. am 18. 11. 1989.

3 Das Gebäude wurde 1790 als Landarmenhaus erbaut und war ab 1820 Zuchthaus.

4 Direktor des Zuchthauses war seit 1923 Hermann Schwerdtfeger,

ursprünglich Amtsrichter in Halle. Ärger hatte er bereits im Mai 1933 bekommen. Vier SS-Männer, als Hilfswachtmeister eingestellt, beschuldigten Schwerdtfeger der »Humanitätsduselei«: »Wir wissen, daß der marxistische Strafvollzug den Zuchthäuslern die Strafe so angenehm wie nur möglich gemacht hat.« Wenn man die Zellen sähe, mit fließendem Wasser, Kanarienvögeln, prunkvoll eingerichteten Bädern und Bedürfnisanstalten, könne man fast sagen, es sei ein Erholungsheim (Akten des Justizministeriums btr. die Strafanstalt Brandenburg, ZStA Potsdam, Film XIII 20/90). – Hermann Schwerdtfeger läßt sich 1937 in den vorzeitigen Ruhestand versetzen. »Daß sein Lebenswerk, das dem humanen Strafvollzug galt«, schreibt sein Sohn, »in den letzten Jahren seiner Amtszeit durch die politische Entwicklung mehr und mehr zerbrach, hat sicher zu seinem frühen Tode 1944, mit 57 Jahren, beigetragen.« Brief Dieter Schwerdtfeger, Pfarrer i. R., vom 26. 12. 1992.

5 Werner Eberhardt: Zur Frage der ausmerzenden Erbpflege, in: Psychiatrisch-Neurologische Wochenschrift, Zentralblatt für den gesamten Kliniken- und Anstaltsbetrieb, Halle, 9. 1. 1943, Nr.2.

6 Die Verteidigungsschrift von Januar 1942 wurde mir von den Schwestern Annemarie und Waltraud Kusserow zur Verfügung gestellt. Die Eltern hatten elf Kinder. Von 13 Familienmitgliedern kamen 12 ins Gefängnis oder ins KZ. Die »Delikte« reichten von der Verweigerung des Hitlergrußes bis zur Kriegsdienstverweigerung. Deshalb wurde der 25jährige Wilhelm Kusserow 1940 erschossen. Bruder Karl-Heinz starb 1946 mit 28 Jahren an den Folgen der KZ-Internierung in Dachau.

7 Das Zuchthaus wurde von Mai 1945 bis 1947 von der sowjetischen Militärbehörde zur Internierung von »Kollaborateuren« genutzt. Dazu zählten auch sowjetische Soldaten, die in deutsche Kriegsgefangenschaft geraten waren. 1950 wurde im Bereich der Strafanstalt bei Bauarbeiten ein Massengrab mit Offizieren der sogenannten Wlassow-Armee freigelegt. 1950 übernahm die Volkspolizei, Hauptabteilung Strafvollzug, die Einrichtung. Zu den Häftlingen gehörten von sowjetischen Militärgerichten Abgeurteilte, später auch SED-Abweichler, unter ihnen Josef Reimann, ein Sohn des KPD-Vorsitzenden Max Reimann. Das Zuchthaus Brandenburg. Katalog zu einer Ausstellung über das faschistische Brandenburg. Brandenburg o. J. (1990). Henry Richter: Brandenburger Knast – das deutsche Sing-Sing, Artikelfolge in der Märkischen Zeitung, 23.–25. 1. 1991.

8 Aussage des Krankenhaus-Oberwärters Willi Pantring vom 11. 9. 1945, Kriminalpolizei Brandenburg/Havel, Tgb. Nr. 1053/45, Stadtarchiv Potsdam.

9 Aussage Sporleder vom 31. 5. 1947, 13 Aufs. 96/48 StA Bernburg.
10 Die SA-Ränge sind einer Personalaufstellung Eberls zu entnehmen.
11 Über Anwohnerproteste hat u.a. Sporleder, a.a.O., ausgesagt.
12 Wolfgang G. am 16. 1. 1989 in einem Gespräch mit Folkert Schröder.
13 Die Aussage Kalisch stammt vom 25. 1. 1960, GStA Frankfurt/Main, Ks 2/63.
14 Meine Darstellung folgt Asmus Finzen: Auf dem Dienstweg. Die Verstrickung einer Anstalt in die Tötung psychisch Kranker. Rehburg-Loccum, 1984, S. 32ff.
15 Insgesamt sind 33 »Rückverlegungen« aus der Vergasungsanstalt Neuendorfer Straße nach Görden bekannt. Knaape, »Euthanasie«.
16 Die Aussage Godenschweig stammt vom 11. 2. 1965 (Js 4/63 GStA Frankfurt/Main).
17 Lothar Jändke, Jahrgang 1917, lebt als Pensionär in Berlin. Seine Erlebnisse hat er erst 1990, mehr als 50 Jahre nach seiner Psychiatrisierung, handschriftlich zu Papier gebracht. Das Manuskript ist gekürzt abgedruckt.
18 »375 Jahre Medizin in Gießen«. Katalog zur Ausstellung anläßlich der 375-Jahrfeier im Institut für Anatomie und Zytobiologie vom 11. 5. bis 30. 6. 1982, hg. von Prof. Dr. Jost Benedum unter Mitarbeit von Christian Giese. Gießen 1982, S. 137.
19 Hans Heinze wurde am 18. Oktober 1895 als 13. von insgesamt 14 Kindern in Elsterberg im Vogtland geboren, einer Kleinstadt im Talkessel der Weißen Elster, einem Nebenfluß der Saale. Sein Vater ist Kaufmann. Mit 10 Jahren kommt Heinze zu einem Onkel nach Leipzig, mit 13 Jahren wechselt er auf die Fürsten-Landesschule im sächsischen Grimma. Dort macht er 1914 das Notabitur. Am Ersten Weltkrieg nimmt er als freiwilliger Krankenpfleger teil, studiert danach in Leipzig. Mit 27 Jahren macht Heinze das Staatsexamen, wird Assistent am Pathologischen Institut. Zwei Jahre später wechselt er als Assistenzarzt an die Psychiatrische und Nerven-Klinik der Universität Leipzig. Wieder zwei Jahre später wird er Leiter einer Jugend-Psychiatrischen Fachabteilung (die Angaben folgen einer Aussage Heinzes vom 24. 2. 1958, StA beim LG Hannover, 2 Js 237/56). – 1931 gibt er gemeinsam mit Professor Paul Schröder die Schrift »Kindliche Charaktere und ihre Abartigkeiten« heraus. Ein Jahr später habilitiert sich Heinze mit charakterologischen Untersuchungen an Kindern (»Zur Phänomenologie des Gemüts«). Heinze meint, durch die erbbiologische Analyse der Sippe den gesellschaftlichen Wert und die Erziehbarkeit eines Kindes prognostisch sicher bestimmen zu können (Knaape, Medizinische Forschung).

20 Laehr gibt 1937 insgesamt 1159 Plätze an.
21 Aktenvermerk der StA beim LG Hannover vom 30. 11. 1961, 2 Js 237/56.
22 Hallervorden ist am 21. 10. 1882 im ostpreußischen Allenberg geboren worden.
23 Siegfried Schirmer: Auf dem Wege von der »Anstalt« zur modernen Klinik, Festvortrag anläßlich des Empfangs im Altstädtischen Rathaus am 20. 6. 1989 zum 75jährigen Bestehen der Bezirksnervenklinik Brandenburg. Manuskript.
24 Zitiert nach Knaape, Kinderpsychiatrie.
25 Bericht der Landesanstalt Potsdam (an den Herrn Oberpräsidenten, Verwaltung des Provinzialoberverbandes in Berlin) über das Rechnungsjahr 1936 vom 3. 5. 1937 (Entwurf, Az.: 000.).
26 Ebd.
27 Niederschrift über die Sitzung des Kuratoriums des Kaiser-Wilhelm-Instituts für Hirnforschung am Montag, dem 1. November 1937, 10 Uhr vormittags, in Buch.
28 Knaape, Kinderpsychiatrie.
29 Knaape, »Euthanasie«.
30 Ebd.
31 Niederschrift über die Sitzung des Kuratoriums des Kaiser-Wilhelm-Instituts für Hirnforschung am Dienstag, dem 20. 12. 1938, nachmittags, in Buch.
32 Im eigenen Haus hat er offenbar schon vorgearbeitet, d. h. »Euthanasie-Fälle« schon vorher gekennzeichnet: Bei einer Stichprobe in den Krankenakten fand Knaape (Kinderpsychiatrie) Hinweise, »daß die Aussonderung dieser Patienten schon ab September 1938, also bereits in Potsdam und systematisch ab Januar 1939 in Görden erfolgte. Die betreffenden Krankengeschichten sind mit einem großen E und mit + oder einem ? versehen.«
33 Nach der Gutachterliste der Mordzentrale wird er als einer von vier Gutachtern ab dem 17. 11. 1939 geführt. Die Liste ist abgedruckt in meinem Buch: »Euthanasie« im NS-Staat, S. 228.
34 Hefelmann datiert die Eröffnung der Kinderfachabteilung in einer Aussage vom 8. 11. 1960 (Js 148/60, GStA Frankfurt/Main) auf »kurze Zeit nach dem Runderlaß vom 18. 8. 1939«.
35 Knaape, Kinderpsychiatrie.
36 Aussage Renno vom 31. 10. 1961 (Js 18/61 GStA Frankfurt/Main). Die anderen genannten Professoren sind Theodor Zucker/Heidelberg, Max de Crinis/Berlin, Kurt Pohlisch/Bonn, Werner Heyde/Würzburg).
37 Insgesamt sind 55 Gehirne der Lübbener Kinder Hallervordens Sammlung einverleibt worden. Knaape, »Euthanasie«.

38 Aussage Bunke vom 17. 4. 1962 (Js 4/62 GStA Frankfurt/Main).
39 Nürnberger Dokument L-170.
40 Eine Kopie des Schreibens danke ich Prof. Jürgen Peiffer, Institut für Hirnforschung der Eberhard-Karls-Universität in Tübingen.
41 Aussage Bunke vom 17. 4. 1962, a.a.O.
42 Akten Eberl, I/146.
43 Ich danke Prof. Wolfgang Schlote, Neurologisches Institut (Edinger Institut) der Johann Wolfgang Goethe-Universität in Frankfurt/Main für die Überlassung eines Exemplars.
44 Aumüller, S. 87. Eine Ausnahme stellt eine Rede des emeritierten Neuropathologen Prof. Jürgen Peiffer dar. Er hielt am 8. 7. 1990 zu diesem Thema eine bemerkenswerte Rede, abgedruckt in: Erinnern und Bedenken, Reden anläßlich der Gedenkfeier der Eberhard-Karls-Universität für die Opfer des NS-Regimes, deren Leib nach gewaltsamem Tod in den Jahren zwischen 1933 und 1945 der Universität zur Verfügung gestellt wurde. Tübingen 1990.
45 Michael H. Kater: Die Krise der Ärzte und der Medizin im Dritten Reich, in: Der Wert des Menschen. Berlin 1989, S. 366.
46 Aumüller, S. 89.
47 Anklageschrift der GStA Frankfurt/Main gegen Beger u.a., Js 8/66.
48 Medizin ohne Menschlichkeit. Dokumente des Nürnberger Ärzteprozesses, hg. und kommentiert von Alexander Mitscherlich und Fred Mielke. Frankfurt/Main 1978, S. 178.
49 Henning Schmalbruch, Kobenhavns Universitet, Neurofysiologisk Institut, Brief vom 11. 5. 1987.
50 »nicht mißhandeln«. Das Krankenhaus Moabit. Hg. im Auftrag der Berliner Gesellschaft für Geschichte der Medizin von Christian Pross und Rolf Winau. Berlin 1984, S. 200.
51 Das Dokument danke ich Prof. Peiffer.
52 Knaape, »Euthanasie«.
53 Schreiben »Reichsausschuß zur wissenschaftlichen Erfassung erb- und anlagebedingter schwerer Leiden« (Dr. Hefelmann) vom 5. 12. 1942 an den Württembergischen Innenminister, z. Hdn. v. Herrn Ministerialrat Dr. Stähle. Akten des Württ. Innenministeriums, Gesundheitswesen, Verfahren Ks 6/49 StA Tübingen.– Görden war weiterhin eine von fünf Anstalten für Juden, deren Unterbringung in einer Heil- und Pflegeanstalt nach § 42 angeordnet war oder die für die psychiatrische Abteilung einer Justizvollzugsanstalt ungeeignet erschienen. Rundschreiben des Reichsministers der Justiz vom 6. 2. 1942 an die Herren Generalstaatsanwälte. Generalakten GStA Bamburg.

54 Zu Eickes Habilitationsschrift siehe Götz Aly: Forschen an Opfern, Das Kaiser-Wilhelm-Institut für Hirnforschung und die »T4«, in: Aktion T4, S. 157f.

55 Der Wert des Menschen, S. 90.

56 Werner Forßmann: Selbstversuch, Erinnerungen eines Chirurgen. Düsseldorf 1972, S. 260.

57 Folkert Schröder: Protokoll eines Gesprächs mit Klaus M. vom 26. 5. 1989.

58 Brief Jändke vom 11. 9. 1990 an Folkert Schröder.

59 Heinze, Psychopathische Persönlichkeiten, S. 161.

60 Das Dokument danke ich Prof. Peiffer.

61 Heidelberger Dokumente, Bl. 127386.

62 Akte Rep. 211 Nr. 31, Brandenburgisches Landeshauptarchiv.

63 Das Pathologische Institut in Brandenburg (Havel): Entwicklung, Aufgaben, Leistungen. Brandenburg 1980.

64 Folkert Schröder: Protokoll eines Gesprächs mit Frau V. vom 6. 3. 1991.

65 Zu Brockhausen, siehe Folkert Schröder: Angaben zu Personen.

66 Ebd.

67 So ein Jugendfreund des Heinze-Sohnes und der Chef des Stadtarchivs. Gesprächsprotokoll Schröder vom 24. 4. und 26. 5. 1989.

68 Brief an Schröder vom 6. 5. 1989.

69 Folkert Schröder: Angaben zu Personen.

70 Köhler, Dissertation.

71 Ebd.

72 Anstaltsordnung. Brandenburgisches Landeshauptarchiv Potsdam, Akte 211/Nr. 31.

73 Köhler, Dissertation.

74 Noch 1991, besagt der Bericht »Zur Lage der Psychiatrie in der ehemaligen DDR«, war in einigen Anstalten die Rote Armee einquartiert.

75 Köhler beziffert in ihrer Dissertation den Anteil auf 40–50 Prozent.

76 In Köhlers Dissertation ist dies ausführlich dargestellt.

77 Der Brief wurde mir nach der Fernseh-Sendung über Ueckermünde geschickt.

78 Späte/Thom/Weise, S. 108f.

79 Ebd., S. 111.

80 Siehe Anm. 77.

81 Schirmer, Anmerkungen.

82 Renate Oschlies danke ich die Unterlagen.

83 Renate Oschlies: Wohlbefinden als nächstes Ziel. Geistig Behinderte leben menschenunwürdig in Anstalten der Psychiatrie, in: Neue Zeit, Nr. 53/1990.

»Ein Glanzstück von Umschulungs- und Kaderpolitik ...«

1 Köhler, Dissertation.
2 Ebd.
3 Häußer hatte in der thüringischen Anstalt Hildburghausen als Assistenzarzt begonnen.
4 Sußmann hatte als Kommunist dem Widerstand angehört und war 1945 Bezirksbürgermeister von Teupitz geworden. Köhler, Dissertation.
5 Ebd.
6 Ebd.
7 Ebd.
8 Ebd.
9 Ebd.
10 Bach, Entwicklung. Die Tagung fand vom 29. 11. bis 1. 12. 1990 in Berlin statt, wurde von der Bundesregierung gefördert und gemeinsam von einem Arbeitskreis der sogenannten Bundesdirektorenkonferenz und der »Aktion psychisch Kranke« veranstaltet. Es war das erste Ost-West-Treffen in einem offiziellen Rahmen.
11 Schriftliche Mitteilung von Anna-Sabine Ernst, Fakultät für Geschichtswissenschaft, Universität Bielefeld, vom 3. 1. 1992.
12 Schneider hatte wie Heinze an der sächsischen Fürstenschule Grimma das Abitur gemacht (Schreiben der Erweiterten Oberschule »Ernst Schneller« Grimma vom 8. 8. 1989 an den Rat des Kreises Grimma; von Folkert Schröder zur Verfügung gestellt) und in Leipzig studiert.
13 Schneider war über die Stationen Arnsdorf und Bethel nach Heidelberg gelangt. Siehe Petra Becker – von Rose: Carl Schneider – wissenschaftlicher Schrittmacher der Euthanasieaktion und Universitätspsychiater in Heidelberg 1933–1945, in: Von der Heilkunde zur Massentötung, S. 96.
14 Mitteilung Anna-Sabine Ernst, a.a.O. Schmorl hatte in der sächsischen Anstalt Sonnenstein (Pirna) unter Nitsche begonnen und war nach dem Kurzeinsatz in Waldheim über Görden ebenfalls nach Heidelberg gelangt.
15 Mündliche Mitteilung Anna-Sabine Ernst vom 16. 3. 1993.
16 Weise/Uhle, S. 441.
17 Das Posener Tagebuch des Anatomen Hermann Voss hat Götz Aly publiziert und erläutert in: Biedermann und Schreibtischtäter. Materialien zur deutschen Täter-Biographie, Beiträge zur nationalsozialistischen Gesundheits- und Sozialpolitik, Band 4. Berlin 1989.
18 Medizin unterm Hakenkreuz, S. 460.
19 Aly, Das Posener Tagebuch, a.a.O., S. 15.

20 Das Verfahren gegen Professor Nitsche und weitere 14 Ärzte, Pfleger und Schwestern der sächsischen Psychiatrie endete mit dem Urteil des LG Dresden am 7. 7. 1947. Nitsche wurde zum Tode verurteilt und hingerichtet. Am 16. August 1946 fällte ein Schwurgericht in Schwerin, nach zwei Verhandlungstagen, ein Urteil über die Krankenmorde in der Schweriner Anstalt Sachsenberg. Die Pfleger Gräfenitz, Berkholz und Meyer sowie die Schwester Kamphausen wurden zum Tode verurteilt, sechs Angeklagte freigesprochen (1 Ks 3/46). – Ansonsten gibt es nur noch Einzelverfahren. So wird der zweite Mann bei der Organisation der Kinder-Euthanasie, Richard von Hegener, in Magdeburg zu lebenslänglich und der Transportbegleiter Walter Stephan zu zehn Jahren Zuchthaus verurteilt (Urteil des LG Magdeburg vom 20. 2. 1952, 11 KLs 130/51). Die lebenslängliche Strafe für von Hegener (wie die Zuchthausstrafe für Stephan) endet bereits vier Jahre später durch eine Amnestie. Die Euthanasie-Schwester Käthe Hackbart (in Grafeneck und Hadamar eingesetzt) wurde am 23. 4. 1948 von einer Großen Strafkammer in Magdeburg (11 St Ks 105/48) zu 15 Jahren Zuchthaus verurteilt, von denen sie nach eigener Angabe acht Jahre verbüßte (Aussage vom 4. 12. 1970, Ks 2/70 GStA Frankfurt/Main) Hedwig Michael, Oberschwester in Grafeneck und Hadamar, verurteilte eine Große Strafkammer in Weimar zu 2 Jahren 6 Monaten Haft (St Ks 17/47). Frieda Liechtenstein, »Pflegerin« in Hadamar, Grafeneck und Bernburg, lebte im Ostsektor Berlins (Ermittlungsverfahren 5 Js 188/52 der StA Limburg deshalb eingestellt). Von der »Pflegerin« Hedwig Heinrich, in Bernburg und Hadamar eingesetzt, ist als letzter Aufenthalt die Anstalt Herzberge bekannt, im Ostteil Berlins. Erna Schwarz, in Bernburg eingesetzt, wurde von einer Großen Strafkammer in Magdeburg verurteilt. Das Strafmaß ist mir nicht bekannt. Für Erich Sporleder, in Brandenburg und Bernburg eingesetzt, gilt dasselbe. Er blieb in der Nähe von Bernburg wohnen (Aussage vom 6. 4. 1967, Kreisgericht Bernburg AS 26/67). – Dr. Otto Hebold, der u.a. in Thüringen Kranke zur Tötung selektierte, in Sonnenstein bei »drei bis fünf Vergasungen« dabei und auch in Bernburg anwesend war (Aussage vom 8. 12. 1965 vor dem Stadtbezirksgericht Mitte Berlin-Ost, 252 A (S) 24/65), war Oberarzt der brandenburgischen Anstalt Eberswalde. 1949 ist er praktischer Arzt in Klein-Wusterwitz, Kreis Jerichow (Aussage vom 17. 9. 1949 vor dem AG Genthin, 4 AR 32 49). Er wird am 12. 7. 1965 vom Bezirksgericht Cottbus zu lebenslänglicher Haft verurteilt (Der GStA der DDR am 17. 12. 1965 an das LG Frankfurt/Main, V 49/65).

21 Über Heinze heißt es bei Thom, er sei »im Mai 1945 seines Amtes

enthoben« worden. In Wahrheit blieb er, wie schon ausgeführt, bis Oktober 1945 in Görden.

22 Schröder, Angaben zu Personen.

23 Aussage Heinze vom 14. 4. 1958, 2 Js 237/56 StA Hannover.

24 Aussage Heinze vom 24. 2. 1958, ebd.

25 Aussage Heinze vom 14. 4. 1958, ebd.

26 Folkert Schröder: Angaben zu Personen.

27 Götz Aly: Der saubere und der schmutzige Fortschritt, in: Reform und Gewissen, S. 61.

28 Ulrich Schultz: Dichtkunst, Heilkunst, Forschung: Der Kinderarzt Werner Catel, in: Reform und Gewissen, S. 117, 119.

29 Aussage Catel vom 14. 5. 1962, UR 3/62 LG Hannover.

30 Karl Friedrich Masuhr/Götz Aly: Der diagnostische Blick des Gerhard Kloos, in: Reform und Gewissen, S. 102.

31 Schreiben des Reichsministeriums des Inneren (Ministerialdirigent Dr. Linden) vom 21. 10. 1943 an Staatsrat Prof. Dr. Karl Astel. Ein weiteres Schreiben datiert vom 12. 11. 1943. Daß Ibrahim gemeint ist, ergibt sich aus einem Schreiben von Prof. Berthold Kihn vom 30. 10. 1943 an Astel (Thüringisches Ministerium des Innern, Aktenbestand III E 67/20). – Kihn war Direktor der Uni-Nervenklinik Jena und ausweislich der Mitarbeiterliste der Berliner Zentrale Euthanasie-Gutachter. Kihn wandert nach Kriegsende in den Westen ab. Seinen Lehrstuhl für Psychiatrie und Neurologie in Jena besetzt nach 1945 Rudolf Lemke, sein ehemaliger Oberarzt. Masuhr/Aly, Reform und Gewissen, S. 100f.

32 Ebd., S. 86f.

33 Aussage vom 4. 9. 1962, Js 18/61 GStA Frankfurt/Main.

34 Irmfried Eberl: Organisation der Anstalt Bernburg, Akten Eberl, I/250.

35 Brief Dr. Pfeiffer vom 11. 3. 1960 (das Dokument wurde mir von dem Sohn der Ermordeten überlassen).

36 Ute Hoffmann, Gedenkstättenseminar in Hadamar 1990. Manuskript.

37 Zur Lage der Psychiatrie in der ehemaligen DDR.

38 Knapp 85 Prozent der psychiatrischen Krankenhausbetten waren zu DDR-Zeiten in 31 Fachkrankenhäusern konzentriert (Weise/Uhle, S. 442). Nur 5 Prozent der Betten (in Ost wie West geht es um Betten, nicht um Patienten) befanden sich auf psychiatrischen Abteilungen an normalen Krankenhäusern (Ebd., S. 453). Nach einer Studie an einem großen Bezirkskrankenhaus waren dort zwei Drittel der Patienten durchschnittlich mehr als 14 Jahre in der Klinik. Sieben von hundert Patienten waren länger als 25 Jahre interniert (Bach, Entwicklung, S. 26f.). – Als verhältnismäßig gut beurteilt

der Expertenbericht des Bundesgesundheitsministeriums die Situation in bezug auf geschützte Arbeit. 1985 arbeiteten etwa 5600 körperlich oder psychisch »Geschädigte« in Geschützten Werkstätten des Gesundheits- und Sozialwesens. 5400 Behinderte fanden Arbeit in Geschützten Abteilungen, 30600 arbeiteten auf geschützten Einzelarbeitsplätzen in Betrieben und Einrichtungen (Helmut F. Späte: Arbeit und Beschäftigung für psychisch Kranke und geistig Behinderte in der DDR, in: Thom/Wulff, S. 321ff.). Für viele von ihnen bedeutete die deutsch-deutsche Vereinigung, daß sie arbeitslos wurden.

39 Ulrich Trenckmann: Perspektiven deutscher Psychiatrie. Außenansichten zum inneren Zustand der Psychiatrie Ostdeutschlands, in: Soziale Psychiatrie, Dezember 1991.

40 Weise/Uhle, S. 442.

41 Ebd. Auch die poliklinischen Einrichtungen, für die ambulante Versorgung zuständig und meist miserabel ausgestattet, hatten eine »Komm-Struktur« und einen auf die fachärztlich-medizinische Kompetenz zugeschnittenen Arbeitsstil (Zur Lage der Psychiatrie).

42 Ebd., S. 441. Bach, Entwicklung, S. 25.

43 Schirmer, Anmerkungen.

44 Späte/Thom/Weise, S. 123.

45 Die Rodewischer Thesen wurden im Mai 1963 auf einem Symposium in Rodewisch/Vogtland von sozialistischen Psychiatrie-Experten formuliert.

46 Die Brandenburger Thesen zur Therapeutischen Gemeinschaft wurden im Februar 1972 »auf einer Parteiaktivtagung der Psychiater in der Sonderschule (!) des ZK« aufgestellt und hatten die Aufgabe, »die in der Psychiatrie tätigen Genossen als mobilisierende Kraft der Erneuerung in der DDR zu formieren.« So Späte/Thom/Weise.

47 Lange, Entwicklung.

48 Aussage Dr. Ernst Leonhardt vom 22. 7. 1946, Strafakten 1 Ks 58/47 StA Dresden.

49 Lange, Entwicklung.

50 Schirmer, Anmerkungen.

51 Gesetz über die Einweisung in Stationäre Einrichtungen für psychisch Kranke vom 11. Juni 1968.

52 Späte/Thom/Weise, S. 123.

53 Eggert in: Die Zeit, Nr. 5/1993.

54 Waldheim-Bericht I.

55 Schirmer, Anmerkungen.

56 Ebd.

57 Tilo Degenhardt: Die Rehabilitationsmöglichkeiten für psychisch Kranke und Behinderte in der ehemaligen DDR, in: Grundlagen und Gestaltungsmöglichkeiten, S. 77.
58 »Ich empfinde Scham«, Interview mit Professor Manfred Ochernal, in: Der Stern, Nr. 20/1991.

»Ausmerzereif oder förderungsbedürftig ...

1 Aussage Pfannenstiel vom 9. 11. 1959, Zentrale Stelle der Landesjustizverwaltungen Ludwigsburg, 208 AR-Z 252/59.
2 Lauer, Medizin in Marburg, S. 167.
3 Aussage Dr. Herbert Grohmann vom 6. 6. 1962, Js 18/61 GStA Frankfurt/Main. Grohmann war bei Kriegsausbruch Wissenschaftlicher Assistent am Kaiser-Wilhelm-Institut für Anthropologie, menschliche Erblehre und Eugenik in Berlin-Dahlem und nach dem Krieg Leiter des ärztlichen Prüfdienstes bei der LVA Lübeck.
4 Heidelberger Dokument, Bl. 126659ff.
5 Das Porträt – Werner Villinger 65 alt, von A. Busemann H. Stutte, zit. nach Schäfer, Umschwung, S. 178.
6 Hermann Hoffmann: Die erbbiologischen Ergebnisse in der Neurosenlehre, in: Erblehre und Rassenhygiene im völkischen Staat, hg. von Ernst Rüdin. München 1934, S. 206 – »Um beurteilen zu können«, heißt es im Gesetz zur Verhütung erbkranken Nachwuchses vom 14. 7. 1933, »ob die betreffende Erbanlage sich mit großer Wahrscheinlichkeit auf die Nachkommenschaft vererben wird, wird man (...) vor allen Dingen immer wieder die Ergebnisse der empirischen Erbprognose (...) zu berücksichtigen haben.« (S. 57f).
7 H. F. Hoffmann: Erbbiologische Forschungen an Gießener Fürsorgezöglingen, in: Münchener Medizinische Wochenschrift Nr. 2/1936, S. 121.
8 Psychiatrie in Selbstdarstellungen, S. 401.
9 Ebd.
10 Medizinalrat Dr. Max Eyrich: »In Württemberg ist die psychiatrische und erbbiologische Überwachung der Anstalts- und Fürsorgezöglinge dem Landesarzt übertragen. (...) Der Grundgedanke der Neuordnung ist möglichst frühzeitige Sichtung der Zöglinge unter erb- und rassenbiologischen Gesichtspunkten, und zwar durch den Psychiater. Eyrich: Gerichtsärztliche Aufgaben bei Kindern und Jugendlichen, in: Der öffentliche Gesundheitsdienst, Heft 15/1939, S. 557.
11 Max Eyrich: Fürsorgezöglinge erbbiologisch gesehen, in: Zeitschrift für Kinderforschung, 1939, S. 250ff.
12 Aussage Gottlieb Gugeler vom 9. 4. 1948, Ks 6/49 StA Tübingen.

13 Amtsgericht Münsingen: Voruntersuchung wegen Euthanasie in Württemberg. Abschlußbericht vom 24. 8. 1948, Ks 6/49 StA Tübingen – Max Eyrich, noch 1940 der NSDAP beigetreten, ist im Grafeneck-Verfahren aus subjektiven Gründen mangels Beweises freigesprochen worden. Urteil des Schwurgerichts Tübingen vom 5. 7. 1949.

14 Im Schreiben des Reichsausschusses vom 22. 11. 1943 an das Württembergische Innenministerium heißt es, Frau Dr. Eyrich habe eine »Ermächtigung zur Behandlung« (Tarnbezeichnung für Tötung) an die Direktion der Anstalt Winnental weitergeleitet: »Selbstverständlich ist es unerwünscht, wenn derartige Schreiben des Reichsausschusses einer Anstaltsdirektion zugeleitet werden, die nicht über unsere Bestrebungungen unterrichtet ist. Ich bitte jedoch, daraus keinen Vorwurf gegen Frau Dr. Eyrich abzuleiten, da diese offenbar seinerzeit (!) noch nicht durch uns eingeweiht war.« Ks 6/49 StA Tübingen.

15 Die Nervenärztin Hedwig Eyrich wurde (Aussage vom 23. 7. 1948 vor der Landespolizei für Württemberg-Hohenzollern) 1941 als Leiterin der Abteilung für Erb- und Rassenpflege dienstverpflichtet und bearbeitete dort die Meldebögen, mittels derer behinderte Kinder erfaßt (und nach einer Begutachtung in Berlin auch getötet wurden). In der Dokumentensammlung der GStA Frankfurt/Main befindet sich die Aussage einer Mutter, die wegen ihres behinderten Sohnes Erich zu Hedwig Eyrich bestellt und gedrängt wird, ihr Kind zur Beobachtung in ein Heim zu geben. Der Junge kommt in die Anstalt Eichberg und »stirbt« dort »am Tage nach der Einlieferung« (Aussage Ruthardt vom 19. 7. 1949). Dr. Hedwig Eyrich hat diesen Hergang bestritten und hinzugefügt: »Von einer ›Zentralorganisation für Kindereuthanasie‹ war mir nichts bekannt.«

16 Die Beiträge sind abgedruckt in: Zeitschrift für Kinderforschung, 49. Band, 1943.

17 Ebd., S. 28ff.

18 Lebenslauf Schmitz vom 19. 9. 1934, das Dokument danke ich Linda Orth, Archivleiterin der Psychiatrischen Klinik in Bonn.

19 Aloys Schmitz: Die Entwicklung der Jugendpsychiatrie in der Rheinprovinz, in: Die Rheinprovinz, Heft 14/1938, S. 687ff. Gemäß einer Notverordnung des Reichspräsidenten vom 4. 11. 1932 konnte Fürsorgeerziehung nur angeordnet werden, wenn Aussicht auf Erfolg bestand.

20 Schmitz: Die Aufgaben der Provinzialverwaltung auf dem Gebiet der Kinderpsychiatrie, an Hand der Erfahrungen im Rheinland, in: Zeitschrift für Kinderforschung, 49. Band, 1943, S. 209.

21 Die Gutachterliste ist faksimiliert abgedruckt in meinem Buch: »Euthanasie« im NS-Staat, S. 228.

22 In Bethel wurden 1093 Patienten sterilisiert. Norbert Schmacke/Hans-Georg Güse: Zwangssterilisiert, Verleugnet-Vergessen. Zur Geschichte der nationalsozialistischen Rassenhygiene am Beispiel Bremen. Bremen 1984, S. 162.

23 Villinger auf der Sitzung des Ständigen Ausschusses für Rassenhygiene und Rassenpflege beim Central-Ausschuß für die Innere Mission am 13. 7. 1934 in Berlin. Archiv Diakonisches Werk der Evangelischen Kirche in Deutschland, CA/5 1601/1.

24 Villinger forderte zusätzlich ein Bewahrungsgesetz, um dem Volkskörper »Schädlinge und Schmarotzer« fernzuhalten. Villinger: Die Notwendigkeit eines Reichsbewahrungsgesetzes vom jugendpsychiatrischen Standpunkt aus, in: Zeitschrift für Kinderforschung, 47. Band, 1939, S. 13.

25 Villinger: Erziehung und Erziehbarkeit, Zeitschrift für Kinderforschung 49. Band, 1943, S. 17ff.

26 Stutte: Verwahrlosung durch Krankheit, in: Der öffentliche Gesundheitsdienst, 1941, S. 178ff.

27 Schäfer: H. Stutte. Dort finden sich weitere Beispiele.

28 Beitrag zum Problem: Psychosen bei Kretinismus, von Dr. med. H. Stutte, in: Allgemeine Zeitschrift für Psychiatrie und ihre Grenzgebiete, 123. Band, 1944, S. 56.

29 Röntgentherapie chronischer Nervenleiden, von Doz. Dr. H. Stutte und Dr. A. Vogt, in: Strahlentherapie, 78. Band 1949, S. 161ff.

30 Auffällig auch, daß Röntgenapparate zu dieser Zeit höchst kostbar sind und ausgerechnet zur Behandlung von im NS-Sinne höchst minderwertigem »Material« gedient haben sollen. Der Leiter der Heidelberger »Euthanasieforschung«, Carl Schneider, klagt z.B. am 15. 10. 1942 in einem Brief an Nitsche: »Ein Röntgenapparat ist auf keinen Fall zu bekommen. Die Herstellung ist nach Auskunft der Firma grundsätzlich verboten.« Heidelberger Dokumente, Bl. 127434.

31 Heidelberger Dokumente, Bl. 126595ff.

32 Illing, so ist einer Aktennotiz Heinzes vom 18. 3. 1942 zu entnehmen, vertrat Heinze in Abwesenheit. Heidelberger Dokumente, Bl. 127116.

33 Urteil des Volksgerichts Wien vom 18. 7. 1946, das Illing zum Tode verurteilte (GZ. Vg 1a Vr 2365/45 – Hv 1208/46). Illing wurde 1946 hingerichtet.

34 Brief Kloos vom 2. 10. 1959 an OStA in Hannover, Ks 2/63 GStA Frankfurt/Main.

35 Brief Hefelmann an Ministerialrat Stähle in Stuttgart vom 11. 9. 1942. Aktenordner Gesundheitswesen des Württembergischen Innenministerium, Ks 6/49 StA Tübingen.

36 Brief Reichsausschuß vom 3. 12. 1942 an Ministerialrat Stähle, ebd.
37 Verfahren 4a Js 21/46 GStA Frankfurt/Main.
38 Wesse am 12. 5. 1944 an den Reichsauschuß. Dokument aus dem Verfahren 4a Js 13/46 GStA Frankfurt/Main.
39 Aussage Wesse vom 20. 1. 1947, dem ersten Verhandlungstag im Kalmenhof-Prozeß, 4a Js 21/46 GStA Frankfurt/Main.
40 So zwei Schreiben Rüdins vom 28. 6. 1941 an Ministerialrat Linden und an den Präsidenten des Reichsgesundheitsamtes, Prof. Reiter. Heidelberger Dokumente, Bl. 124908ff. und Bl. 124906f.
41 Mitteilung von Linda Orth, Archivleiterin in Bonn. Linda Ort hat in der Reihe »Rheinprovinz« des Landschaftsverbandes Rheinland den Band 3 veröffentlicht: Die Transportkinder aus Bonn. »Kindereuthanasie«. Köln 1989.
42 Aussage Hefelmann vom 29. 5. 1961, ähnlich eine Aussage vom 9. 11. 1960, Js 148/60 GStA Frankfurt/Main.
43 Ein Fantasie-Name, Rudolf Wendt kann sich nicht mehr an den richtigen Namen erinnern.
44 Wolfram Schäfer: Spuren einer »verschwundenen« Habilitationsschrift. Hermann Stuttes Forschungen in der NS-Zeit, in: Marburger Universitätszeitung, Nr. 229/1992.
45 Zeitschrift für Kinderforschung, 50. Band, 1. Heft 1944, S. 33.
46 Zitiert nach der Begutachtung, die Stuttes Lehrer Hoffmann am 23. 11. 1943 verfaßte: Referat über die wissenschaftliche Arbeit des Assistenzarztes der Klinik Oberarzt d. R. Dr. med. Hermann Stutte. Universitätsarchiv Tübingen, 125/159.
47 Report on Denazification of University of Marburg by Policy Enforcement Branch 27 November 1946.
48 Zeitgemäße Aufgaben und Probleme der Jugendfürsorge, von Werner Villinger und Hermann Stutte, in: Der Nervenarzt, Heft 6/1948, S. 249ff.
49 Stutte: Vom Lebenserfolg der Fürsorgeerziehung, in: Kinderärztliche Praxis, Leipzig 1949, S. 111f.
50 Stutte: Die soziale Individualprognose bei verwahrlosten und kriminellen Jugendlichen, in: Handbuch der Heimerziehung. 6. Lieferung: Sonderfragen der Heimerziehung. Frankfurt/Main—Berlin—Bonn 1956, S. 567.
51 Helmuth E. Ehrhardt: Gesetzentwürfe und Anträge zur weiteren Entschädigung für NS-Unrecht. Öffentliche Anhörung am 24. 6. 1987. Ergänzende Stellungnahme an den Innenausschuß des Deutschen Bundestages vom 4. 9. 1987.
52 Grenzen der Sozialpädagogik. S. 27 f.
53 Ich habe dies ausführlich dokumentiert in meinen Buch: »Die SA Jesu Christi«.

54 Pfarrer M. Müller-Kästorf: Erfahrungen mit der Anwendung des Gesetzes zur Verhütung erbkranken Nachwuchses bei den Insassen einer Arbeiterkolonie, in: Der Wanderer, Nr. 7/1936, S. 173f.
55 Zit. nach: Manfred Höck: Die Hilfsschule im Dritten Reich. Berlin 1979, S. 24.
56 Klaus Rehbein: Sprache kann tödlich sein, in: Marburger Universitätszeitung Nr. 230/1992. Siehe Rainer Pohl: Zur Verfolgung der Hamburger »Swing-Jugend« im Zweiten Weltkrieg, in: Verachtet-verfolgt-vernichtet. Hg. von der Projektgruppe für die vergessenen Opfer des NS-Regimes in Hamburg. Hamburg 1986, S. 30ff.
57 Kazimierza Marxen und Hipolit Latynski: Angaben über die Methode der Behandlung von schwachsinnigen Kindern auf der Abteilung B in der Kinderklinik der Psychiatrischen Anstalt in Lubliniec. Bl. 1963ff. des Verfahrens 147 Js 58/67 StA Hamburg.
58 Karl Heinz Roth: Psychosomatische Medizin und »Euthanasie«: Der Fall Viktor von Weizsäcker, in: 1999, Zeitschrift für Sozialgeschichte des 20. und 21. Jahrhunderts, Heft 1/1986.
59 Grenzen der Sozialpädagogik, S. 51.
60 Hans Heinze war nach seiner Verhaftung Oktober 1945 seinen eigenen Angaben zufolge zu sieben Jahren Straflager verurteilt und Oktober 1952 entlassen worden. Er flieht Dezember 1952 über West-Berlin in den Westen. Schon im März 1953 bekommt er eine Assistenzarzt-Stelle in der Heilanstalt Marienthal im westfälischen Münster. Im April 1954 ist er bereits Leiter der Jugend-Psychiatrischen Klinik beim Landeskrankenhaus Wunstorf, nebenamtlich ist er später bei der Jugend-Psychiatrischen Beratungsstelle des Städtischen Gesundheitsamtes in Hannover. Aussage vom 10. 3. 1958, 2 Js 237/56 StA Hannover.
61 Brief Finzen vom 7. 8. 1988 an Folkert Schröder, Mahn- und Gedenkstätte Brandenburg.
62 Aussage Heinze vom 29. 9. 1961, a.a.O.
63 Psychiatrie in Selbstdarstellungen, S. 396.
64 Der nichtseßhafte Mensch. Ein Beitrag zur Neugestaltung der Raum- und Menschenordnung im Großdeutschen Reich. In Zusammenarbeit mit dem Bayerischen Staatsministerium des Innern hg. vom Bayerischen Landesverband für Wanderdienst. München 1938.
65 Robert Ritter: Ein Menschenschlag. Erbärztliche und erbgeschichtliche Untersuchungen über die – durch 10 Geschlechterfolgen erforschten – Nachkommen von »Vagabunden, Gaunern und Räubern«. Leipzig 1937, S. 19.
66 Zu Ritter: Benno Müller-Hill: Tödliche Wissenschaft. Die Aussonderung von Juden, Zigeunern und Geisteskranken 1933–1945. Reinbek 1984.

67 Aussage Villinger vom 26. 7. 1961, 15 Gs 365/61 AG Marburg.
68 Müller-Küppers, Kindesmißhandlung, S. 114.
69 Stutte: 30 Jahre Deutsche Vereinigung für Jugendpsychiatrie, in: Der Nervenarzt, Heft 7/1970, S. 314.
70 Monatsschrift für Kriminologie und Strafrechtsreform, Heft 5/1973.
71 Schleswig-Holsteinischer Landtag, Drucksache Nr. 444, Bericht des Untersuchungsausschusses I in der Angelegenheit Prof. Heyde-Dr. Sawade.
72 Schmitz: Druckphänomene als wesentliche Faktoren im Delinquenzverhalten des unreifen Menschen, in: Monatsschrift für Kriminologie und Strafrechtsreform, Heft 1/2 1962.
73 Geistige Behinderung. Fachzeitschrift der Bundesvereinigung Lebenshilfe, Nr. 3/1982.
74 Die erste Gedächtnisvorlesung fand 1983, die zweite im Jahr 1988 statt.
75 Als Gegenbeweis wird gerne der Aufsatz von Müller-Küppers über Kindesmißhandlung und Kindstötung angeführt. Der Beitrag ist mit korrekten Zitaten veröffentlicht in: »Von der Heilkunde zur Massentötung. Medizin im Nationalsozialismus«, hg. von Hohendorf und Magull-Seltenreich, Heidelberg 1990. Die Referate, die auf der Wiener Gründungsveranstaltung gehalten wurden, führt Müller-Küppers positiv, ähnlich Stutte, vor. Hinweise auf die Vorträge Villinger, Schmitz, Hecker etc. betreffend die Selektions-Funktion der Jugendpsychiatrie fehlen. Die Euthanasie-Forschung in Heidelberg wird (nach Befragung eines Beteiligten!) bestritten, Heinze mit dem Hinweis abgetan, was dort wirklich geschehen sei, wisse man nicht. Manche Angaben sind schlicht falsch: So wird eine Vergasungsanstalt Haina angegeben, wo Hadamar gemeint sein muß, etc. etc.
76 Am 23. 6. 1943 hatten sich die Verantwortlichen der Nazi-Euthanasie mit Hitlers Begleitarzt und Euthanasie-Beauftragten, Prof. Karl Brandt, besprochen. Am 26. 6. 1943 schickte Nitsche an Brandt eine »kurze Denkschrift über die künftige Entwicklung der Psychiatrie«, verantwortet von Rüdin, de Crinis, Carl Schneider, Heinze und Nitsche. Darin heißt es: »In den letzten Jahren vor dem Kriege hat sich die deutsche Psychiatrie auch energisch den Problemen der Kinderpsychiatrie zugewandt. (...) Die Bestrebungen der Kinderpsychiatrie sind allenthalben zu fördern.« Heidelberger Dokument Bl. 126421 und 126427.
77 Zusammenfassung der Empfehlungen der Expertenkommission der Bundesregierung zur Reform der Versorgung im psychiatrischen und psychotherapeutisch/psychosomatischen Bereich, Bonn, 11. 11. 1988, S. 35.

78 Achter Jugendbericht, Bonn 1990, Bundestagsdrucksache 11/6576, S. 156.
79 Remschmidt: Entwicklungstendenzen der Kinder- und Jugendpsychiatrie, in: Monatsschrift der Kinderheilkunde, 1983, S. 559.
80 Charlotte Köttgen: Hilfen im Alltag statt Psychiatrisierung, in: Spektrum der Psychiatrie und Nervenheilkunde, Nr. 6/1988.
81 Spektrum, Nr.1/1989
82 Ebd., Nr. 2/1989.
83 Sichten und Vernichten, Die Zeit, Nr. 38/1992.
84 Die Adoleszenzforschung der Tübinger Universitätsnervenklinik, in Adoleszenz. Biologische, sozialpädagogische und jugendpsychiatrische Aspekte, hg. von Reinhart Lempp. Bern–Stuttgart/Wien 1981, S. 12.
85 Brief vom 11. 2. 1992.
86 Brief vom 29. 11. 1992.
87 Marie-Luise Stutte am 14. 8. 1992 in: Oberhessische Presse.
88 Psychiatrie in Selbstdarstellungen, S. 401.
89 Geistige Behinderung, Nr. 3/1984.
90 Die Lebenshilfe-Zeitung, Nr. 5/1992.
91 Klageschrift vom 30. 7. 1991.
92 Protokoll der 10. Zivilkammer des LG Nürnberg-Fürth vom 29. 9. 1992, Az.: 10 0 6080/91.
93 Knaape beschreibt in seinem Aufsatz Kinderpsychiatrie und Euthanasie, Heinze habe die Abteilungen für die bildungsfähigen Schwachsinnigen »Lebenshilfe« genannt. Ich habe Knaape bei einem Besuch Ende Oktober 1992 ausdrücklich gefragt, ob keine Verwechslung vorliege.
94 Rundbrief vom 3. 9. 1992: Geschichtsfälscher am Werk? Hermann Stutte und der Fall Oberhessische Presse.
95 Marburger Universitätszeitung, Nr. 228.
96 Briefliche Mitteilung Prof. Konrad Ernst vom 5. 2. 1993.
97 Marburger Universitätszeitung, Nr. 229/1992.

»Nachkommen von Säufern, Verbrechern und Schwachsinnigen«

1 Bericht Dr. Arno Kirsche vom 12. 1. 1946 an die Britische Militärregierung in Hannover. Die Unterlagen stellte Dr. Hans-Gert Kirsche zur Verfügung.
2 Naumburger Tageblatt, 16. 12. 1936.
3 Schreiben vom 9. 10. 1948 an den Vorsitzenden des Zulassungsausschusses der Kassenärztlichen Vereinigung Niedersachsen ohne namentliche Erwähnung Gundermanns. Anlaß war, daß Kirsche die Zulassung zu den Krankenkassen verweigert wurde.

4 Im Warthegau wurden u.a. in der Euthanasie-Anstalt Tiegenhof (Gnesen) Kranke ermordet. Unterstellt war die Anstalt dem Reichsstatthalter, in dessen Behörde die Abteilung »Gesundheitswesen und Leibesübungen« unter Medizinalrat Gundermann zuständig war (Anklageschrift der StA beim LG Hamburg gegen Lensch und Struve, 147 Js 58/67, S. 339f. und 357). Gundermann hat z.B. in einer Aussage vom 18. 3. 1963 (Js 18/61 GStA Frankfurt/Main) behauptet, ihm sein nichts davon bekannt, »daß Kranke aus Heilanstalten meines Tätigkeitsbereiches umgebracht oder zum Töten abtransportiert worden sind.« Ebenso weise er Behauptungen auf das energischste zurück, er sei an Selektionen im Ghetto Lodz »oder ähnlichen Unternehmungen beteiligt gewesen«.

5 Franz von Papen hatte Hitler an die Macht gebracht, als Vizekanzler gedient und später, obgleich in Ungnade gefallen, als Botschafter in Wien den »Anschluß« Österreichs vorbereitet. Er wurde am 1. 10. 1946 im Nürnberger Prozeß gegen die Hauptkriegsverbrecher vom Internationalen Militärgerichtshof der Alliierten freigesprochen.

6 Die »Sturmabteilungen« (SA), NS-Schlägertrupps, hatten Hitler den Weg zur Macht gebahnt, wurden aber im Nürnberger Prozeß freigesprochen.

7 Schon in der Anfangszeit der »Bewegung« stellten die Ärzte die größte Gruppe der Akademiker. Nach den frühesten Mitgliederlisten (1919 bis 1922) hatten die Ärzte einen Anteil von 22,5 Prozent. Fridolf Kudlien: Ärzte im Nationalsozialismus. Köln 1985, S. 19f.

8 Deutsches Ärzteblatt, Nr. 73/1943.

9 Ebd., Nr. 69/1939.

10 Ebd., Nr. 41/1956.

11 Anzeige »Deutsche Ärzte protestieren« in: Frankfurter Rundschau, 21. 1. 1993: Anfang 1993 wollte der ehemalige Präsident der Bundesärztekammer, Hans Joachim Sewering, Mitglied der SS seit 1933, der NSDAP seit 1934, Präsident des Weltärztebundes werden. In der Anzeige protestierten deutsche Ärzte: »Es ist einzigartig, daß der neue Präsident der World Medical Association zugleich mit seinem Antritt auch den 60. Jahrestag seines Eintritts in die SS feiern kann.«

12 Heyde in seinem Abschiedsbrief. Er erhängte sich am 13. 2. 1964 (wenige Tage vor dem Beginn der Hauptverhandlung) in seiner Zelle in der Strafanstalt Butzbach. Der Abschiedsbrief ist Bestandteil des Verfahren Ks 2/63 GStA Frankfurt/Main.

13 Liste der Gründungsmitglieder in: Robert Visarius: Sie nannten ihn »P«, Vallendar, o.J. (1981). Mit »P« ist der »Vater der Hirnver-

letzten« (so sein Grabstein!), Prof. Walter Poppelreuter, gemeint. 1990 mußte der Bund Deutscher Hirnbeschädigter alle Auszeichnungen, die den Namen Poppelreuters trugen (Poppelreuter-Medaille, eine Klinik war nach ihm benannt), aus dem Verkehr ziehen: Linda Orth hatte in der Zeitschrift »De Schnüss« (Nr. 12/1989) geschildert, daß Poppelreuter, Mitglied der NSDAP seit 1931, 1933 die Leitung der Bonner Provinzial-Kinderanstalt für seelisch Abnorme kommissarisch übernommen und den jüdischen Professor Otto Löwenstein durch bewaffnete SS-Leute verjagt hatte.

14 Der Preis wird von der Deutschen Gesellschaft für Neurotraumatologie und klinische Neuropsychologie verliehen, vgl.: Spektrum der Psychiatrie und Nervenheilkunde, Heft 5/1986. Panse ist auf zwei Gutachterlisten der Mordzentrale aufgeführt.

15 Approbation wird nicht entzogen. Gemeinsame Erklärung der Hamburger Gesundheitsbehörde und der Ärztekammer Hamburg, in: Ärztliche Mitteilungen Nr. 5/1961.

16 Ich habe dies in meinem Buch »Was sie taten – Was sie wurden« ausführlich dargestellt.

17 Urteil des Landgericht Hildesheim vom 12. 10. 1990, 12 Ks 17 Js 27816/89.

18 Roswitha Wisniewski: Wiedergutmachung Nationalsozialistischen Unrechts in der 11. Legislaturperiode des Deutschen Bundestages, Bonn 1991.

19 Petitionsausschuß: Protokoll-Nr. 12/33.

20 Klara Nowak, Rede vom 2. 11. 1990 in Hadamar, Manuskript.

21 Die Fragenbogen-Abschreckung und die Scham der Verstümmelten haben ihre Wirkung: 1988 wurden lediglich 353 Anträge auf laufende Leistungen gestellt. Gerade zehn wurden bewilligt. 1989 gingen 252 Anträge ein, von denen 150 bewilligt wurden. Da nur wenige einen Antrag stellen und nur wenige Anträge bewilligt werden, zeigt sich der Staat »großzügig«: Seit Juli 1990 bekommen Sterilisierte zusätzlich zu der Einmalzahlung von 5000 DM monatlich 100 Mark (Heimbewohner 200 Mark).

22 Deutscher Bundestag, 136. Sitzung, 17. 11. 1967. Schriftliche Antwort auf Fragen des Abgeordneten Mick.

23 Artikel Gütt, in: Das Große Lexikon des Dritten Reiches, hg. von Christian Zentner und Friedemann Bedürftig. München 1985.

24 NSDAP, Gauleitung Westfalen, Rundschreiben Nr. 83/37 vom 21. 1. 1937. Der Erlaß stammt vom 22. 8. 1936. Nürnberger Dokument 181-D.

25 Selbst Karl Bonhoeffer richtete am Erbgesundheitsobergericht, ebenso sein Oberarzt Jürg Zutt und Professor Hans Creutzfeldt, später Direktor der Universitätsnervenklinik Kiel: Totgeschwiegen

1933–1945. Die Geschichte der Karl-Bonhoeffer-Nervenklinik, hg. von der Arbeitsgruppe zur Erforschung der Geschichte der Karl-Bonhoeffer-Nervenklinik. Berlin 1988, S. 210.

26 Der Chef des Bundeskanzleramtes, Dr. Wolfgang Schäuble, am 18. 9. 1986 an die Deutsche Gesellschaft für Soziale Psychiatrie.

27 Brief vom 31. 5. 1933 an den Untergruppenarzt der SA Hamburg, Dr. Lauterbach. Verfahren 147 Js 58/67 StA Hamburg.

28 Auf der 34. Sitzung des Ausschusses am 13. 4. 1961. Siehe Schäfer, Umschwung, S. 227. Die Übereignung von Patienten zur Hepatitisforschung ist beschrieben bei: Brigitte Leyendecker, Burghard F. Klapp: Deutsche Hepatitisforschung im Zweiten Weltkrieg, in: Der Wert des Menschen, S. 261 ff.

29 Anna Bergmann/Gabriele Czarnowski/Annegret Ehmann: Menschen als Objekte humangenetischer Forschung und Politik im 20. Jahrhundert, in: Der Wert des Menschen, S. 139.

30 Der Wert des Menschen, S. 300. Vgl. Schäfer, Umschwung, S. 224.

31 Helmut Remschmidt: Prof. Dr. med. Helmut E. Ehrhardt zum 70. Geburtstag, in: Hessisches Ärzteblatt, Nr. 4/1984.

32 Stellungnahme vom 17. 12. 1963 an das Bundesministerium der Finanzen.

33 Stellungnahme vom 28. 12. 1973 an das Bundesministerium für Finanzen.

34 Stellungnahme vom 19. 6. 1987 an den Innenausschuß des Deutschen Bundestages.

35 Ergänzende Stellungnahme vom 4. 9. 1987, ebd.

36 Brief vom 4. 5. 1991 an Folkert Schröder.

»Wie eine Flipperkugel hin- und hergeschossen ...«

1 Ermittlungsverfahren der StA Traunstein, 230 AR I 642/89, der Einstellungsbeschluß erfolgte am 24. 4. 1990.

2 Beschluß des AG Nürnberg vom 8. 5. 1991, VIII. 713/91.

3 Beschluß des AG Nürnberg, Registergericht, vom 13. 3. 1992, 6 d AR 359/91.

4 Deutsche Gesellschaft für Soziale Psychiatrie: Info für Hessen, Nr. 16/1989.

5 Heinrich Kunze: Administrative Psychiatrie: Über strukturelle Widerstände gegen die Realisierung gemeindepsychiatrischer Ziele, in: Medizin, Mensch, Gesellschaft, Nr. 11/1986.

6 Siemen: Die Geschichte der Reformpsychiatrie in der Bundesrepublik Deutschland, in: Zeitschrift für Gesundheitswesen, Dr. med. Mabuse, Nr. 81 (1992) S. 15.

7 Heinrich Kunze: Psychiatrie-Reform der Gegenwart: Fortschritt

und Opfer, in: Fortschritte der Psychiatrie im Umgang mit Menschen, 36. Gütersloher Fortbildungswoche 1984. Gütersloh 1984, S. 156.

8 Clemens Cording: Memorandum zur Änderung des Bundeszentralregistergesetzes, 1992. Derselbe: Die Konsequenzen psychiatrischer Gutachten im Bundeszentralregister, Vortrag vom 12. 10. 1992, Manuskript.

»Die Entscheidung zwischen ›normal‹ und ›abnorm‹ kann nur der Psychiater treffen«

1 Die Darstellung folgt Siemen: Das Grauen ist vorprogrammiert.
2 Zitiert nach Siemen, S. 19f.
3 Ebd., S. 22.
4 Ebd., S. 25.
5 Carl Schneider auf der 1. Arbeitstagung Ost der Beratenden Fachärzte im Mai 1942, zitiert nach: Rolf Valentin: Die Krankenbataillone. Sonderformationen der deutschen Wehrmacht im Zweiten Weltkrieg. Schriftenreihe Erfahrungen des deutschen Sanitätsdienstes im Zweiten Weltkrieg, Band 2. Düsseldorf 1981, S. 130.
6 Villinger auf der 3. Fachtagung Ost im Herbst 1943, ebd., S. 139.
7 Rudolf Brickenstein: Häufigkeit und Ätiologie des Selbstmordes beim Heer und die Auswirkungen des Alkoholmißbrauchs auf diese. Erlangen 1943, S. 21. Brickenstein beruft sich auf die Tübinger Psychiater Hoffmann und Gaupp, wonach die meisten militärischen Selbstmörder durch ihre Psychopathie zum Selbstmord kommen (S. 21, 27).
8 Mikorey auf der 2. Fachtagung Ost im Herbst 1942, Krankenbataillone, a.a.O., S. 134.
9 Die Heidelberger Euthanasie-Forschung und Deussens Rolle ist beschrieben in meinem Buch: Was sie taten – Was sie wurden.
10 Meine Darstellung folgt einer Studie der Deutschen Gesellschaft für Soziale Psychiatrie: Panikpersonen sofort eliminieren! Über die Pläne der Militärpsychiatrie, die Ordnung des Staates zu sichern und die Ruhe an der Heimatfront aufrechtzuerhalten. Rehburg-Loccum 1983.
11 Ebd. S. 6.
12 Die Zeit, Nr. 32/1983.
13 Interview mit Niels Pörksen, am 2. 12. 1982 im Sender Freies Berlin, Manuskript.
14 Mediscript. Ergänzungsheft zum 2. Abschnitt der Ärztlichen Prüfung. Die 500 Originalfragen (einschließlich Bildmaterial) der Prüfung März 1979 mit Antworten. Hg. von der Fachschaftsvertretung Medizin München. München 1979.

15 Wer sich politisch wehrt, wird für verrückt erklärt... Zur psychiatrischen Begutachtung von Verweigerern und Demonstranten. DGSP-Rundbrief, Nr. 19/1982.

16 Ende 1989 wurde bekannt, das Bundesamt für Zivilschutz habe einen Antrag des Leiters der Münchener Universitäts-Nervenklinik, Hans Hippius, zur Förderung seiner Forschungen über »Psychopharmaka in Extremsituationen« bewilligt. Den Test von »Pillen für den Krieg« fanden weder Hippius noch die Ethikkommission der Medizinischen Fakultät anstößig. Bei Hippius wundert es nicht: Er ist seit langem im Wehrbeirat des Bundesverteidigungsministeriums und leitet beim Bundesinnenministerium einen Ausschuß, der sich u.a. mit »psychobiologischem Verhalten in Belastungssituationen« befaßt. Justin Westhoff: Pillen für den Ausnahmezustand. Münchener Ärzte testen Psychopharmaka für Katastrophenfälle an Kranken. Süddeutsche Zeitung, Nr. 252/1989.

17 Fritz Reimer: Beitrag und Rolle der Psychiatrischen Krankenhäuser in der Bundesrepublik zur Entwicklung der Versorgung in den vergangenen zwei Jahrzehnten, in: Grundlagen und Gestaltungsmöglichkeiten, S. 33.

18 Ebd., S. 34.

19 Fritz Reimer: »Familien helfen sich selbst«. Gedanken über einen ›Leitfaden für Angehörige psychisch Kranker‹«, in Spektrum, Oktober 1991, zitiert nach Psychosoziale Umschau, Nr. 4/1991

20 Zitiert nach Hans H. Lauer, Medizin in Marburg, S. 156.

21 Robert Gaupp: Die Freigabe der Vernichtung lebensunwerten Lebens, in: Deutsche Strafrechts-Zeitung Nr. 7/1920, zitiert nach Schäfer, Umschwung, S. 183.

22 Gaupp: Das Gesetz zur Verhütung erbkranken Nachwuchses und die Psychiatrie, in: Klinische Wochenschrift Nr. 13/1934, zitiert nach Schäfer, Umschwung, S. 182.

23 Ebd., S. 184.

24 Bürger-Prinz: Forschungen und Fortschritte, Nr. 11/1935, zitiert nach Walter Wuttke-Groneberg: Medizin im Nationalsozialismus. Tübingen 1980, S. 301.

25 Eyrich: Gerichtsärztliche Aufgaben bei Kindern und Jugendlichen, in: Der öffentliche Gesundheitsdienst, Heft 15/1939, S. 557.

26 Zitiert nach Schäfer: H. Stutte. Der Text des Schreibens vom 10. 3. 1937 ist am Ende handschriftlich mit »St« signiert und unterzeichnet von Stuttes Chef Hoffmann.

27 Villinger: Sittlichkeit als Grundlage der Volksgesundung, Vortrag auf der Jahresversammlung der Christl. Arbeitsgemeinschaft für Volksgesundung, in: Innere Mission, 1935, S. 252.

28 Die folgenden Zitate finden sich bei Villinger: Die Notwendigkeit

eines Reichsbewahrungsgesetzes vom jugendpsychiatrischen Standpunkt aus, in: Zeitschrift für Kinderforschung, 47. Band, 1939, S. 1ff.

29 Villinger: Psychologen oder Psychiater in der Jugendfürsorge? In: Unsere Jugend, Nr. 2/1950, S. 55.

30 Heinze, Psychopathische Persönlichkeiten, S. 286.

31 Ebd., S. 263.

32 Ebd., S. 273.

33 Ebd., S. 280.

34 Ebd., S. 282.

35 Ebd., S. 178.

36 Ebd.

37 Ebd., S. 281.

38 Ebd., S. 275.

39 Ebd., S. 299.

40 Ebd., S. 303.

41 Knaape, »Euthanasie«.

42 Knaape, Kinderpsychiatrie.

43 Heide-Karen Hirsch: Psychiatrie zwischen Macht und Angst, in: Soziale Psychiatrie, Nr. 59/1992.

44 Hans-Ludwig Siemen: Die Geschichte der Reformpsychiatrie, a.a.O.

45 Brief vom 20. 1. 1944 an Nitsche, beglaubigte Ablichtung im Heyde-Verfahren (Ks 2/63 GStA Frankfurt/Main).

46 Folkert Schröder: NS-Psychiatrie und »Euthanasie« – die Sicht der Opfer. Manuskript.

47 Zitiert nach der Krankenakte.

Abbildungsnachweis

Die Waldheim-Fotos auf den Seiten 35, 45, 53, 59 hat Jürgen Kunstmann, Leipzig, aufgenommen. Die historischen Aufnahmen aus Brandenburg (Seiten 73, 76) stellte Dieter Schwerdtfeger zur Verfügung. Die Fotos auf den Seiten 90, 98, 129 sind von Dietrich Tierz, Berlin. Die Abbildung auf Seite 148 danke ich der Landesklinik Brandenburg. Die historischen Aufnahmen auf den Seiten 157, 169, 170, 176 befinden sich im Privatbesitz der Angehörigen. Das Porträt von Dr. Arno Kirsche stellte Hans-Gert Kirsche zur Verfügung, die Aufnahme S. 193 die Arbeitsgruppe zur Erforschung der Geschichte der Karl-Bonhoeffer-Klinik in Berlin. Ansonsten: Archiv Ernst Klee.

Danksagung

Bei meinen Recherchen habe ich neben Ablehnung viel Hilfe erfahren. Ich denke an freundliche und gesprächsbereite Menschen, denen ich in der ehemaligen DDR begegnet bin. Besonders wohl gefühlt habe ich mich bei der Leipziger »Schizeria«. Rosi Haase und allen genannten und ungenannten Mitarbeitern des »Durchblick« e.V. danke ich für die herzliche Aufnahme und Begleitung. Thomas Müller half mir beim Waldheim-Komplex. Sonja Schröter gilt ein besonderer Dank für viele Hinweise und Einblicke. Folkert Schröder begleitete mich in Brandenburg und überließ mir großherzig sein Archivmaterial. Jürgen Peiffer überließ mir Archivalien, die mir ebenfalls wesentlich weiter halfen. Wolfram Schäfer gilt mein Dank, weil er dieses Buch durch viele Literaturhinweise bereicherte, ich durfte ihn jederzeit um Rat und Hilfe bitten.

Einige können namentlich nicht genannt werden, weil sie als Angehörige von Euthanasie-Opfern nicht bekannt werden möchten oder weil sie Psychiatrie am eigenen Leib erlebten. Dies macht traurig, weil es kein Makel ist, in einem »normalen« Krankenhaus an einer »normalen« Krankheit behandelt zu werden. Psychiatriebetroffene tun gut daran, anonym zu bleiben. Ein elender Zustand.

Register

»Schöne Zeiten«

Ernst Klee/Willi Dreßen/Volker Rieß (Hg.)
Judenmord aus der Sicht der Täter und Gaffer
278 Seiten. 100 Abbildungen. Broschiert.
ISBN 3-10-039304-X

»... ein neugieriger und empfindlicher Zeitzeuge; ein engagierter Reporter auf seiten der Opfer; ein geduldiger Sammler und Jäger, wenn es um Fakten geht, die ums Verrecken unter die verschiedensten Teppiche gekehrt sein sollen.« *Anne Rose Katz, Süddeutsche Zeitung*

Unter dem provozierenden Titel »Schöne Zeiten« – entnommen einem privaten Fotoalbum eines KZ-Kommandanten – haben die Herausgeber authentische Texte (Tagebücher, Briefe, Berichte-) und (Geständnis-) Protokolle zusammengetragen, in denen die Mörder, Mittäter und Gaffer in der Rückschau vor den ermittelnden Behörden schildern, wie der Massenmord an den Juden organisiert und bis zum bitteren Ende durchgeführt wurde.
Beigegeben sind zahlreiche Fotos, die für sich sprechen. Die Bilder zeigen nicht etwa Exzeßtäter, die ihre Mordarbeit mit Schaum vor dem Mund tun, keine Bestien, die uns von daher abstoßen. Gezeigt werden Menschen, denen man nicht ansieht, daß sie in der Mordmaschinerie willig mitwirkten.

»Ernst Klee, der schon so manchen, von Zeitzeugen des Naziregimes in Archiven gerne vergessen geglaubten Fund ans Tageslicht gebracht hat, und die beiden Wissenschaftler Willi Dreßen und Volker Rieß legen hier Dokumente vor, die dem Leser und Betrachter den Schlaf rauben: Briefe, Gerichtsprotokolle, Tagebuchaufzeichnungen und auch Fotos aus den Privatalben von ›braven‹ Familienvätern, die ›nur ihren Dienst‹ in Treblinka und Sobibor verrichtet und ›nur ihre Pflicht‹ an der Ostfront geleistet haben.« *Forum Politikunterricht*

S. Fischer

»Gott mit uns«

Ernst Klee/Willi Dreßen (Hg.)

Der deutsche Vernichtungskrieg 1939–1945

261 Seiten. 106 Abbildungen. Broschiert.

ISBN 3-10-039305-8

»Mit ihrem neuen Buch ›Gott mit uns‹ haben Ernst Klee und Willi Dreßen ein Kompendium des Schreckens vorgelegt, so grauenhaft und niederschmetternd, daß einem beim Lesen der Dokumente buchstäblich die Hände zittern; denn es handelt sich fast ausschließlich um *Dokumente*, die hier zum ersten Mal veröffentlicht werden – nicht fragwürdige Frontschwein-Erzählungen oder Etappengerüchte.«

Fritz J. Raddatz, Die Zeit

»Die meisten der in diesem Band abgebildeten Fotos sind bislang unveröffentlichte Aufnahmen, ebenso wie die meisten der schriftlichen Dokumente aus sowjetischen Archiven, die erst vor kurzem im Zuge strafrechtlicher Ermittlungen in die Bundesrepublik gelangten. Auch sie lassen an Deutlichkeit leider nichts zu wünschen übrig ... Angesichts der unfaßbaren Dimension dieses Kriegsverbrechens ist es mehr als erstaunlich, daß dieses Thema im Vergleich zum Holocaust an den Juden in der breiten Öffentlichkeit bis heute eher unterbelichtet geblieben ist. Gerade hier wäre zu wünschen, daß im Zuge der Beendigung des Kalten Krieges nun auch dieses traurige Kapitel deutscher Zeitgeschichte mehr in den Blickpunkt einer interessierten Öffentlichkeit gerät ... Vielleicht hilft das Buch ein bißchen beim Verständnis dafür, weshalb die Frage der deutschen Einheit bei manchen Ländern trotz prinzipieller Zustimmung stets auch einige Besorgnis zu wecken vermag.« *Andreas Schworck, Der Bürger im Staat*

S. Fischer

Raul Hilberg
Täter, Opfer, Zuschauer
Die Vernichtung der Juden 1933–1945
Übersetzt von Hans Günter Holl
367 Seiten. Gebunden.
ISBN 3-10-033609-7

»Hilberg hat mit großem Geschick die drei Kreise der Täter, der Opfer und der Zuschauer nebeneinander gestellt und so eine bisher nicht vorhandene Synopse gegeben ... Eine höchst instruktive und eine sehr bewegende Lektüre.« *Hans Fenske, Süddeutsche Zeitung*

»Dieses Buch ist zugleich die mutige Revision einer früheren Deutung und die großartige Krönung einer vierzigjährigen Beschäftigung mit dem schrecklichen Gegenstand.« *Eberhard Jäckel, Die Zeit*

»Eine meisterhafte Bilanz, die auch hierzulande einen breiten und aufmerksamen Leserkreis verdient.«
Hans Mommsen, Frankfurter Rundschau

S. Fischer

Philippe Burrin
Hitler und die Juden
Übersetzt von Ilse Strasmann
205 Seiten. Gebunden.
ISBN 3-10-046308-0

Was wissen wir über die Vernichtung der Juden? Alles oder fast alles über die Organisation des Verbrechens, über die Methoden, über die Zahl der Opfer. Wenig hingegen über den Zeitpunkt, an dem die Verbrechen beschlossen wurden, über die Beweggründe und Hintergründe der Ereignisse, die schließlich unser Jahrhundert in Grauen und Entsetzen stürzten.

»... eine ausgezeichnete, ganz auf der Höhe der Forschung stehende, allgemeinverständliche Darstellung der Vorgeschichte des Holocaust.«
Hellmuth Auerbach, Institut für Zeitgeschichte, München

»Burrins Studie ist eine meisterhafte, von tiefer Sensibilität durchdrungene Untersuchung über einen anfangs noch ungewissen, letzten Endes aber gnadenlosen Entwicklungsprozeß ...«
Saul Friedländer, School of History, Tel Aviv

S. Fischer